친절한 트렌드 뒷담화 2025

마케팅 전문가들이 주목한
라이프스타일 인사이트

친절한 트렌드 뒷담화 2025

이노션 인사이트전략본부
김나연 김태원 류현준 황선영 구본률 허은정 이지희 전준석 정승철 김열매
신용비 박창기 신채영 김우리 송정훈 이우빈 고지희 송설인 주윤지 정원선 지음

싱긋

AI가 바꿀 미래에 선제적으로 대응하기 위해서는 소비자 행동 변화에 대한 깊이 있는 통찰이 필요하다

2024년 마케팅 커뮤니케이션업계에서 가장 큰 화두는 AI의 등장이다. 오픈AI가 발표한 동영상 생성 AI 소라(Sora)를 시작으로, AI와의 대화가 가능한 GPT-포오(GPT-4o), 텍스트만으로 영상을 생성할 수 있는 서비스를 공개한 런웨이 젠-3(Runway Gen-3) 등 AI 기술이 소개될 때마다 업계는 긴장을 늦추지 못하고 있다.

혹자는 AI가 메타버스처럼 반짝 관심받다가 사라질 수 있다고 이야기하고, AI가 자주 거짓 정보를 제공하기 때문에 이를 극복하지 못하면 활용도가 떨어질 것이라 예상하기도 한다. 하지만 AI는 동영상 제작을 포함하여 여러 분야에서 업계에 영향을 미칠 것이 확실하다.

AI와의 대화가 일상이 되어가면서 소비자들은 다양한 상황에서 정보 탐색의 시간을 줄일 수 있고, 쇼핑 과정에서는 자신의 니즈에 맞는 상품과 서비스를 손쉽게 추천받을 수 있다. 그뿐 아니라 반품과 교환 같은 번거로운 일 처리를 AI에게 맡길 수 있으며, AI 챗봇 서비스를 통해 시간 제약 없이 고객 서비스를 받을 수도 있다. 소비자 입장에서는 구매 전 정보 탐색부터 구매 후 서비스에 이르는 전 과정에서의 편리성이 전례없이 높아지게 되는 것이다. 기업 측면에서는, 점점 고도화되는 AI 카메라를 이용해 소비자의 성별이나 연령 같은 기초적인 정보와 그들의 동선과 관심 콘텐츠 등을 파악할 수 있다. AI를 통해 수집된 고객 행동 데이터는 팝업스토어나 옥외광고의 효과 측정은 물론, 개인화된 커뮤니케이션까지도 가능하게 할 것으로 기대된다. 이와 같이 다양한 영역에서 발전하고 있는 AI는 분명히 고객 경험의 혁신적인 변화를 가져올 것이다.

AI가 점차 일상으로 깊숙이 들어오고 있는 AI 시대에 마케팅 커뮤니케이션업계는 어떻게 대응해야 할 것인가? 이럴 때일수록 고객에 대한 이해가 더욱 중요하다. 전통적인 마케팅 접근법이 한계에 직면한 시대인 만큼, 소비자 행동 변화에 대한 깊이 있는 연구만이 시장에서의 기회를 만들어갈 수 있기 때문이다. 올해로 다섯번째 발간하는 『친절한 트렌드 뒷담화』에는 그동안 이노션 인사이트전략본부에서 진행한 AI 시대의 소비자 라이프스타일 변화에 대한 연구는 물론, 최근 눈에 띄는 다양한 사회·문화적 현상들을 살펴보고 그 원인에 대한 분석을 담았다. 또한 마케팅 현장에서 더 나은 고객 경험을 기획하기 위해 고민하고 있을 독자들을 위해, 보너스 콘텐츠로 본부 내에서 1년 동안 수많은 고객 경험 공간들을 탐방하며 분석한 인사이트를 정리하였다. 업계의 리더로서 마케팅 환경의 변화 방향에 대해 선제적으로 연구하여 선보이는 이번 결과물 역시 시대의 변화를 이해하는 데 유의미한 인사이트가 되길 기대한다.

이노션 고객경험부문장

부사장 김 태 용

프롤로그

소비자의 삶 속에 브랜드가 자연스럽게 스며들 수 있는 연결 고리를 찾아가다

소비자를 가까이에서 관찰하고 그들의 마음을 사로잡기 위해 커뮤니케이션을 준비하는 광고 회사야말로 트렌드 변화에 가장 민감한 조직이라는 생각에서 출발하여 트렌드 도서를 발간하기 시작한 지 어느새 5년이라는 시간이 흘렀다. 겉으로 드러나는 현상에 집중하는 것이 아니라 그 이면의 원인을 살펴보고 트렌드 변화의 맥락을 파악하겠다는 취지를 담은 『친절한 트렌드 뒷담화』의 다섯번째 출간을 기념하는 의미로, 올해는 조금 더 특별한 콘텐츠를 준비하였다. 라이프스타일 트렌드와 함께 지난 1년간 현장에 나가 다양한 공간들을 탐색하고 소비자들의 반응을 살피며 발견한 통찰을 담은 스페이스 트렌드를 함께 발간하기로 한 것이다.

최근 몇 년간 고객 경험은 마케팅에서 매우 중요한 화두로 떠오르고 있으며, 특히 브랜드 공간은 고객과 브랜드를 이어주는 중요한 매개체로 주목받고 있다. 미디어를 통해 전달하는 콘텐츠에는 별로 관심을 기울이지 않는 소비자들이 브랜드가 오픈하는 공간에는 자발적으로 찾아와서 콘텐츠를 즐기기 때문이다. 이러한 맥락에서 많은 브랜드가 유행처럼 팝업스토어를 오픈하고 있으며, 이제는 크리에이터나 영화, 드라마의 콘텐츠를 담은 팝업스토어도 등장하기에 이르렀다. 수많은 팝업스토어가 소비자들의 시간을 점유하기 위한 무한 경쟁에 돌입하고 있지만, 사실 마케터가 주목해야 할 것은 팝업스토어 오픈 그 자체가 아닌, 소비자를 만나는 브랜드의 공간을 어떻게 구성하고 얼마나 만족스러운 경험을 제공할 것인가이다. 이러한 관점을 담아 2025년 예상되는 스페이스 트렌드를 정리하였다.

요즘 시대의 소비자들은 특별한 시간을 보낼 수 있다면 기꺼이 비용을 투자하려는 경향이 있다. 무료로 운영되던 팝업스토어 중 유료 팝업스토어가 생겨나고, 브랜드가 독립적으로 개최하는 페스티벌이 증가하는 것은 이러한 소비자의 니즈를 반영한 것이라고 볼 수 있다. 과거의 페스티벌은 공연 기획사가 주도하거나 현대카드의 슈퍼콘서트처럼 문화 마케팅 차원에서 기업이 운영하는 경우가 대부분이었지만, 최근에는 브랜드 고유의 콘셉트를 유지한 채 소비자들을 만나는 페스티벌이 생겨나고 있다. 팝업스토어보다 훨씬 더 장시간 머무를 수 있는 페스티벌에서 소비자들은 자신이 지불한 비용 대비 최대 효용을 누리기 위해 보다 적극적으로 콘텐츠를 탐색한다. 또한 그 안에서의 즐거운 경험은 브랜드 이미지에 긍정적인 영향을 미칠 수 있으며, 자신의 라이프스타일에 잘 어울리는 브랜드라는 인식을 가질 수도 있게 한다. 이제 브랜드의 경험 공간은 팝업스토어라는 물리적으로 한정된 공간을 넘어 더 넓은 영역으로 확장되고 있는 것이다.

이 시대의 소비자들이 브랜드를 경험하고 소비하는 방식은 매우 다양해지고 있다. 일례로, 과거에는 콘텐츠를 소비하는 것과 쇼핑이 분리되어 있었지만, 이제는 기술의 발전으로 콘텐츠를 보면서 자연스럽게 쇼핑까지 연결할 수 있다. 광고 메시지에는 반응하지 않는 소비자들이 자발적으로 브랜드가 만든 콘텐츠를 찾아보게 만들고, 그에 더해 세일즈까지 연계할 수 있다는 측면에서 이와 같은 커머스 유형은 새로운 마케팅 커뮤니케이션 접근법으로 주목받고 있다.

많은 마케터가 고객의 마음을 사로잡기 위해 다양한 시도를 하고 있지만, 새로운 트렌드로 자리잡게 되는 것들은 대부분 소비자에 대한 깊은 이해를 기반으로 한 것이다. 단순히 소비자들의 눈길을 끌기 위해 낯설고 색다른 경험을 제공하는 것에 집중하는 것이 아닌, 새로운 방식으로 소비자의 잠재된 니즈를 자극하거나 그들의 일상 안에 자연스럽게 스며들어 차별적인 브랜드 경험을 제공할 때 소비자들이 더 크게 반응하기 때문이다.

우리 인사이트전략본부가 끊임없이 소비자 행동을 관찰하고 그들의 심리를 연구하는 것은 바로 소비자에게 어떻게 하면 보다 효과적으로 다가갈 수 있을지를 파악하기 위함이다. 빠르게 진화하는 기술 환경과 점점 더 새로운 재미 요소를 찾아다니는 소비자들은 마케팅 환경에 끊임없는 변화를 만들어내고 있다. 올해도 우리가 선보이는 세상의 변화 흐름에 대한 이해가 소비자와 브랜드 간의 관계를 강화하는 데 작은 이정표가 되어줄 수 있기를 바란다.

이노션 인사이트전략본부장

상무 김 나 연

CONTENTS

Part 2 일상

Part 3 세상

Part 4 마케팅

스페셜 리포트

Part 1

비즈니스 현장의 마케팅 전문가들이 주목한
라이프스타일 인사이트

추구ME :

나만의 이상형

1

'부캐 놀이', '컨셉 놀이'와 같이 자신의 정체성에 변화를 주는 트렌드가 몇 해 전 등장했고, 2024년에도 비슷한 움직임이 나타났다. 하지만 이전과 달리 이제 사람들은 다른 사람인 척하는 것이 아니라 자신의 개성을 토대로 '가장 이상적인 모습의 나'를 구축하고 그 모습을 달성하기 위해 노력하고 있다. 이 이상적인 모습을 통칭하는 단어가 '추구미'다.

'추구(하다)'와 '아름다울 미(美)'의 합성어인 추구미는 사고방식, 가치관, 패션, 분위기, 인테리어 등 자신이 이상적으로 생각해서 모방하고 실현하고 싶은 모든 것을 포괄하는 개념이다. 현실을 잠시 내려놓은 쿨한 태도와 사고방식을 보여주는 사진 하나도 추구미가 될 수 있고, 아이돌 콘텐츠에서 볼 수 있는 화려한 콘셉트도 추구미가 될 수 있다. 젊은 세대는 모든 곳에서 영감을 받아 자신이 되고 싶은 모습을 그려내고, 이런 영감들이 모여 이들이 소망하는 자신만의 취향이 담긴 이상형이 형성된다. 사소한 것도 추구미로 꼽힐 수 있지만, 막연하고 허무맹랑한 꿈을 추구미로 정하지는 않는다. 실제로 도달할 수 있고 자신에게 가장 잘 맞는 구체적인 페르소나를 목표로 설정하며 이 페르소나를 현실화하기 위해 비용 투자를 꺼리지 않는 것이 요즘 세대의 특징이다.

©DALL-E

본받고자 하는 대상과 영역의 확장

아름다움의 취향 존중

무엇이 아름다운 것일까? 그동안 아름다움에 대한 보편적인 사회적 유행이 형성되어왔다. 하지만 강한 '취향 중시 성향'을 갖고 있는 잘파세대*는 타인의 시선보다는 자신의 개성과 취향에 기반하여 주체적인 판단으로 '아름다움'을 정의한다. 그 후 각자 다르게 생각하는 '아름답다'고 느끼는 것을 표출하려는 욕망을 보이는데, 이러한 특징은 추구미의 유행으로 더 직관적으로 와닿는다. 잘파세대에게 추구미는 자신이 이상적으로 생각하는 모든 것을 통칭하는 단어로 사용된다. 연예인, 나노 인플루언서, 누구인지 모르지만 분위기가 예쁜 사진, 드라마 속 한 장면을 올리며 잘파세대는 '이게 내 추구미야!'라고 선언한다.

전 국민 럭키비키

이 현상이 가장 극명하게 보였던 사례는 2024년 전국을 휩쓴 '원영적 사고'다. 원영적 사고는 걸그룹 아이브의 멤버 장원영의 이름을 활용한 밈으로, 그가 과거에 팬들에게 보낸 메시지에서 유래를 찾을 수 있다. 2024년 아이브의 유튜브 콘텐츠에서 스페인의 유명 빵집을 방문

잘파세대 Z세대와 알파세대를 통칭하는 신조어로 1990년대 중반 이후 출생한 인구 집단

한 장원영은 바로 앞 손님이 자신이 원한 빵을 모두 구매해 기다리는 상황에 놓였다. 그는 불만을 표현하기보다 "덕분에 너무 럭키하게 갓 나온 빵을 받게 됐다"라고 말했다. 이렇듯 원영적 사고는 긍정적 사고보다 한 단계 더 나아간 사고로, 어려운 상황도 좋게 해석하고, 결국 어떠한 일이 닥쳐도 다 자신에게 긍정적인 결과를 가져올 것이라고 받아들이는 낙천적인 사고방식이다.

장원영의 사고방식을 본 한 팬은 이를 패러디해 "긍정적 사고: 물이 반이나 남았네? 부정적 사고: 물이 반밖에 안 남았네? 원영적 사고: 내가 연습 끝나고 물을 먹으려고 했는데 딱 반 정도 남은 거야. 다 먹기엔 너무 많고 덜 먹기엔 너무 적고 그래서 딱 반만 있었으면 좋겠다고 생각했는데, 완전 럭키비키잖아"라는 글을 X(구 트위터)에 업로드했고, 이는 크게 화제가 되며 유행하기 시작했다. X에 올라온 이 팬의 글은 1만 7,000회 넘게 공유되었다. 많은 사람이 원영적 사고를 추구미로 꼽았고 장원영이 주문처럼 외치는, 운이 좋은 자신을 뜻하는 '럭키비키'는 SNS에 도배되었다. 급기야 사람들은 '럭키비키'에서 장원영의 영어 이름인 '비키'를 자신의 이름으로 대체하기도 했다. 위기에도 초긍정의 힘을 발휘하는 원영적 사고를 아름답다고 판단하고 자신들의 추구미로 외치는 잘파세대를 쉽게 찾아볼 수 있다.

긍정적 사고: 물이 반이나 남았네?
부정적 사고: 물이 반 밖에 안 남았네?
원영적 사고: 내가 연습 끝나고 딱 물을 먹으려고 했는데 글쎄 물이 딱 반 정도 남은거양!! 다 먹기엔 너무 많고 덜 먹기엔 너무 적고 그래서 딱 반만 있었으면 좋겠다고 생각했는데 완전 럭키비키잔앙

원영적 사고
(출처: @kim_tofu_ X)

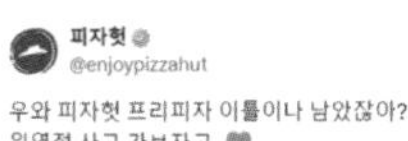

4월 26일(금), 27일(토)
프리피자 진행 매장 확인하고
빈 피자박스 챙겨서
페페로니 피자 받으러 오기로
꼭꼭 약속해.

다양하게 활용되는 원영적 사고
(출처: 피자헛 X,
BH Entertainment 유튜브)

원영적 사고를 삶에 더 잘 적용하기 위한 챗GPT도 등장했다. 장원영의 말투와 사고방식이 학습된 챗GPT에 특정 상황을 대입하면 자동으로 원영적 사고가 적용된 결과물이 나온다. 원영적 사고 챗GPT에 "다이어트중인데 야식을 너무 많이 먹었어"라고 상황을 입력하자, "오히려 야식을 많이 먹어서 더 열심히 운동하고, 더 건강한 식습관을 가지려고 노력할 거야. 야식을 많이 먹었지만, 그래도 괜찮아. 오히려 이게 더 좋은 기회일지도 몰라! 완전 럭키비키잔앙"이라는 초긍정 답변이 돌아왔다.

추구미의 확장

본래에도 아이돌인 장원영을 우상으로 생각하는 사람은 많았다. 해외에는 '원영이즘'*이라는 단어가 있을 정도로 그의 외적인 모습을 추구미로 꼽는 사람이 많다. 원영적 사고 신드롬이 보여준 특이점은 아이돌에게 본받고 싶은 영역이 확장되었다는 것이다. 과거에는 아이돌을 보며 그들의 외적인 모습을 동경하고 따라 하려는 경향이 강했다. 그러나 이제는 연예인들의 내적인 모습과 사고방식도 본받고 싶은 대상으로 확장되었다. 여전히 위인이 있고, 기업가나 글로벌 리더와 같은 대중적인 롤 모델도 있다. 하지만 이제 잘파세대는 과거에 훌륭하고 위대한 업적을 이룬 사람보다는 자신들이 겪는 어려움을 공감할 수 있는 사람들에게 힘을 얻으며, 본받고자 하는 유명인들의 마인드셋을 '○○적 사고'라고 표현하며 자신의 기분 또는 태도를 드러내고 있다. 닮고자 하는 모습뿐 아니라 닮고 싶은 대상의 범위도 넓어진 것이다.

★

원영이즘(Wonyoungism) 해외 팬 중심으로 만들어진 신조어로, 장원영의 일상을 본보기 삼아 외모를 가꾸는 데 영감으로 활용하는 사회적 현상

잘파세대가 목표로 하고 추구하는 아름다움은 물질적 대상에만 한정되는 것이 아니라 글씨체, 휴가 방식, 네일 스타일, 취향, 이상향 등 개인이 원하는 방향성과 분위기를 포괄한다.

나에게 맞는 사고방식 탐색과 적용

초긍정적인 원영적 사고가 모든 사람에게 다 맞는 건 아니다. 그렇기에 당연히 모두의 추구미가 될 수는 없다. 따라서 사람들은 각자에게 맞는 연예인의 사고방식을 탐색하기 시작했다. 유명인의 어록 또는 밈에 기반을 둔 다양한 '○○적 사고'가 나타났다. 수학적이고 합리적인 '민지적 사고', 어려운 상황이 닥치면 나중에 얼마나 잘되려고 이럴까 생각하는 '우희적 사고', 어쩔 수 없는 건 받아들이는 '동원적 사고' 등 연예인, 운동선수, 드라마 속 캐릭터 등의 다양한 사고방식이 대명사처럼 사용되기 시작했다.

우희적 사고
(출처: tvN D ENT 유튜브)

자신이 동경하는 마음가짐을 가진 연예인을 찾았다면 이제 그들의 사고방식을 직접 생활에 대입할 차례다. 사람들은 가장 이상적인 인물을 찾은 후 '장원영이라면 어떻게 생각했을까?', '김연아라면 어떻게 상황을 받아들일까?' 하며 일상생활에 적용하고 있다. 어떤 '○○적 사고'를 추구하는지 지인들과 공유하면서 삶에 대한 자신의 태도를 보여주는 것은 하나의 놀이가 되었다. LG전자와 방구석연구소는 유명인의 사고방식에 영감을 받을뿐더러 고유한 사고방식을 정립해나가고 싶어 하는 잘파세대의 특징을 포착하여 '사고력 테스트' 인터랙티브 콘텐츠를 제작했다. 일종의 심리 테스트인 이 콘텐츠의 모든 문항에 응답하면 유저는 자신의 이름이 적힌 '○○적 사고' 결과 카드를 받는다. 해당 카드에는 참여 유저에게 가장 적합한 유형의 사고방식을 설명한 글이 적혀 있다. 해당 콘텐츠는 오픈 열흘 만에 700만 명 이상이 참여하며 큰 인기를 끌었다.

'○○적 사고' 밈을 활용한 사고력 테스트 결과 카드
(출처: 방구석연구소 홈페이지)

다른 사람에게 보여주고 싶은 모습을 정한다는 면에서 현재 추구미 트렌드는 몇 년 전 유행한 '부캐' 트렌드나 '컨셉 놀이' 트렌드와 비슷해 보일 수 있다. 하지만 부캐와 컨셉 놀이가 자기 모습을 감추고 설정한 캐릭터대로 행동하는 것이라면, 추구미는 자신에게 가장 잘 어울리는 것이 무엇인지 결정하고 유연하게 행동하는 것이다. 단어에서 알 수 있듯이, 동경하는 대상의 닮고 싶은 모습을 느슨히 '추구'하려는 것이지 그들을 똑같이 따라 하려는 것이 절대 아니다. 한 사람의 모든 면을 본받고 싶어하기보다는 관심사를 바탕으로 세분화된 '특정 부분'을 공감하고 동경하려는 경향이 짙다.

2024년 5월 발표된 대학내일20대연구소의 가치관 관련 조사에 의하면 연령이 낮은 세대일수록 삶을 살아갈 때 '뚜렷한 취향'을 갖춰야 한다는 응답이 높게 나타났다. 삶에서 취향을 중요시하는 젊은 세대는 그렇기에 더 구체적이고 뚜렷한 추구미를 세워 독창적인 분위기를 가질 수 있도록 노력한다. "내 추구미는 장원영이야"라고 한다면 장원영의 화려한 외모뿐 아니라 건강한 사고방식, 프로페셔널한 직업 정신 등을 가리킬 수도 있는 것이다. 또한 똑같이 외모를 동경한다고 하더라도 어떤 이는 장원영의 메이크업 방식만이 추구미일 수 있고, 사고방식 추구미는 동경하는 다른 연예인에게 빌려 올 수 있다. 이로써 사람들은 자신만의 선명한 분위기와 취향을 발견하고 드러낸다.

추구미 예시 (출처: 핀터레스트)

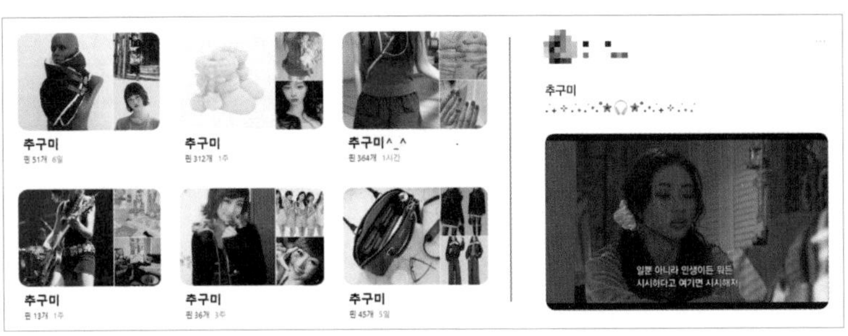

추구미 설정은 퍼스널 브랜딩과 비슷한 구석이 많다. 외적, 내적으로 가장 이상적으로 생각하는 모습을 세우고 이를 달성하고자 노력하는 잘파세대는 자신도 모르게 퍼스널 브랜딩을 하고 있다. 나만의 분위기를 만들기 위해 무드보드*를 디자인하고, 룩 앤드 필(Look and Feel)을 정하고 자신이 어떤 사람으로 보이고 싶은지 분위기를 정립해 간다. 젊은 세대는 개성과 정체성을 세우는 것을 중요하게 여기고 타인과의 차별화를 원하기에 추구미 설정은 잘파세대 사이에 빠르게 확산되었다. 추구미 설정과 도달로 특별한 아이덴티티를 가진 사람이 될 수 있으니 확고한 셀프 브랜드를 세우고 싶어하는 잘파세대에게 추구미는 더욱 재미있게 와닿았을 것이다.

아마존 설립자 제프 베이조스는 "퍼스널 브랜드는 당신이 방에 없을 때 다른 사람들이 당신에 대해 하는 말이다"라고 말했다. 성공적인 퍼스널 브랜딩은 사람들이 내가 설정한 추구미, 즉 내가 가장 이상적으로 생각하는 모습으로 나를 생각하는 것이다. 잘파세대는 구체화한 추구미를 내재화한 후 브랜딩이 잘된 결과물을 인스타그램 피드에 전시한다. 잘파세대에게 인스타그램 피드는 정체성을 드러내는 얼굴이다. 피드를 보고 타인이 자신의 추구미를 느낄 수 있어야 하는 것이지, 대놓고 '내 추구미는 이거야'라고 얘기하지 않는다. 자신의 추구미를 직접적으로 드러내고 취향을 구체화하는 과정은 보통 익명성을 바탕으로 하는 X, 핀터레스트, 블로그에서 이루어진다.

★

무드보드(Mood Board) 무드(분위기)를 보드에 표현하는 것으로, 주로 이미지, 텍스트, 사진 등을 조합해 말로 설명하기 어려운 것을 시각적으로 전달할 때 활용

추구미 도달하기

핀터레스트로 추구미 탐색

이미지, 감성, 분위기, 방향성 등 본인이 원하는 아름다움은 말로 표현하기 어려운 개념일 때가 많다. 그렇기에 사진이 추구미를 표현하는 데 가장 많이 활용된다. 추구미를 찾는 방법으로 주로 사용되는 것은 이미지 저장 및 공유 중심의 플랫폼인 '핀터레스트(Pinterest)'다. 핀터레스트는 플랫폼의 본질이 콘텐츠 생산이 아닌 수집에 있다는 점에서 기존의 다양한 SNS와 큰 차이가 있다. 사용자들이 웹을 돌아다니다 끌리는 이미지를 모아 자신의 보드에 옮겨놓는 것이 핵심인 핀터레스트는 잘파세대 사이에서 추구미와 함께 유행하고 있다. 보통 잘파세대는 평소에 잘 어울린다고 생각했던 스타일을 검색하여 무드보드를 만들거나, 피드를 탐색하며 새로운 스타일을 구축해나가는 데 핀터레스트를 활용한다.

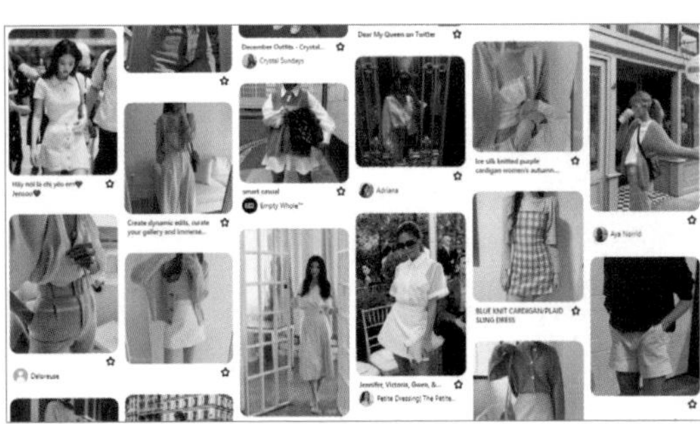

패션 추구미 무드보드 예시
(출처: 핀터레스트)

만약 본인의 추구미를 모르는 사람이라면 스타일, 분위기 등 모호한 단어를 검색하여 나오는 수많은 이미지 중 끌리는 것을 저장하면 된다. 나중에 모아둔 사진을 한 보드에서 보면 자신의 추구미를 대략적으로 느낄 수 있다. 또 자신의 추구미를 알고 있는 사람이라면, 더 특별하고 구체적인 가이드를 만드는 데 핀터레스트를 활용하면 된다. 예를 들어, 만약 '올드머니룩'이 추구미라면 핀터레스트에 검색하여 나온 수많은 사진 중 자신에게 가장 어울리는 스타일을 선별하고 보드를 만드는 것이다. 이렇게 만들어진 보드는 추후에 쇼핑이나 여행 등을 할 때 인생의 레퍼런스이자 가이드 역할을 해준다. 구체적으로 시각화된 자신만의 추구미가 집약된 이 보드는 추구미에 맞지 않는 스타일이나 비전에서 벗어나는 것을 막아준다.

이렇게 저장한 사진이 많아질수록 핀터레스트의 메인 피드 알고리즘은 어느덧 추구미에 맞춤화된 콘텐츠를 보여주기 시작하고, 모호하게 검색해도 점점 추구미와 관련된 이미지를 보여준다. 이 특성을 바탕

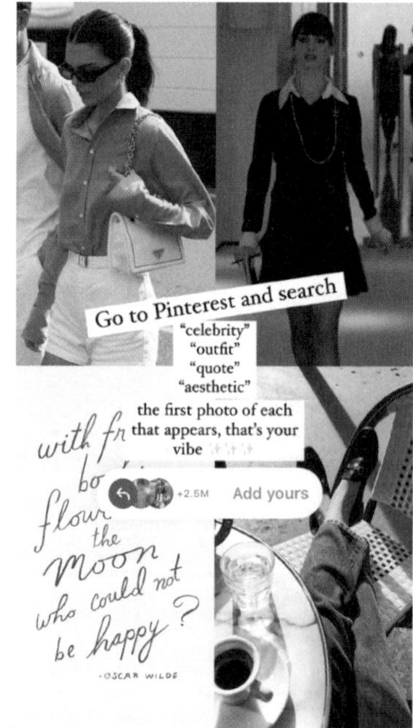

핀터레스트 추구미 찾기 챌린지

으로 커뮤니티에서 '핀터레스트 추구미 찾기 챌린지'가 화제가 됐다. 방법은 간단하다. 핀터레스트에 들어가 각각 Outfit(옷), Food(음식), Quote(명언), Aesthetic(심미적 감성)을 검색하고 가장 먼저 뜨는 사진을 모았을 때 그 콜라주가 추구미라는 것이다. 이 챌린지는 25만 명 이상이 참여하며 전 세계적으로 큰 인기를 끌었다.

나에 대한 전문적인 분석

잘파세대에게는 어떻게 하면 본인과 가장 잘 어울리면서 뚜렷한 추구미를 세울 수 있을지가 중요하다. 추구미는 다른 사람이 되기보다는 자신을 이상적 모습에 동화시키는 것이 핵심이 된다. 이를 이루려면 자신을 명확히 이해하는 일이 중요하다고 생각하는 잘파세대는 자신을 매우 세세하게 분석하는 성향을 보인다. MBTI와 같은 사고력 테스트뿐 아니라, 구체적 항목에 대해서도 취향과 성향을 분석하기 위해 전문가의 도움을 받는 일에 돈을 아끼지 않는 모습도 포착된다.

최근 외적인 면의 추구미를 달성하려는 사람들에게 가장 잘 어울리는 것을 추천해주는 서비스들이 주목받고 있다. 고유한 신체 색을 분석해 가장 어울리는 색을 찾아주는 퍼스널 컬러 진단과 더불어 골격과 보디라인을 분석해 개인에게 최적의 스타일링을 알려주는 골격 진단도 유행하고 있다. 화장품 회사에서 색조 화장품을 출시할 때 퍼스널 컬러로 홍보하는 것은 어느덧 대중화되었고, 얼굴형과 퍼스널 컬러를 바탕으로 어울리는 커트 방식과 염색 색상을 제안하는 미용실들도 큰 인기를 끌고 있다. 직접 진단받지 않더라도 간접적으로 체험하는 온라인 스타일링 및 진단 콘텐츠들도 유행하고 있다. 작성일 기준 구독자수가 77만 명인 스타일 컨설팅 유튜버 레어리가 2024년 7월에 올린 '나만의 분위기 만드는 방법 1탄'은 업로드 한 달 만에 47만 회 이상의 조회수를 기록했다.

성격 진단도 빼놓을 수 없다. 최근 MBTI 검사보다 더 정확하고 세밀하게 자신을 이해하게 해주는 기질 및 성격 검사인 TCI(Temperament and Character Inventory) 검사가 떠오르고 있다. 또한 사람들은 자신을 전체적으로 분석하는 컨설팅뿐 아니라 개성을 강화해주는 진단을 받기도 한다. X에서 향수 전문가로 유명한 인플루언서 차라리는 향수 관련 커미션을 받는다. 신청자가 원하는 추구미를 보내면 그 분위기에 맞는 향수를 추천해주는 서비스인데, 이는 10분도 지나지 않고 마감될 정도로 인기가 많다.

신청 양식

보내주신 신청서가 답변과 함께 포타에 올라갑니다.

1. **추구미** <- 글자로 서술하는 게 어렵다면 사진으로 대체해주셔도 됩니다.
   단, 사진을 해석하는 건 제 몫이라 원하시는 바와 다를 수도…
2. **옷스타일**
3. 사진 (추구미, 옷스타일, 연예인 사진)
4. **쓰고있는 향수 (있다면)** <- 겹치지 않게 추천드리는 용도로만 사용됩니다.
5. **불호향조** <- 진짜! 이것만큼은! 꼭빼주세요! 정도로만 부탁드립니다. 불호향조를 너무 자세히 써주시면 추천드릴 수 있는 향수들의 스펙트럼이 좁아집니다.
6. **선호향조** <- 진짜! 이것만큼은! 하나는 꼭 있었으면 좋겠어요!! 정도로만 부탁드립니다.
   마찬가지로 너무 자세히 써주시면 추천드릴 수 있는 향수의 스펙트럼이 좁아집니다.

+ 예산, 가격대 얘기는 안 해주셔도 됩니다. 오히려 가격에 제한을 주시면 추천향들의 범위가 제한됩니다.

이 커미션의 의의는 단순히 '향수구매'에 있는 것이 아닌, 타인의 자신에 대한 캐해석을 통해 다양한 향들을 접해보고, 자신의 취향과 이미지 사이의 절충안을 찾아보는 과정에 있습니다.
저의 자유도를 높여주실수록 캐해가 재밌어집니다.
다만, 너무 러프하게 적어주시면 저는 유명한 향들 위주로 답변드릴 수밖에 없으니 최대한! 상세히!!!
작성해주시기를 부탁드립니다.

추구미에 맞게 향수를 추천해주는 서비스 신청 양식 (출처: @_scentsluv X)

이루는 과정까지도 즐겁다

추구미와 함께 활발히 사용되는 단어는 '도달가능미'다. 도달가능미에는 두 개의 뜻이 있다. 부정적인 의미로는 내가 노력해서 도달할 수 있는 최대한의 아름다움을 뜻한다. 실현이 어려운 추구미를 설정하면 자칫 '컨셉질'로 우스꽝스러워질 수 있다. 도달가능미와 추구미 사이의 갭이 너무 클 때 조롱거리가 될 위험이 있기에 잘파세대는 실현 가능하고 기준점이 명확한 추구미를 설정하여 최대한 자신이 생각하는 아름다운 모습을 이루려고 적극적으로 노력한다. 긍정적인 의미로는 추구미를 이루기까지 거쳐야 할 하나의 과정을 뜻한다. 원하는 이미지를 모두가 바로 이뤄낼 수는 없다. 도달가능미는 목표를 이뤄나가는 데 필요한 하나의 단계라고 할 수 있다. 사람들은 도달가능미를 재미있게 사용하며 자신을 더 발전시켜나가는 모습 자체도 아름답게 바라보고 있다.

이렇듯 추구미는 잘파세대에게 하나의 동기부여가 된다. 타인에게 보이고 싶은 가장 이상적인 모습을 이뤄나가는 데 사용되기 때문이다. 추구미가 무엇인지 탐색하면서 만든 무드보드는 꿈과 목표가 시각화된 비전보드이기도 하다.

추구미와 도달가능미
(출처: @cloud666tony X)

원영적 사고와 추구미 등 2024년 가장 핫했던 신조어들은 잘파세대가 어떤 사람이 되고 싶어하는지를 보여준다. 대중적이고 위대한 업적을 세우는 것도 좋지만 그들은 더 개성 있는 자신만의 길을 개척해나가려는 욕구를 보인다. 원영적 사고가 유행이라고 모두가 초긍정의 힘을 믿는 것을 추구미로 삼기보다는 자신에게 더 알맞은 다른 유명인의 사고방식을 탐색하고 공유하면서 체화하는 모습이 인상적이다.

유행이라는 이유로 원영적 사고를 획일적으로 따라 하는 것이 아니라 각자에게 맞는 사고방식을 발견하고 찾았던 것처럼 잘파세대는 추구미도 각자 알맞게 조합했다. 유행하는 미적 기준에 자신을 끼워 맞추는 것이 아니라, 주관적으로 아름답다고 생각하는 기준을 정립한 이들은 자신에 대한 분석을 토대로 체계적인 미래상을 그려내고 그것에 도달하고자 노력한다. 잘파세대는 더 명확한 추구미를 세우기 위해 분석 서비스에 돈을 아끼지 않기에 앞으로 잘파세대의 정체성을 확립하는 데 도움을 주는 서비스는 더욱 늘어날 것으로 예상된다. 이렇게 자신만의 독특한 이미지를 확립하려 노력하고, SNS를 통해 보이는 모습에 대해 고민하는 잘파세대는 퍼스널 브랜딩 전문가다.

잘파세대는 현재 자신이 꿈꾸는 이상적인 모습을 정립하고 구체화하며 머릿속에서 스스로 동기부여를 한다. 삶 속에서 경험하는 모든 일이 영감이 되며 추구미를 정립해나가는 데 도움을 준다. 추구미는 한번 만들어졌다고 제자리에 멈추는 것이 아니다. 시간에 따라 취향이 변하듯, 누군가 하나하나 모아 만든 추구미도 본인이 생각하는 이상적인 모습에 따라 조금씩 변화한다. 현재 잘파세대가 추구하는 지향점을 보여주는 추구미는 그들이 만들어갈 미래 모습을 보여주는 실마리가 될 것이다.

“

추구미 설정과 도달로 특별한 아이덴티티를 가진 사람이 될 수 있으니 **확고한 셀프 브랜드**를 세우고 싶어하는 **잘파세대**에게 추구미는 더욱 재미있게 와닿았을 것이다.

”

밈코드 :

Z세대의 새로운 언어

인터넷 밈이라고 하면 누구나 하나쯤 떠오르는 무언가가 있을 것이다. 이미 종영한 〈무한도전〉을 떠올리는 사람도 있을 것이고 영화 〈타짜〉의 명대사들을 줄줄 읊는 사람이 있을지도 모른다. 다른 누군가는 〈야인시대〉의 '심영'을 생각하거나 '사딸라' 같은 대사를 언급할지도 모르겠다. 어쩌면 더 오래된 밈을 끄집어내는 이가 있을 수도 있다. 이렇게 인터넷 밈은 우리의 생각보다 오래되었고 그 범주는 가늠하기 힘들 정도로 넓고도 깊다. 하지만 이런 밈들도 이제는 한참이나 낡은 것이 되었다. 새 시대가 오면 그에 맞게 밈이 업데이트되는 것은 자연스러운 일이지만 Z세대가 말하는 요즘 밈은 기존의 것과 분명히 구별되는 차이를 보인다.

'야레야레, 못 말리는 아가씨', '꽁꽁 얼어붙은 한강 위로 고양이가 걸어다닙니다', '그럼 제가 선배 맘에 탕탕 후루후루'. 이 텍스트들을 읽으며 특정한 멜로디와 안무를 떠올리는 사람이 많을 것이다. 요즘의 인터넷 밈은 기존처럼 단순하게는 이미지와 텍스트, 나아가 '움짤'이나 동영상으로 표현되는 것에 그치지 않는다. 멜로디와 안무 등 음악적 요소와 틱톡, 인스타그램, 유튜브 등의 소셜미디어 플랫폼을 무기로 삼는 요즘 밈들은 확산 속도나 파급력에 있어 이전의 인터넷 밈과는 차원이 다른 수준에 이르렀다. 인터넷 밈이 진화한 것이다.

오늘날 인터넷 밈은 일종의 은어나 놀이로 소비되었던 범주에서 더욱 나아가, 이제는 Z세대의 감정과 생각을 공유하고 표현하는 새로운 언어로 기능하고 있다.

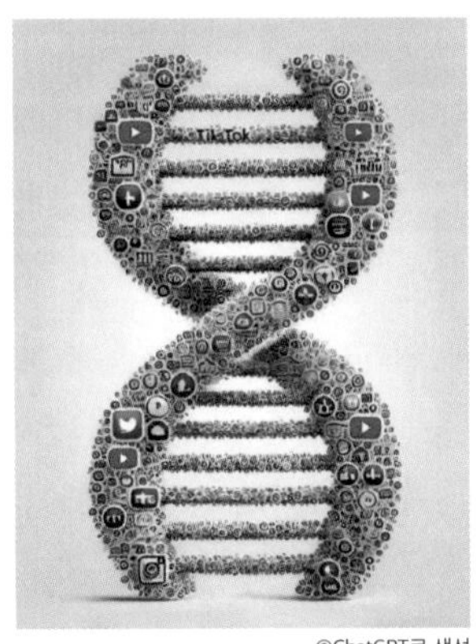

©ChatGPT로 생성

인터넷 밈의 유래와 특성

인터넷 밈의 유래

'밈(Meme)'이라는 단어는 리처드 도킨스의 저서 『이기적 유전자』에서 시작되었다. 초판이 무려 1976년에 나왔다는 점을 감안하면 밈이란 단어는 꽤 오래된 셈이다. 재현, 모방이라는 뜻을 가진 그리스어 'Mimeme'를 Gene(유전자)과 운율을 맞춰 만든 신조어로, 밈이란 유전자와 비슷하게 '자가복제와 모방을 통해 전승되는 인간의 모든 문화적 정보'를 뜻한다.

인터넷 밈의 개념은 1990년대 후반부터 2000년대 초반에 걸쳐 인터넷 사용이 대중화되면서 본격적으로 등장하기 시작했다. 초기의 인터넷 밈은 주로 이미지와 텍스트가 합쳐진 형태로 유머러스한 내용을 다루는 것에 그쳤지만, 인터넷이 발달하면서 그 형태와 전파 속도가 급격히 진화했다. 오늘날의 인터넷 밈은 짧은 문구, 이미지, 비디오, 숏폼 콘텐츠 등 다양한 형태로 존재하며 Z세대의 문화를 반영하는 강력한 커뮤니케이션 도구로 자리잡았다.

인터넷 밈은 문화적 정보라는 점에서 『이기적 유전자』의 밈과 공통점을 보이면서도 인터넷이라는 매체에서 한정적으로 다뤄진다는 점, 인터넷으로 다뤄지는 모든 정보가 인터넷 밈으로 여겨지지는 않는다는 점에서 뚜렷한 차이를 보인다. 즉 도킨스가 처음 제시한 '밈'의 개념을 디지털 시대에 맞게 재해석하고 확장한 현대적 문화 현상이라고 볼 수 있다.

인터넷 밈의 특성

인터넷 밈은 크게 두 가지 특성을 보인다. 하나는 놀이로서의 특성, 다른 하나는 언어로서의 특성이다. 영상미학의 관점에서 대한민국 인터넷 밈을 비평한 『한국 인터넷 밈의 계보학』은 인터넷 밈을 '불특정 다수의 대중이 참여하는 대안적 놀이'라고 평가한다.

일반적으로 국내 인터넷 밈의 시초라고 하면 디시인사이드의 '오늘 산 중저가형 모델 싸게 팝니다'라는 글이 많이 언급된다. 2001년 당시 중고 카메라 커뮤니티였던 디시인사이드에서 자주 사용된 카메라 판매 글 양식을 중고 과자를 파는 내용으로 바꾼 게시글로, 국내 인터넷 밈의 시초로 인정받아 아직도 '성지순례'*라는 이유로 댓글이 달리고 있다. 해당 게시글이 국내 인터넷 밈의 시초로 인정받을 수 있었던 것은 '특정 대상의 복제와 재해석'이라는 놀이적 특성을 분명하게 보여주기 때문이다.

'오늘 산 중저가형 모델 싸게 팝니다' 게시글 캡처
(출처: 디시인사이드 HIT 갤러리)

성지순례 인터넷상에서 모종의 이유로 크게 화제가 된 게시물의 주소나 캡처 사진 등이 인터넷 여기저기로 퍼진 후에 사람들이 주소를 경유해서 그 게시글에 모여드는 현상

무엇이든 놀이의 대상이 될 수 있다. 지상파 예능 같은 레거시 미디어, 드라마, 영화의 한 부분, 때로는 누군가 남긴 유튜브 댓글 하나가 사람들의 눈에 띄면서 인터넷 밈으로 자리잡을 수도 있다. 웃음, 예상치 못한 결과, 놀라움 등을 복제와 재해석으로 자아낸 과정, 여러 익명의 손을 거쳐 변형되고 발전하는 과정 자체가 하나의 놀이로 여겨지기도 한다. 최근 유행했던 '티라미수 케익 챌린지'도 MBTI에 대한 대중의 관심과 유사한 발음을 이용하여 'T라 (공감하는 것에) 미숙해'로 재해석되었고, 걸그룹 에스파의 노래 〈슈퍼노바(Supernova)〉 또한 언어유희 형식의 인터넷 밈으로 사용되었다. 노래 속 가사인 '슈슈슈 슈퍼노바'를 문장 중간에 붙여 갑자기 끝내거나 '아오에이'라는 추임새를 맥락 없이 문장 끝에 붙이는 식이다.

'티라미수 케익' 캡처
(출처: 터헌터헌 틱톡)

'T라 미숙해' 캡처
(출처: DOL 저장소 유튜브)

언어적 특성 또한 인터넷 밈의 대표적인 성질이라 할 수 있다. 인터넷 밈은 통상적인 텍스트의 한계를 벗어나, 맥락을 압축한 짧은 표현으로 사용자의 속마음을 절묘하게 나타내기도 한다. 인터넷 밈은 기존 언어 체계에서는 알맞게 대응하는 단어가 없어 제대로 표현할 수 없는 미묘한 감정이나 심리 상태를 그에 부합하는 이미지나 영상으로 한눈에 느끼고 공감할 수 있게 해주거나, 일반적인 텍스트만으로는 전할 수 없는 깊은 감정을 더욱 강하게 표현하도록 돕는다.

사람들은 친구와 대화를 나누다 '거짓말 같거나 믿을 수 없는 상황'에서 새침하게 흘겨보는 고양이 사진과 함께 '구라같은데'라는 텍스트를 전하거나, 완전히 지친 것은 아니지만 어느 정도 무기력해진 자신을 '번아웃'이 아닌 '토스트아웃'으로 비유한다. 또한 그들이 좋아하는 운동선수나 연예인을 소위 주접이나 찬양에 가깝게 칭찬할 때에도 인터넷 밈은 빠지지 않고 등장한다.

'토스트아웃' 밈
(출처: 유라라 인스타그램)

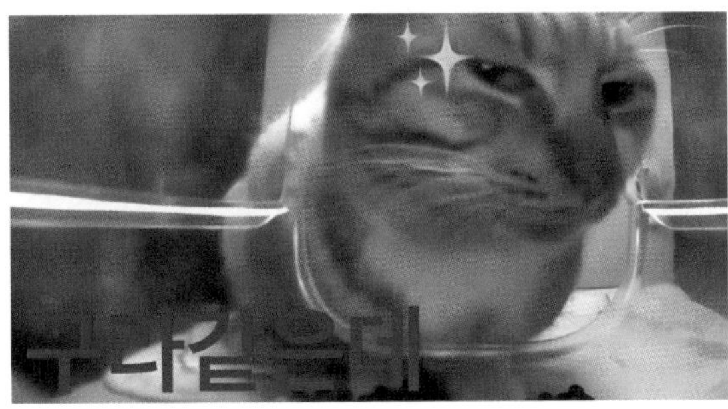

'구라같은데' 밈
(출처: @alldayudon X)

숏폼 콘텐츠를 통해 진화한 인터넷 밈

숏폼 콘텐츠의 등장

'숏폼(Short-form)' 콘텐츠는 단어 그대로 '짧은 형태의 콘텐츠'로 대체로 1분을 넘기지 않는 동영상 형식의 디지털 콘텐츠를 뜻한다. 일반적으로 모바일에 최적화된 세로 화면 형식이며, 가볍고 흥미로운 콘텐츠를 짧은 시간 동안 시청자에게 각인시키는 것이 목적이다. 숏폼 콘텐츠는 2016년에 틱톡을 시작으로 '인스타그램 릴스', '유튜브 쇼츠'와 같은 소셜미디어 플랫폼을 통해 Z세대를 위시한 젊은 세대 중심으로 급속도로 확산되었다.

2023년 한국리서치의 설문조사 결과에 따르면, 숏폼 콘텐츠는 이미 국민의 75%가 시청할 정도로 대중화되었으며, 60세 이상 고연령층에서도 60% 정도가 경험해볼 만큼 전 연령대에 걸쳐 폭넓게 소비되고 있다. 더욱이 시청자의 84%가 1년 전과 비교해 시청 시간이 변함없거나 늘었다고 응답했다는 점에서, 이 콘텐츠 형식이 짧은 기간에 우리 일상에 깊이 자리잡았음을 알 수 있다. 단순한 트렌드를 넘어 하나의 생활양식으로 자리매김한 숏폼 콘텐츠는 특히 Z세대에게 정보 습득, 엔터테인먼트, 소통의 주요 수단이 되고 있다.

설문조사 「숏폼 콘텐츠의 시대, 이대로 괜찮은가?」 (출처: 한국리서치)

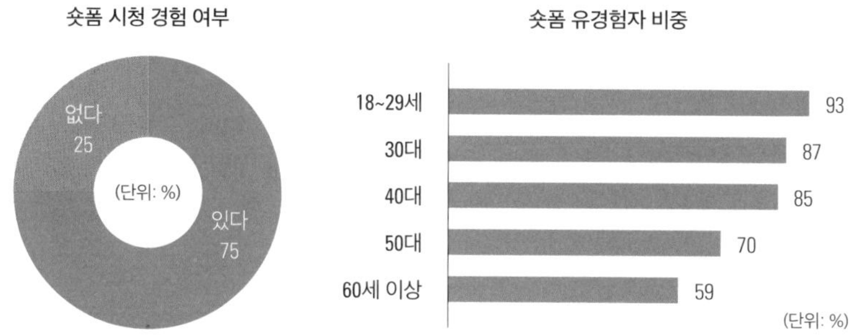

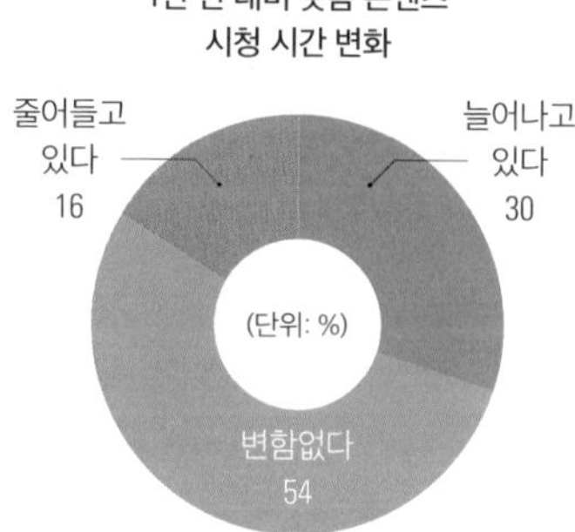

챌린지 밈: 인터넷 밈과 숏폼 콘텐츠의 새로운 교집합

'챌린지'는 숏폼 콘텐츠의 대표적인 형태로, 특정 행동이나 주제를 바탕으로 사용자들이 자신만의 버전을 만들어 공유하는 참여형 콘텐츠를 말한다. 인터넷 밈과 챌린지가 결합하면서 등장하게 된 챌린지 밈은, Z세대의 인터넷 밈 참여도와 확산 속도가 새로운 차원에 올라서는 결과로 이어졌다.

'잘자요 아가씨 챌린지'는 다나카(개그맨 김경욱의 부캐)와 유튜버 닛몰캐쉬가 협업하여 발매한 곡인 〈잘자요 아가씨〉에서 유래하여 Z세대를 중심으로 챌린지 열풍을 이끌었다. 국내뿐 아니라 일본과 중화권에서도 챌린지 인증이 이어지는 등 세계적인 인기를 구가했으며, 원작자인 다나카와 닛몰캐쉬는 SBS의 음악 프로그램인 〈더 쇼(THE SHOW)〉까지 출연하면서 온라인에 머물던 인터넷 밈의 경계를 오프라인까지 확장했다.

'꽁냥이 챌린지'는 2021년 12월 이시열 기자가 '꽁꽁 얼어붙은 한강 위로 고양이가 걸어다닙니다'라고 말한 뉴스 음성에 행복한피자빵이라는 유튜브 크리에이터가 음악을 더하고 안무를 추가하면서 챌린지가 완성되었다. 이 챌린지를 연예인 츄가 직접 따라 하며 찍은 영상이 무해함과 귀여움으로 대중을 사로잡으며 2,000만 이상의 조회수를 기록했다. 츄는 챌린지 덕분에 각종 연예 프로그램과 뉴스에도 출연하며 꽁냥이 밈 인기의 수혜를 톡톡히 누렸다.

잘자요 아가씨 챌린지
(출처: 나몰라패밀리 핫쇼 유튜브)

꽁냥이 챌린지 츄 버전
(출처: CHUU Official 유튜브)

챌린지 밈이 이토록 많은 사람의 열광적인 반응을 얻는 이유는 무엇일까? 기존의 인터넷 밈과는 다른 몇 가지 특징들이 그 인기의 비결이라고 할 수 있다. 무엇보다 챌린지 밈은 음악의 힘을 빌린다. '잘자요 아가씨', '꽁냥이', '마라탕후루', '티라미수 케익' 등 최근 유행한 챌린지들을 떠올려보면, 이들은 모두 중독성 있는 멜로디와 간단한 안무를 갖추고 있다. 기억에 쉽게 각인되는 이런 요소들은 자연스레 따라 하고 싶은 욕구를 불러일으킨다. 또한, 챌린지 밈은 누구나 쉽게 참여할 수 있다는 점이 큰 매력이다. 1분 이내의 동영상은 대부분 짧은 음악과 간단한 안무로 구성되어 있어, 조금만 연습하면 누구든 도전할 수 있다. '나도 한번 해볼까?' 하는 생각이 들면 어느새 스마트폰을 들고 촬영하고 있는 자신을 발견하게 된다. 챌린지 밈은 진입 장벽이 낮기에 결과적으로 많은 사람의 참여를 이끌며 빠르게 확산한다.

유튜브, 틱톡, 인스타그램 같은 소셜미디어 플랫폼들도 챌린지 밈의 인기에 한몫한다. 이 플랫폼들은 사용자들의 체류 시간을 늘리기 위해 알고리즘을 통해 챌린지 밈을 적극적으로 노출한다. 또한 창작자에게 경제적 보상을 제공하여 더 매력적인 콘텐츠 제작을 독려한다. 이런 환경이 챌린지 밈의 확산과 참여율을 높이는 데 큰 역할을 한다.

게다가 챌린지 밈은 언어나 문화의 장벽을 넘어선다는 것도 주요 특징 중 하나다. 특정 언어나 문화적 맥락에 의존하는 일반적인 밈과 달리, 챌린지 밈은 놀이적 요소에 중점을 둔다. 이로 인해 누구든 어디서나 즐길 수 있어 더 빠르고 넓게 퍼져나간다. 이런 특성들은 챌린지 밈을 온라인을 넘어 오프라인까지 영향을 미치는 강력한 문화 현상으로 만들어냈다.

챌린지 밈의 등장이 갖는 의미

기존의 인터넷 밈과 차별되는 챌린지 밈이 등장하게 된 것은 문화 소비자들의 사회적 니즈 또한 변화했음을 의미한다. 과거에는 TV 예능 프로그램이나 영화와 같은 전통 미디어가 공통의 화제를 제공하며 세대 간 소통을 가능케 했다. 그러나 현대 사회, 특히 Z세대를 중심으로 한 젊은 세대에서는 취향과 관심사가 더욱 세분화되면서 같은 세대끼리도 공통된 경험과 관심사를 찾기 어려워졌고, 이는 젊은 세대가 새로운 형태의 소통 도구를 찾게 했다.

이러한 맥락에서 짧고 유쾌한 챌린지 밈의 폭발적 인기는 주목할 만하다. 챌린지 밈은 단순한 유희를 넘어 Z세대의 새로운 언어이자 문화적 공통분모로 기능하고 있다. 세분화된 취향 속에서도 공통의 경험을 만들어내며, 세대 내 소통과 유대감 형성에 중요한 역할을 하고 있다. 예를 들어 특정 챌린지에 참여하거나 이를 공유하는 행위 자체가 하나의 공감대를 형성하는데, 이는 온라인을 넘어 오프라인 대화의 주제가 되기도 한다.

결과적으로 밈의 진화는 단순히 트렌드 변화가 아닌, 파편화된 현대 사회에서 새로운 형태의 공동체 문화를 만들어내는 중요한 문화적 현상으로 해석되어야 한다. 이는 Z세대가 어떻게 소통하고, 문화를 공유하며, 정체성을 형성해나가는지를 보여주는 중요한 지표가 되고 있다.

인터넷 밈, 쇼츠와 브랜드가 만날 때

밈 마케팅: 브랜드와 소비자의 새로운 대화법

2024년 초 비비의 〈밤양갱〉이 쉬운 멜로디와 재밌는 리듬, 가사 속 재치 있는 비유 등으로 엄청난 인기를 얻었다. 공군 공식 유튜브 채널에서 'BOMB양갱'으로 패러디를 하거나, 합성물 유튜버인 제프프가 황정민 버전 〈밤양갱〉을 만드는 등 노래 자체가 하나의 밈으로 자리잡았다. 이런 〈밤양갱〉의 인기는 크라운제과와 비비의 컬래버레이션으로 이어졌고 실제 양갱 제품에도 영향을 미치면서 노래가 나온 지 한 달 만에 이마트의 양갱 매출이 2023년 대비 35%가량 증가하는 결과를 낳았다. 크라운해태제과그룹 회장이 직접 '문화의 힘'을 언급할 만큼 〈밤양갱〉 밈은 인터넷 밈이 기업에 얼마나 효과적인 마케팅 수단이 될 수 있는지 보여주는 사례라 할 수 있다.

또다른 사례로는 농협은행 밈이 있다. 농협은행 밈, 정확히는 '넘흐 옙은행' 밈은 한 외국인이 편의점에서 '농협은행'의 위치를 물었는데 이를 아르바이트생이 "너무 예쁘네요"로 잘못 알아들은 상황에서 시작되었다. 오해에서 비롯된 강렬한 민망함이 많은 이를 즐겁게 해주면서 2023년 당시 빠르게 유행했다. NH농협은행은 시기적절하게 '넘흐옙은행'을 활용한 영상 광고를 제작했고 광고는 1,000만 이상의 조회수를 기록했다. 이후 '은행 플러팅 챌린지'가 인기를 얻으며 '넘흐옙은행'은 다시 한번 주목받았고, 결과적으로 Z세대 사이에서 큰 마케팅 효과를 얻었다.

'인터넷 밈을 지상파 TV 방송, 정치권, 정부 기관 등에서 사용하는 순간 그 밈은 수명을 다한다'는 인식이 강하던 시절이 있었다. 이런 선입견을 깨뜨린 것이 바로 충주시 유튜브다. 알리고자 하는 정보에 알맞은 밈을 차용할 뿐 아니라 반전 재미까지 선사하면서 '정부 기관의 콘텐츠는 재미없다'는 고정관념을 깨뜨렸다. 구독자 70만 달성 기념 Q&A에서는 민희진 밈을 활용하고, 최근 충주 문화유산 야행 홍보 영상에서는 〈나는 SOLO〉 밈과 영상 길이가 단 7초라는 설정을 이용하여 충주 문화유산 야행 기간이 실제로 짧다는 것을 표현하는 등 적재적소에 밈을 활용하여 즐거움과 공익성을 모두 챙긴다고 평가받고 있다. 또한 충주시 유튜브의 사례에 자극을 받아 타 정부 기관의 공식 유튜브 채널도 각종 밈을 도입하는 등 긍정적인 변화가 나타나고 있다.

논문 사이트인 '디비피아(DBpia)' 또한 밈을 적절하게 활용하여 전문성이 강한 논문의 진입 장벽을 낮추어 일반 소비자도 논문에 쉽게 접근할 수 있도록 돕고 있다. 오페라 〈리타〉의 넘버 중에 '난 대학 시절 묵찌빠를 전공했단 사실'이라는 가사로 시작하는 〈묵찌빠, 제로〉가 밈으로 유행하자, 디비피아 인스타그램 계정은 묵찌빠 관련 논문을 찾아 '난 대학시절 묵찌빠로 논문썼단 사실'이라는 제목으로 릴스를 올렸다. 실제 논문 저자가 댓글을 직접 달아 사람들의 이목을 끌기도 하면서 해당 게시물은 270만이 넘는 조회수를 기록하는 등 큰 인기를 얻었다.

황정민 버전 〈밤양갱〉
(출처: 제프프 유튜브)

'모두가 예뻐지는 은행, 넘흐옙은행' (출처: NH농협은행 홈페이지)

'충주맨 마라탕후루' 쇼츠
(출처: 충주시 유튜브)

'난 대학시절 묵찌빠로 논문썼단 사실' 릴스
(출처: 디비피아 인스타그램)

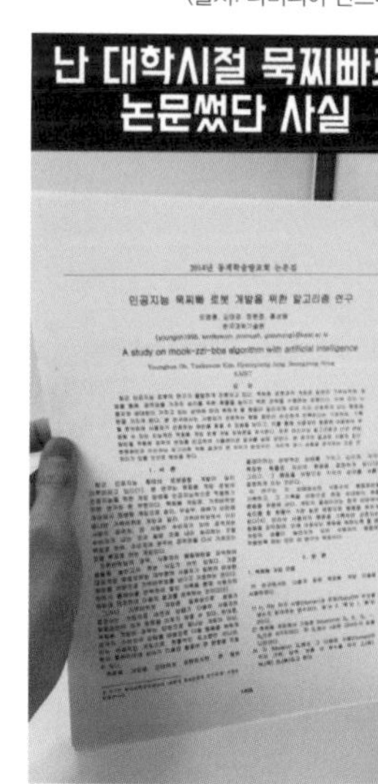

성공적 밈 마케팅의 비결과 효과

밈을 광고나 홍보에 활용하려는 시도는 오래전부터 있었다. 밈은 이미 대중에게 인지도가 검증되었을뿐더러 대체로 저작권 이슈가 적어 마케팅 비용 부담도 크지 않다는 장점이 있다. 이런 밈 마케팅이 성공하려면 밈의 놀이적 본질을 이해하고 존중해야 한다. 단순히 밈을 광고나 브랜딩에 끼워 넣는 것이 아니라, 브랜드의 메시지를 밈의 맥락에 자연스레 융합해 새로운 콘텐츠로 재탄생시키는 것이 필요하다. 이렇게 창의적으로 재해석된 인터넷 밈은 더 큰 흥미를 불러일으키며 지속적인 생명력을 얻는다.

더불어 밈 마케팅은 브랜드와 대중의 거리를 좁히는 데 탁월한 효과를 보인다. 대중에게 익숙한 밈을 활용함으로써 브랜드는 자연스레 일상 대화의 일부가 되며 소비자들에게 친근하게 다가갈 수 있다. 이처럼 밈 마케팅은 단순히 브랜드 인지도를 높이는 것을 넘어, 브랜드에 대한 긍정적인 감정과 친밀감을 형성하여 대중의 자발적인 관심과 참여를 이끌어내는 강력한 도구로 작용한다. 성공적으로 밈을 마케팅에 녹여낸다면 브랜드의 호감도와 단기적 매출 상승까지 기대할 수 있다.

이러한 밈 마케팅의 장점을 고려할 때, 인터넷 밈과 브랜드의 결합은 현대 디지털 마케팅 환경에서 큰 잠재력을 지닌다. 특히 Z세대와의 소통에 있어 밈의 활용은 필수적인 요소가 되고 있기에 앞으로 더 혁신적이고 창의적인 밈 마케팅 전략들이 등장할 것으로 예상된다.

인터넷 밈은 이제 단순한 유행어나 재미있는 콘텐츠를 넘어 Z세대의 공동 언어로 자리잡았다. 이들에게 밈은 감정을 표현하고, 생각을 공유하며, 세상을 바라보는 독특한 렌즈 같은 역할을 한다. '잘자요 아가씨'나 '꽁냥이' 같은 챌린지 밈들이 전 세계적으로 퍼져나가는 현상은 밈이 가진 강력한 소통의 힘을 보여주는 단적인 예시다. 이러한 인터넷 밈의 영향력은 앞으로 더 다양한 형태로 진화하며 확대될 것으로 보인다.

더 나아가 인터넷 밈은 우리 시대의 문화와 가치관을 반영하는 중요한 매개체로 발전하고 있다. 밈을 통해 우리는 사회적 니즈, 특히 Z세대의 사회적 요구가 앞으로 어떻게 변화할 것인지 그 단서를 얻을 수 있다. 예를 들어 유행하는 밈을 통해 Z세대가 중요하게 여기는 가치관이 무엇인지 배운다면, 이를 어떻게 활용할 수 있을지 고민할 수 있다. 이처럼 인터넷 밈은 단순한 유희를 넘어 사회적 담론을 형성하는 도구로 진화하고 있다.

앞으로도 인터넷 밈은 우리의 소통 방식과 문화를 계속해서 변화시킬 것이다. 디지털 기술의 발전과 함께 밈의 형태와 전파 방식도 더욱 다양해질 것으로 예상된다. 가상현실(VR)이나 증강현실(AR) 기술과 결합한 새로운 형태의 밈이 등장하고, 인공지능으로 밈을 생성하고 확산시키는 시대가 올지도 모른다. 그러나 그 본질은 변하지 않을 것이다. 인터넷 밈은 앞으로도 우리 시대의 모습을 반영하는 거울이자 새로운 문화를 만들어내는 창조의 도구로서 그 역할을 계속할 것이다.

요즘 연프 뭐 봄?:

남의 연애 골라 보기

누구나 한 번쯤 TV나 스마트폰에서 '영수', '정숙' 같은 이름의 출연자들이 사랑을 찾기 위해 고군분투하는 모습을 봤을 것이다. 연애 예능 프로그램이 최근 트렌드로 떠오르면서 큰 관심을 받고 있다. 이런 연애 예능 프로그램을 보다보면 답답하고 화가 나면서도 순간적인 설렘을 느끼고, 나의 연애는 어땠는지 추억에 젖어 돌아보게 된다. 그리고 나와 다른 연애 경험을 가진 주변 사람들과 어제 본 연애 예능 프로그램에 대해 뜨겁게 토론하기도 한다. 이 패턴이 지겨워질 때쯤, 새로운 연애 예능 프로그램이 등장하고 사람들은 또 그 프로그램을 시청한다.

연애 예능 프로그램은 이렇게 사랑과 연애에 대한 호기심과 욕구를 잘 파고들며 트렌드 콘텐츠로 자리잡고 있다. 출연자들이 사랑을 찾아가는 여정을 보며 사람들은 사랑과 연애라는 달콤쌉쌀한 감정에 자극받는다. 그리고 현실에서 경험하기 어려운 다양한 연애를 간접적으로 경험하며 깊이 공감하고 몰입하고 있다.

연애 예능 프로그램은 나의 연애도 아닌 남의 연애에 몰입하게 하며 일상의 콘텐츠가 되었다. 특히 TV나 스마트폰 등 미디어의 경계를 가리지 않고 등장하며 그 존재감을 드러내고 있다. 더 나아가 콘텐츠를 넘어 비즈니스까지 그 영향력을 확장하는 모습도 보인다. 이제 연애 예능 프로그램은 단순히 재밌는 볼거리가 아니라 시청자들의 소비 영역까지 침투하는 트렌드 콘텐츠가 되었다.

©ChatGPT로 생성

연애 예능 프로그램, 연프의 탄생

연애 예능 프로그램에 열광하는 사람들

연애 예능 프로그램의 인기가 그 어느 때보다 뜨겁다. 2000년대 초반은 연애 프로그램이 처음 세상에 나온 이후 첫번째 전성기를 보낸 시절이었다. 공중파 TV를 통해 방영되며 많은 연예인의 등용문이 되기도 했고, 그 당시의 밈이라고 할 수 있는 재밌는 장면들을 연출해내며 전국의 시청자들에게 큰 인기를 끌었다. 그러나 그 전성기가 지나가며 연애 예능 프로그램들은 점차 자취를 감춰 사람들의 추억 속에만 남게 되었다. 그리고 약 20여 년이 지난 지금, 연애 예능 프로그램은 새로운 패러다임으로 대중의 마음을 빼앗고 있다.

지금 트렌드가 된 연애 예능 프로그램은 과거 2000년대 초 인기를 끈 연애 예능 프로그램과 '연애'라는 주제만 동일할 뿐 본질적으로 완전히 다른 콘텐츠다. 과거의 연애 예능 프로그램은 연예인이 출연해, 짜여 있는 틀과 대본 아래 진행되는 쇼 프로그램에 가까웠다. 반면 현재의 연애 예능 프로그램은 일반인 출연자가 실제 연애를 목적으로 출연해 실제 상황에서 상호작용하는 리얼리티 쇼를 기반으로 한다. 이 연애 예능 프로그램들은 2017년 방영된 채널A 〈하트시그널〉을 시작으로 시청자들에게 '연프'*라는 카테고리로 명확하게 인식되면서 본격적

★

연프 '연애 예능 프로그램'의 줄임말

인 트렌드로 자리잡게 되었다. 이후 2021년부터 〈환승연애〉 시리즈가 성공적인 인기를 얻고, 과거 일반인 연애 프로그램의 시초였던 〈짝〉의 연출자가 기획한 〈나는 SOLO〉가 방영되면서 본격적인 연프의 시대가 열렸다. 이 같은 인기를 반영하듯, 연프의 전성기가 시작된 이후 소셜 미디어에서 연프에 대한 언급량도 꾸준히 증가하고 있다. 여러 방송사의 다양한 프로그램이 지속적으로 방영되며 연프의 인기는 온라인상에서도 뜨겁게 이어지고 있는 것이다. 연프는 이제 단순한 예능을 넘어 하나의 문화로 자리잡으며 대중의 일상에 파고들고 있다.

미디어를 넘나드는 연프의 매력

연프의 인기가 상승하면서, 많은 제작사가 다양한 미디어 플랫폼을 통해 새로운 연프를 앞다투어 선보이고 있다. 과거 공중파 TV와 케이블 채널이 주요 매체였던 연프는 높은 인기로 인해 OTT 플랫폼에서도 동시에 방영되기 시작했다. 그리고 이제는 동시 방영을 넘어 OTT나 유튜브에서만 단독으로 방영되거나 오리지널 시리즈로 제작되어 다양한 매체에서 볼 수 있다. 그중 인기 연프는 후속 시즌이 제작되기도 하며, 동시에 새로운 연프들도 계속해서 여러 미디어에서 탄생하고 있다.

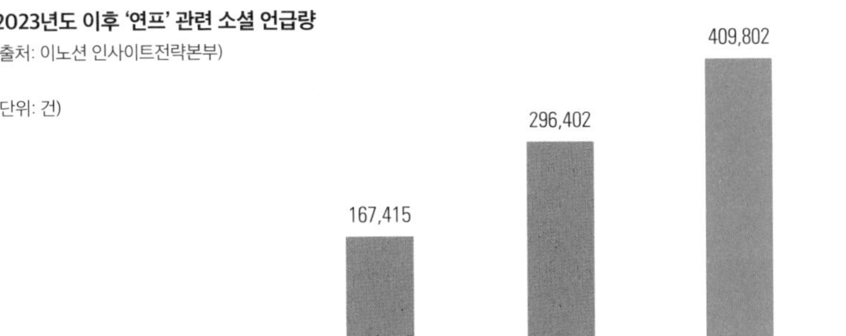

연프가 TV 플랫폼에서 벗어난 시점부터 그 트렌드가 크게 변화하고 있다. 연애에 대한 표현이나 콘셉트의 수위가 비교적 자유로워지면서 더욱 다양하고 획기적인 연프가 등장하기 시작했다. 또한 콘텐츠에 대한 사람들의 수용도도 높아져 TV에서도 과거보다 다양하고 폭넓은 소재를 다루게 되었다. 50대 이상 시니어들의 연애, 모태솔로, 돌싱 특집이 기획되기도 하고, 출연자 간 자연스러운 스킨십이 그대로 방영되기도 한다.

다양해진 미디어 환경은 같은 연프 콘텐츠를 다방면으로 제공함으로써 시청자 유입을 유도한다. 예를 들어, OTT에서만 방영되는 오리지널 콘텐츠 〈환승연애〉는 유튜브에서 첫 회 예고편을 선공개하여 본편에 대한 기대감을 높이며 시청자를 유입시켰다. 〈나는 SOLO〉는 최종 커플 매칭이 방영되는 날, 유튜브 공식 계정을 통해 출연자의 라이브 방송을 송출한다. 최종화 시청 후 바로 유튜브 라이브에 접속해 출연자들의 리뷰를 보는 것이 〈나는 SOLO〉 시청자의 루틴이 되고 있으며, 화제가 된 출연 기수는 라이브 방송 누적 조회수가 100만을 넘어서기도 한다. 이제 연프는 미디어 경계를 넘어 어디에서나 볼 수 있는 대중적인 콘텐츠가 되었다.

왜 연애 예능 프로그램에 열광하는가

연애에 대한 대리만족 욕구

나의 연애도 아닌 남의 연애를 다루는 연프가 최근 사람들에게 유독 큰 인기를 얻고 대세 콘텐츠가 된 이유는 무엇일까? 2023년 〈시사IN〉의 연애 의향 관련 조사에 따르면, '연애는 반드시 해야 한다'라고 응답한 비율이 50%가 넘을 만큼 연애는 삶에서 중요한 이벤트다. 그러나 조사 회사 '피앰아이(PMI)'에서 2024년 5월 실시한 연애 관련 인식 조사에서는 조사 응답자인 미혼 남녀 중 62.4%가 연애를 하지 않고 있다고 응답했다. 이들이 연애를 하지 않는 가장 큰 이유는 남성은 학업이나 금전적인 이슈이며, 여성은 솔로인 상태가 편해서라고 한다. 그렇

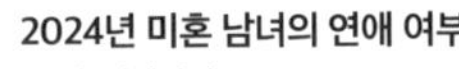

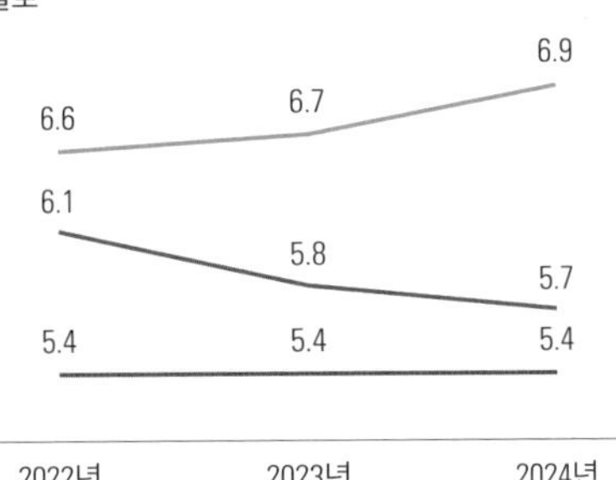

다고 연애를 하고 있는 사람들이 더 행복감을 느끼는 것도 아니다. 결혼정보업체 '듀오'에서 매년 실시하는 미혼 남녀 행복지수 조사의 최근 3년간 결과를 살펴보면, 결혼 예정인 상대와 연애하는 경우가 아닌 일상적인 연애를 하고 있는 사람들의 행복지수는 점차 감소하고 있으며 최근에는 연애하지 않는 사람들과 비슷한 행복 수준을 보이는 것으로 나타났다. 이들의 행복지수나 연애 만족도가 감소하는 이유는 여러 가지가 있겠지만, 최근 1~2년간의 물가 상승이 연애에 소요되는 비용에도 영향을 미쳐 현실적인 부담으로 작용하기 시작한 것도 큰 원인이다. 실제로 결혼정보업체 '가연'의 2023년 설문조사에 따르면 데이트 비용이 부담된다고 응답한 사람이 74.8%나 된다. 그리고 데이트 비용으로 연인과 갈등을 빚은 적이 있다고 응답한 비율은 29.4%로 10명 중 3명 꼴이며, 이는 전년 대비 약 8%p가 증가한 수치다. 이처럼 연애에 대한 니즈는 있지만 연애를 위해 포기해야 하는 커리어나 학업, 부담되는 비용, 혼자서도 익숙해진 생활 등으로 인해 실제 연애를 하는 사람은 많지 않은 괴리가 발생하고 있다.

사람들은 연애에 대한 욕구와 현실 사이의 이런 괴리를 연프라는 콘텐츠를 통해 대리만족하며 채우고 있다. 엠브레인의 「2024 연애 예능 프로그램 관련 인식 조사」에 따르면 실제로 조사 대상 미혼 남녀 중 연프를 시청해본 경험이 있는 사람은 59.8%로 매우 높으며, 이는 2022년(52.2%) 대비 증가하고 있는 추세다. 특히 학업이 중요한 부분을 차지하는 20대와 커리어가 본격적으로 시작되는 30대에게는 경제적으로 연애의 현실적인 부담이 더 체감될 수 있기에 연프는 이들의 연애에 대한 니즈를 대리충족시켜줄 수 있는 좋은 콘텐츠다. 엠브레인의 조사 결과 40대에 비해 20~30대가 연애 예능 프로그램 시청 경험이 많고,

특히 20대는 40대보다 연프를 통해 연애 감정을 느낀 적도 훨씬 많다. 국내 OTT인 웨이브에서는 〈연애남매〉가 방영 기간 동안 20대 가입자를 많이 유입시키며 웨이브의 유료 가입자를 견인한 1등 프로그램이 되었고, 〈신들린 연애〉는 업로드된 후 주 시청자의 60% 이상이 20~30대인 것으로 나타났다.

연애 예능 프로그램 시청 경험과 연애 감정 대리만족 경험

(출처: 엠브레인)

(단위: %)

연애 예능 프로그램 시청 경험

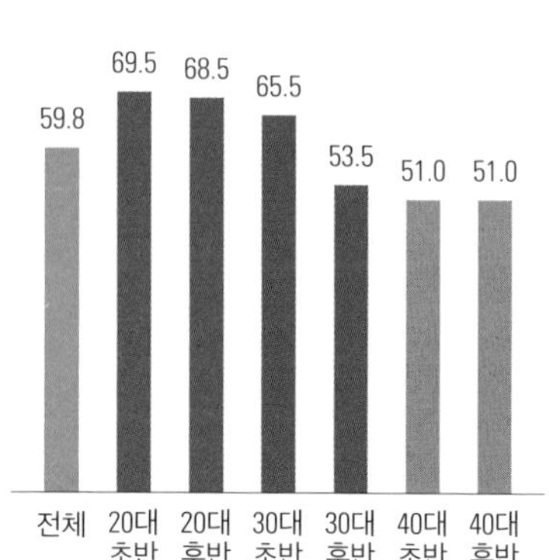

연애 예능 프로그램을 통한
연애 감정 대리만족 경험

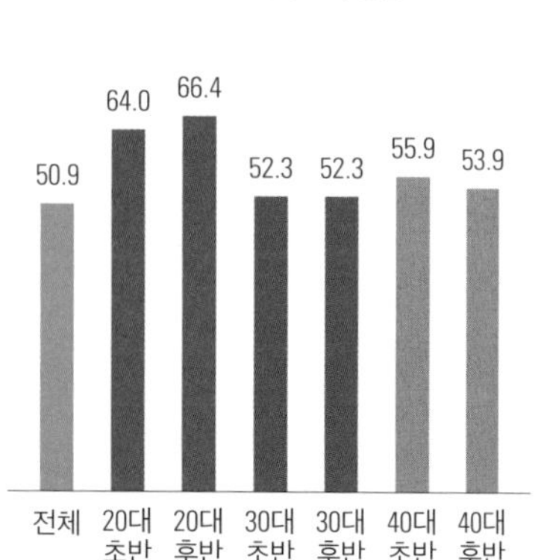

다양한 연애 감정에 대한 본능적인 공감

대부분의 연프 출연자가 일반인이라는 점도 사람들을 빠져들게 하는 요소다. 셀럽이나 연예인이 아닌 자신과 유사한 사람의 연애를 다루고 있어, 시청자들은 출연자들에게 동질감을 느낄 수 있는 것이다. 이에 더해 최근 인기 있는 연프들은 공통적으로 연인들의 아름다운 사랑만 다루는 것이 아니라, 복잡한 상황과 관계 속에서 어떻게 연애가 발현되는지 출연자의 감정, 관계, 태도 등을 다각도로 다루며 면밀히 관찰한다. 이를 위해 다양한 룰을 적용하거나 기획자가 중간에 개입하며 끊임없이 출연자들 간의 변수를 만드는데, 이때 자주 쓰이는 장치가 바로 경쟁이라는 요소다. 출연자는 경쟁에서 살아남기 위해 방해가 되는 경쟁자를 거짓말로 속이기도 하고 상대에게 막말을 하거나 상대를 깎아내리기도 한다. 이로 인해 출연자들끼리 묘한 기싸움을 하거나 갈등을 일으키는 등 인간 본연의 모습이 거침없이 드러난다. 그 과정에서 그들은 좌절감, 질투, 배신감과 같은 감정도 함께 겪게 된다. 경쟁하는 상황 속에서 사랑을 위해 사람이 어떤 과정을 겪는지 적나라하게 보여주는 사회 실험 같은 방송인 셈이다.

이처럼 프로그램 속 연애 상황에서 다양한 감정에 공감하고 출연자에게 동질감을 느끼며 연프에 몰입하는 경험은 소셜미디어상에서도 드러난다. 여러 연프와 함께 언급되는 감성어들을 살펴보면 연애와 관련된 긍정적인 감정과 부정적인 감정이 복합적으로 나타난다. 연프를 '재밌다'고 느끼게 하는 요소에는, 설레고 달달하고 동질감을 느끼게 하는 등의 긍정적인 감정이 존재하는 동시에, 연애 과정에 몰입하면서 느끼는 슬픔, 짜증, 답답함과 같은 원초적이고 부정적인 감정들도 공존하는 것이다.

2024년도 '연프' 관련 소설 감성어 TOP25 (출처: 이노션 인사이트전략본부)

■ 긍정적 감성 키워드 ■ 부정적 감성 키워드

(단위: 건)

순위	감성어	언급량
1	재밌다	8,820
2	웃기다	3,379
3	미치다	1,849
4	울다	1,661
5	예쁘다	1,183
6	설레다	1,030
7	즐거운	989
8	행복	908
9	슬프다	878
10	미련	622
11	잘 어울리다	614
12	싫다	574
13	감동	487
14	힘들다	476
15	충격	350
16	비슷하다	324
17	공감	318
18	답답하다	310
19	아름다운	297
20	달다	295
21	욕하다	293
22	짜증나다	293
23	눈물 흘리다	289
24	안타깝다	261
25	이상하다	252

연프 대중화의 주역: 밈과 리액션

밈 콘텐츠를 주도하는 연프

연프가 트렌드라는 것을 가장 크게 체감할 수 있는 부분은 연프가 SNS와 미디어에서 밈의 소스로 활용되며 다양한 형태로 재생산되고 있다는 점이다. 연애의 진전 과정에서 출연자들이 형성해가는 이상적인 연애 관계와 갈등 상황에서 그려지는 여러 모습이 시청자들의 몰입과 흥미를 이끌어내며 연프를 보지 않는 사람들에게도 전파되는 파급력을 보이고 있다. 많은 사람에게 '환연(환승연애)앓이'를 유발한 〈환승연애〉 시리즈는 강렬한 인상을 남긴 많은 장면을 밈으로 재탄생시켰다. 시즌 2에서는 연하남의 데이트 신청 멘트 "내일 봬요, 누나"가, 시즌 3에서는 헤어진 연인 간 감정 싸움 장면에서 나온 멘트 "네가 '자기야 미안해' 했잖아? 〈환승연애〉 이딴 거 안 나왔어"가 밈이 되어 퍼지고 각종 콘텐츠와 일상에서 패러디되기도 했다. 이러한 밈들은 연프의 인기를 더욱 높이고 시청자를 유입시키는 데 큰 역할을 하고 있다.

〈환승연애3〉에서 화제가 된 "네가 '자기야 미안해' 했잖아? 〈환승연애〉 이딴 거 안 나왔어" (출처: TVING 유튜브)

예능 프로그램 〈니돈내산 독박투어〉의 〈환승연애3〉 밈 패러디 썸네일 (출처: 채널S 유튜브)

또한 연프의 출연자들은 캐릭터화되어 소비되기도 한다. 특히 〈나는 SOLO〉는 매 기수마다 고정된 특징을 가진 출연자의 닉네임을 사용하는데, 이는 시청자들이 출연자를 쉽게 유추하고 미디어상에서 밈으로 활용될 수 있는 장치가 되고 있다. 예를 들어, 방영중 특정 기수 출연자의 행동이 논란이 되거나 바이럴 마케팅이 될 만한 장면이 나오면 SNS상에서 'N기 옥순 과거', 'N기 영자 설렘 모멘트' 등 해당 출연자와 관련된 밈이 생성된다. 〈나는 SOLO〉 돌싱 특집에서 '영수'는 데이트중 덥다고 하는 이성에게 손풍기(핸디형 선풍기)를 안 가져왔느냐고 핀잔을 주는 눈치 없는 행동으로 '손풍기 아저씨 영수'라는 밈이 생겨 각종 SNS에서 화제가 되었다. 이후 한 손풍기 유통업체는 이를 활용해 실제 '영수' 출연자를 모델로 내세워 디지털 광고를 집행하였다. 이처럼 일반인 출연자의 솔직한 모습은 대중의 공감을 자아내는 것을 넘어서, 새로운 콘텐츠의 소스로 활용되며 연프의 인기를 더하고 있다.

〈나는 SOLO〉 돌싱 특집
'영수'의 밈을 활용한 디지털 광고
(출처: 딜팩토리 인스타그램)

연프의 대중화를 이끈 새로운 소통 문화

다양한 감정과 상황을 담는 연프가 시청자들의 공감을 불러일으키면서 이를 활용한 2차 콘텐츠도 활발하게 제작되고 있다. 대표적인 콘텐츠는 크리에이터들이 연프를 시청하며 느낀 감정을 솔직하게 표현하는 리액션 콘텐츠다. 혼자 TV를 보듯 연프를 보면서 자연스럽게 리액션하는 모습을 콘텐츠로 제작해 시청자들과 공감대를 형성하고 시청자들은 마치 다른 사람과 같이 소통하며 연프를 보는 것과 같은 기분을 느끼며 리액션 콘텐츠에 깊이 몰입한다. 사람들이 이처럼 크리에이터 리뷰 콘텐츠에 반응하기 시작하자, 이러한 수요를 파악해 연프 시청 리액션을 전문적으로 다루는 크리에이터가 다수 등장하며 새로운 리뷰 문화가 탄생했다.

70만 회 이상 조회된 찰스엔터의 〈환승연애3〉 리뷰 쇼츠 영상 (출처: 찰스엔터 유튜브)

찰스엔터는 연프 리액션을 전문적으로 제작하는 유튜브 크리에이터로, 연프 속 화제의 장면에 대해 솔직하고 가감 없는 리액션을 하는 것으로 유명하다. 찰스엔터의 리액션 콘텐츠는 공감대를 형성하며 인기를 얻기 시작했고 쇼츠, 릴스 등의 형태로 재가공되어 높은 조회수를 기록했다. 연프를 본 적 없는 사람들의 호기심까지 자극해 연프의 트렌드에 영향을 미치고 있다. 실제 연프 출연자가 자신이 출연했던 프로그램을 보며 리액션하는 콘텐츠도 또다른 재미다. 연프 출연자는 대부분 일반인으로 미디어에 노출된 경우가 드물어 시청자들의 궁금증을 자아낸다. 이들이 직접 논란의 장면을 시청하며 리액션하는 콘텐츠가 연프의 여운을 지속시켜 종영 후에도 인기를 유지하는 데 기여하고 있다.

이 외에도 본방송이 방영되거나 OTT에 업로드될 때마다 실시간 소통이 가능한 오픈채팅방도 인기다. 특히 1인 가구 시청자를 중심으로 특정 연프를 주제로 한 채팅방이 많이 개설되고 있으며 이는 본방에 맞춰 실시간으로 소통함으로써 지인과 함께 드라마를 보듯 연프를 즐길 수 있는 새로운 장을 열었다.

연프의 진화와 전망

더욱 다양해질 연프의 타깃과 방향성

연프는 이제 하나의 명확한 트렌드로 자리잡았으며, 트렌드가 된 이후에도 새로운 시도와 도전으로 연프의 미래가 확장되고 있다. 일반인 남녀가 모여 지내다가 마음에 드는 사람을 최종 선택하는 기본적인 틀을 기반으로 하면서도, 다양한 변화를 통해 시청자들의 관심을 끌고 있다. 예를 들어 〈환승연애〉는 전 연인과의 동반 출연이라는 획기적인 아이디어를 시도하여 대중적인 인기를 끌었다. 〈나는 SOLO〉의 모태솔로와 돌싱 특집 편은 연애에 새롭게 혹은 또다시 도전하는 사람들의 모습을 그려내 다양한 재미를 선사했다. 물론 해당 특집은 시청자의 뜨거운 관심과 함께 논란이 되는 경우도 있었지만 그만큼 연프에 신규 시청자들을 더욱더 유입시키며 연프의 대중화를 가속화했다.

최근에는 더욱 과감한 기획의 연프가 많이 탄생하고 있다. 〈연애남매〉는 실제 남매가 동반 출연하는 연애 프로그램으로, 가족의 존재가 연애 상황에서 어떻게 영향을 미치는지 보여주는 색다른 재미가 있다. 〈신들린 연애〉는 무속인들만 출연하는 연애 프로그램으로, 다른 사람의 연애 운은 잘 점치는 무속인들이 자신의 사랑은 어떻게 예측하고 풀어나가는지를 다뤘다. 해당 프로그램은 MZ세대 무속인 출연자들로 시청자들의 호기심을 모았고, 첫 회부터 종영까지 동시간대 1위 시청률을 자주 기록하며 연프의 인기를 이어갔다. 이 외에도 50대 이상 시니어의 사랑을 다룬 〈끝사랑〉, 한국 남자와 일본 여성 간 국경을 넘은 연애를 다루는 〈한일로맨스 혼전연애〉 등 다양한 구성과 색다른 시도의 연프가 탄생하고 있다.

연프는 다양한 직군, 국적의 배경을 가진 사람들의 이야기나 다채로운 사랑의 형태를 다루면서 연애에 대한 여러 관점과 재미를 제공하고 있다. 연프는 처음에는 젊은 남녀의 사랑을 소재로 트렌드를 일으켰고, 앞으로도 계속해서 진화를 거듭하며 시청자들의 기대감을 충족시켜 트렌드를 견인할 것으로 전망된다.

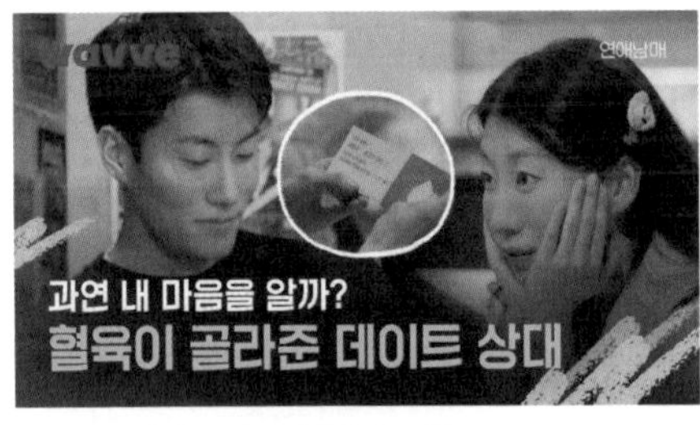

〈연애남매〉 클립 영상
(출처: 웨이브 유튜브)

〈신들린 연애〉 클립 영상
(출처: 달리 [SBS DALI] 유튜브)

연프 포맷의 비즈니스 가능성

연프의 높은 인기에 힘입어 연프를 직접 경험하고자 하는 사람들도 늘어나고 있으며, 실제로 20대를 중심으로 연프 출연 의사가 높은 것으로 나타나기도 한다. 이러한 수요를 반영하여 연프와 유사한 서비스를 기획 및 판매하는 사례가 등장하고 있으며, 종교계부터 대기업까지 연프를 차용한 소개팅 프로그램 서비스를 선보이고 있다.

조계종은 〈나는 SOLO〉를 패러디한 '나는 절로'라는 소개팅 프로그램을 진행하며 연프 시장에서 인지도를 선점했다. '나는 절로'는 '자연스러운 만남 추구'를 뜻하는 줄임말 '자만추'를 불교식으로 해석한, '자비 속에서 만남 추구'라는 슬로건으로 신청자를 모집해 템플스테이 형식으로 진행된다. 실제로 가장 최근 진행된 5회 차 '나는 절로'의 참가 경쟁률은 70 대 1이 넘을 정도로 큰 인기를 끌었고 여섯 쌍의 커플이 탄생했다. 또한 LG유플러스의 사내벤처인 케미컴퍼니도 솔로들이 함께 여행을 떠나 짝을 찾게 해주는 '하트트래블' 서비스를 운영하고 있다. 이 외에도 숙박업소나 외식업체가 자체적으로 상품과 소개팅 매칭 서비스를 기획해 판매하기도 한다. 또한 '문토', '프립'과 같은 앱에서 같은 관심사나 취미를 기반으로 사람들이 직접 매칭 소개팅을 위한 모임을 개설하고, 참여 신청하며 연프를 직접 경험하려는 움직임이 많아지고 있다. 이처럼 연프의 인기는 사람들의 일상생활에도 영향을 미치고 있다. 시청자들은 연프를 단순히 시청하는 것에 그치지 않고, 이를 직접 경험하며 연애의 즐거움을 느끼고 싶어하기에 연프를 기반으로 한 비즈니스가 더욱 확대될 것으로 예상된다.

'나는 절로, 낙산사' 홍보 포스터
(출처: 불교닷컴 홈페이지)

소비 영역까지 확장되는 파급력

연프의 인기와 파급력은 소비 영역에도 영향을 미치고 있다. 출연자들이 방문한 숙소나 카페는 사람들의 발길이 끊이지 않으며, 이들의 이미지와 유명세는 마케팅에 활용되기도 한다. 실제로 연프 방영 직후 SNS에는 해당 장소에 대한 정보 공유와 인증 게시물이 넘쳐난다. 이 같은 소비자들의 수요를 이용해 롯데홈쇼핑이 제작한 〈24시간 소개팅〉은 유통업체가 연프를 제작해 판매까지 연계한 새로운 마케팅 사례다. 롯데홈쇼핑이 자체 유튜브 채널 내내스튜디오에 업로드하는 이 연프는 처음 만난 이성과 24시간 동안 소개팅을 하는 콘셉트다. 각 회차에서 남녀 출연자가 사용하는 아이템들을 구매할 수 있는 링크를 콘텐츠 설명란에 제공해 곧바로 롯데홈쇼핑에 접속할 수 있도록 유도한다. 연프를 통해 촉발되는 소비심리를 곧바로 구매행동으로 연계하는 퍼포먼스 마케팅이 활용된 것이다.

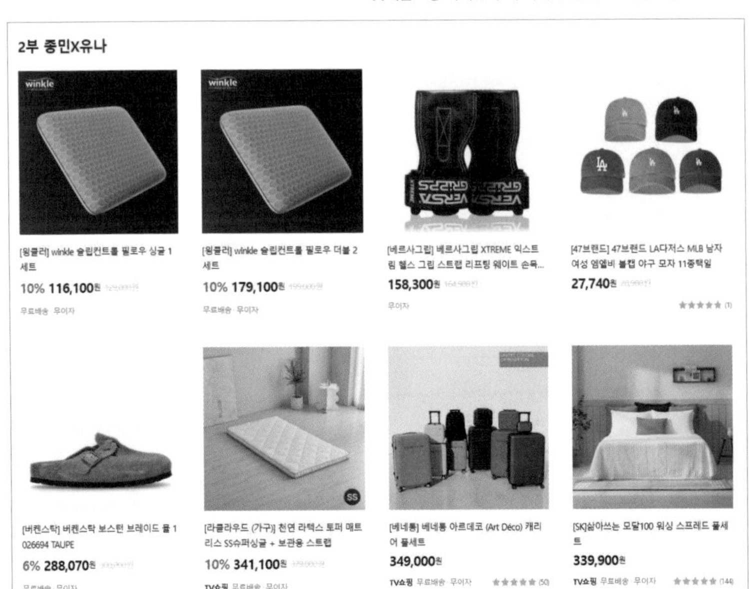

〈24시간 소개팅〉 2부 종민×유나 편의 구매 링크를 통해 랜딩된 롯데홈쇼핑 기획전 구매 페이지 (출처: 롯데홈쇼핑 홈페이지)

연프 출연자는 방송을 통해 일반인에서 셀럽으로 거듭나기도 한다. 〈러브캐처2〉의 송세라, 박정진 커플과 〈환승연애2〉의 성해은이 대표적인 사례다. 이들은 연프 출연 당시 평범한 회사원이었으나 현재는 전업 크리에이터로 전향하거나 광고 모델로 발탁되는 등 활발한 활동을 이어가고 있다. 특히 성해은의 경우 생리대 브랜드의 광고 모델로 선정되어 셀럽으로서 활발히 활동하고 있다. 이러한 현상은 연프가 단순한 예능 프로그램을 넘어, 대중의 문화적 취향과 소비 패턴에 영향을 미치는 콘텐츠로 자리잡았음을 보여준다. 연프의 인기가 지속되는 한, 이 같은 소비 영역으로의 확장은 계속될 것으로 예상된다.

연프는 탄생 이후 짧지 않은 시간 동안 계속해서 변화하고 새로운 것에 도전해왔다. 그 결과, 연애의 감정을 전달하는 것에 그치지 않고 우리의 소비와 일상에도 영향을 미치고 있다. 연프를 소스로 하는 밈과 2차 콘텐츠가 여러 미디어에서 끊임없이 공유되고 크고 작은 비즈니스까지 만들어내며 우리의 라이프스타일에 스며들고 있는 것이다.

다른 사람의 연애에 대한 관심이 트렌드가 된 이유는 연프가 근본적으로 사람들의 연애에 대한 본능과 궁금증을 참신하게 풀어내기 때문이다. 우리는 세상의 모든 연애를 알지 못하기에 연프를 통해 새로운 연애를 목격하고, 그 안에서 사람들이 겪는 다양한 감정과 경험에 몰입할 수 있다. 연프가 사랑과 연애에 대한 탐구를 멈추지 않는 한, 사람들은 이 새로운 방식의 간접 연애를 계속 탐닉하고 경험하려 할 것이다.

세상은 계속해서 예측할 수 없는 방향으로 흘러가고, 연애와 사랑의 새로운 방식과 유형이 등장한다. 이젠 돌싱이나 시니어는 물론, 성소수자의 사랑도 자연스러운 콘텐츠로 소비된다. 그리고 영화 〈그녀(Her)〉처럼 실제로 인간과 AI가 대화하는 상황에 이르렀다. 이렇게 사람들의 신념이 다양해지고 기술이 발전하면서 경계가 없는 여러 연인 관계가 탄생하고 있고, 미래에는 사람과 AI가 관계를 형성할 수도 있다. 앞으로 연프는 사람들의 사랑과 연애에만 초점을 두지 않고 다양한 '관계'의 본질을 조명하면서, 시청자가 세상을 더 폭넓게 경험할 수 있는 콘텐츠로 의미 있게 진화할 것이다.

별다페:

별걸 다 하는 요즘 페스티벌

인류 역사에서 페스티벌, 즉 축제는 고단한 일상에서 잠시나마 숨통을 틔울 수 있는 해방구이자 사회적으로 허락된 일탈의 장이었다. 그렇다면 현대 사회의 페스티벌은 어떨까? 이미 단조로운 삶으로부터 벗어날 수 있는 다양한 대안이 넘쳐나는 오늘날에도 페스티벌은 여전히 표출과 일탈의 장일까? 여름 시즌이 되면 SNS를 뜨겁게 달구는 '월디페(월드 DJ 페스티벌)', '워터밤' 등에서 사람들이 평소에는 입기 어려운 파격적인 의상을 입고 음주가무를 마음껏 즐기는 모습을 보면 그런 듯하다.

그러나 페스티벌을 단순히 일탈이나 쾌락의 수단으로만 치부하기에는 페스티벌 분야가 양적으로나 질적으로나 더 다양한 모습으로 발전하고 있다. 한 해에 국내에서만 1,000개 이상의 축제가 열리는 시대에, 페스티벌은 이전보다 일상에 더 가깝고 다양한 모습으로 펼쳐지고 있다. 코로나19 엔데믹과 함께 사람들은 더 새롭고 다양한 오프라인 경험을 추구하게 되었다. 특히 팬데믹 기간에 오프라인과 단절되었던 2000년대생들이 본격적으로 페스티벌의 새로운 수요자로 등장했다. 이들은 다른 세대보다 환경에 미치는 영향을 진지하게 고민하며, 사회적 감수성 또한 풍부하다. 대세에 자신을 끼워 맞추기보다 자신의 취향에 따라 원하는 대로 즐길 수 있는 세대이기도 하다. 이와 같이 시대, 환경, 참여자들의 변화에 따라 페스티벌도 함께 진화하고 있다.

©Maxime Bhm, Unsplash

페스티벌의 시대

다시 돌아온 뮤직 페스티벌 붐

2019년부터 2024년까지 '페스티벌'에 대한 네이버 검색량 추이를 살펴보면, 팬데믹 기간 동안 움츠렸던 페스티벌 수요가 엔데믹 이후 다시 폭발적으로 증가한 것을 확인할 수 있다. '페스티벌' 검색 연령은 20대가 압도적으로 높으며, 그 뒤를 30대가 이어가고 있다. 2019년에 비해 최근 20대 비중이 감소한 반면 30대 비중이 증가한 이유는 페스티벌 티켓 가격 상승이 원인으로 작용한 것으로 보인다. KOPIS 공연예술통합전산망에서 발표한 「2024년 1분기 공연시장 티켓판매 현황 분석 보고서」에 따르면 공연 티켓 1매 평균 가격은 6만 4,235원으로 전년도 같은 기간 대비 14.3% 올랐다. 코로나19 영향을 받기 시작한 2020년과 비교하면 40.9% 오른 셈이다.

'페스티벌' 검색량 (출처: 이노션 인사이트전략본부)

(단위: 건, 연도별 월평균 검색량)

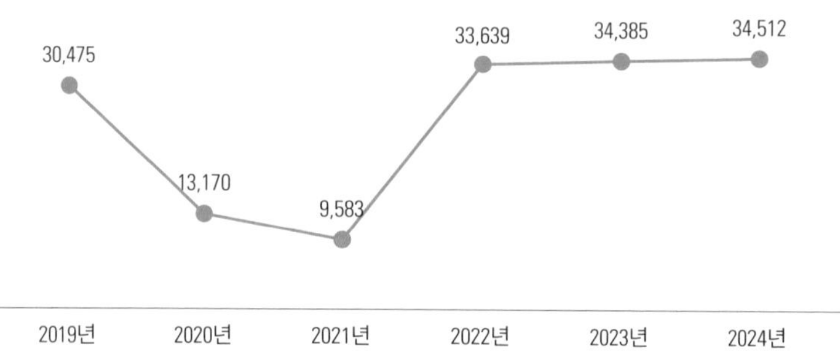

'페스티벌' 검색 연령 (출처: 이노션 인사이트전략본부 / 2024년 7월까지 누계)

■ 13~19세 ■ 20~29세 ■ 30~39세 ■ 40~49세 ■ 50세 이상

(단위: %)

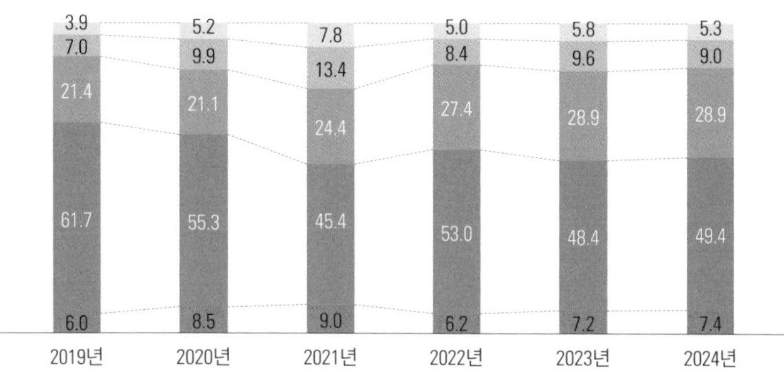

'페스티벌'의 소셜 데이터 분석을 종합해보면, '페스티벌' 연관어는 '공연', '음악', '무대' 등 뮤직 페스티벌 관련 키워드가 주를 이룬다. 페스티벌의 사전적인 의미는 다양한 축제와 이벤트를 모두 포함하지만, 현실에서 페스티벌은 20~30대, 즉 MZ세대가 주축이 되어 즐기는 뮤직 페스티벌에 가깝다고 볼 수 있는 것이다. 한국의 1세대 뮤직 페스티벌이라고 할 수 있는 '펜타포트 락 페스티벌(이하 펜타포트)'은 2023년 역대 최다 관객수 15만 명을 달성하고, 2024년에도 동일한 관람객수를 유지했다. 봄철 대표적인 뮤직 페스티벌인 '서울재즈페스티벌(이하 서재페)'에는 2022년 3만 명의 관객이, 2024년엔 5만 명의 관객이 찾았다. 엔데믹 이후 다시 점화된 페스티벌의 인기가 식지 않고 있다. 예술경영지원센터에 따르면, 2023년 축제형 공연 건수는 190회로 전년 대비 8% 증가했으며, 티켓 판매액은 전년 대비 14% 증가한 약 37억

원에 달했다. 뮤직 페스티벌 시장이 양적으로 성장하면서 음악의 장르뿐 아니라 페스티벌 자체의 콘셉트와 구성이 다양해졌고, 관객들은 이제 자신의 취향에 맞는 뮤직 페스티벌을 골라 갈 수 있게 됐다.

새로 부상하는 핫한 뮤직 페스티벌들

2024년은 기록적인 폭우와 긴 장마로 인해 여름에 계획된 뮤직 페스티벌과 야외 공연들이 불가피하게 취소되는 경우도 많았다. 극단적인 기후변화가 지속될수록 야외 행사의 손실 위험은 커질 것이다. 이에 기상 조건과 상관없이 쾌적하게 즐길 수 있는 실내 뮤직 페스티벌이 주목받았다. 그중 하나인 '더 글로우'는 2024년 처음 개최된 신생 록 페

'페스티벌' 상위 20위 내 연관어

(출처: 이노션 인사이트전략본부 / 2022년 7월 1일~2024년 7월 31일, 3개년 합산)

(단위: 건)

순위	연관어	언급량
1	공연	157,785
2	축제	126,314
3	무대	112,858
4	뮤직	103,868
5	행사	103,251
6	서울	86,780
7	음악	84,286
8	뮤직 페스티벌	80,292
9	콘서트	73,832
10	문화	68,458
11	티켓	49,372
12	라이브	48,686
13	프로그램	47,539
14	사진	46,536
15	밴드	46,404
16	장소	45,072
17	이벤트	44,620
18	여름	44,437
19	한국	44,220
20	썸머	42,734

스티벌로, Z세대 사이에서 이른바 '락스타 감성'*이 유행하면서 더욱 관심을 받았다. 잔나비, 10CM, 이승윤, 실리카겔 등 총 26팀의 국내외 다양한 록 밴드 라인업과 함께 트렌디한 공간 기획과 디자인으로 신규 페스티벌로서의 차별화된 입지를 확보했다. 또다른 실내 뮤직 페스티벌인 '해브 어 나이스 트립(Have a Nice Trip, 이하 해나트)'은 바캉스 콘셉트의 페스티벌로, 음악과 함께하는 여름철 휴가 같은 경험을 선사하고 있다. 2024년의 해나트는 세계적인 록 밴드 트래비스(Travis)와 독보적인 장르를 개척하고 있는 영국의 싱어송라이터 킹 크룰(King Krule) 등 해외 정상급 아티스트 10팀을 포함해 총 22팀의 라인업으로 '음잘알' 관객들의 호평을 얻었다.

락스타 감성의 유행과 함께 주목받은 신생 록 페스티벌 '더 글로우 2024'
(출처: ESQUIRE Korea 유튜브)

락스타 감성 Z세대 사이에서 '락스타'라는 키워드가 다양한 밈으로 쓰이고, 록 아티스트에서 영감을 얻은 패션과 스타일링이 유행하고 있음

도심 속 쾌적한 실내 뮤직 페스티벌과는 정반대로 자연 속에 푹 파묻혀서 즐기는 '디에어하우스(The Air House)'는 국내 뮤직 페스티벌계에서 전에 없던 감성을 만들어내며 힙한 페스티벌로 부상했다. 2018년 관객수 200여 명으로 시작했지만, 2024년에 2만 명이 찾은 디에어하우스는 불과 6년 만에 100배 가까이 성장한 EDM 페스티벌이다. 디에어하우스가 특별한 점은 2박 3일, 72시간 동안 멈추지 않고 공연이 이어지며 캠핑과 함께 즐기는 페스티벌이라는 것이다. 자연과 함께 어우러지는 친환경 페스티벌을 지향하며 숲과 완전히 어우러진 조명과 무대 장치 등이 다른 페스티벌들과는 전혀 다른 무드와 바이브를 조성한다. 디에어하우스는 'Play & Chill'을 추구하면서, 재밌게 즐기는 것만큼 몸과 마음의 충분한 휴식을 중시한다. 이에 따라 공연뿐 아니라 요가, 명상, 에어로빅 프로그램도 운영한다. 하우스뮤직, 캠핑, 웰니스까지 그야말로 요즘 핫한 요소들을 모두 즐길 수 있는 페스티벌이다.

힙한 페스티벌로 주목받는 디에어하우스
(출처: 디에어하우스 페이스북)

지역축제로 페스티벌의 범위를 확장

이렇게 핫한 뮤직 페스티벌들을 제치고 최근 젊은 세대를 사로잡고 있는 또다른 페스티벌은 바로 지역축제다. 뮤직 페스티벌처럼 젊은 사람들이 좋아할 만한 음악이나 술이 있는 것도 아니고, 쏟아지는 팝업스토어들처럼 세련된 스페이스 기획이나 혹할 만한 굿즈가 있는 것도 아니다. 오히려 지역축제 특유의 투박함과 촌스러움이 Z세대에게 새로운 재미를 주면서, 지역축제는 '로컬힙 트렌드'*를 이어가고 있다.

이러한 지역축제들은 가령 '보령 머드축제'처럼 이미 인지도가 높은 것들이 아니다. '원주 치악산고구마축제'의 고구마 길게 깎기 대회나 '연천 구석기축제'의 고인돌 옮기기 체험, '춘천 막국수닭갈비축제'의 닭갈비 만드는 과정을 보여주는 드론 쇼처럼 생경하지만 참신한 콘텐츠와 체험이 X 등의 SNS에서 주목받았다. '구미 라면축제'는 구미에 위치한 농심 공장에서 당일 생산된 신라면을 구매해서 바로 끓여 먹을

김천시의 김밥축제 홍보 콘텐츠 (출처: 김천시 공식 인스타그램)

로컬힙 트렌드 '지역(Local)'과 '유행(Hip)'의 합성어로, 특정 지역만의 색깔이 담긴 식품·공간·관광·굿즈 등이 젊은 세대 사이에서 힙하게 여겨지는 현상

수 있는 경험과 다양한 라면 요리를 합리적인 가격으로 즐길 수 있어 인기를 끌었다. 2023년 폭발적인 인기로 지역 일대의 교통과 통신에 마비를 일으켰던 '함안 낙화놀이'는 당시 인스타그램 알고리즘을 점령하다시피 했다. 예상 밖의 흥행으로 2024년에는 5월 축제에 이어 6, 9, 10월에도 한 회씩 추가 운영될 정도로 지역축제의 새로운 강자로 떠올랐다. 경북 김천시는 MZ세대가 '김천' 하면 '김밥천국'을 가장 먼저 떠올린다는 것에 착안하여 '2024 김천 김밥축제'를 열었다. 인스타그램, 유튜브 등의 공식 SNS 계정에 김밥축제 비하인드 스토리를 업로드하며 유쾌한 홍보를 이어갔다. 이에 '구미는 젤리축제', '공주는 무도회축제'를 열어야 하는 거 아니냐는 댓글이 달리며 화제가 되기도 했다.

지역축제가 최근 젊은 세대에게 이렇게 사랑받는 이유는, 쏟아지는 팝업스토어나 뮤직 페스티벌과는 다른 낯선 경험을 할 수 있기 때문이다. 지역축제에는 해당 지역에서만 접할 수 있는 스토리와 특산품, 체험 등이 있다. 그 예로 '원주 만두축제'는 2023년 개최 때부터 '왜 원주에서 만두축제를 하는가'에 대한 궁금증 때문에 SNS와 커뮤니티에서 화제가 되었고, 원주의 중앙시장이 원래 만두로 유명할뿐더러 칼만두가 시작된 곳이라는 사실이 알려지면서 더욱 주목받았다. 또한 새로운 경험을 보다 합리적인 비용으로 즐길 수 있다는 지역축제의 특성도 젊은 세대에게 호응을 얻게 된 이유다. 가격 정찰제를 통해 '관광지 바가지 없는 축제'를 내세웠던 '양평 용문산산나물축제'는 한 참여 후기가 X에서 조회수 100만 회를 넘을 정도로 주목받으며 '갓성비' 축제로 화제가 되었다. 지역축제 주최 측에서도 점차 낮아지는 참가자 연령층을 의식하여 더 다양한 콘텐츠를 개발하고 발전시킬 것으로 예상되며, 이에 따라 지역축제의 인기는 이후에도 지속될 것으로 보인다.

MZ세대가 페스티벌을 즐기는 방식

패셔너블한 페스티벌

2024년 8월 기준, 인스타그램에는 8만 개의 '뮤직페스티벌' 해시태그 게시물에 버금가는 6만 4,000개의 '페스티벌룩' 해시태그 게시물이 있다. 페스티벌에 참여하는 데 있어 패션이 얼마나 중요한지 알 수 있는 부분이다. 패션 유튜버나 매거진, 쇼핑 플랫폼들은 여름 맞이 페스티벌룩을 추천하는 다양한 콘텐츠를 제작한다. 대표적인 MZ세대 패션 플랫폼 무신사, 지그재그 등은 페스티벌룩과 관련된 콘텐츠와 프로모션을 선보였다. 또다른 온·오프라인 패션 플랫폼 원더플레이스는 서재페,

페스티벌룩과 관련된 무신사의 콘텐츠 (출처: 무신사 앱)

페스티벌룩을 제안하는 지그재그의 유튜브 쇼츠 (출처: 지그재그 유튜브)

월디페, 워터밤, 펜타포트 등 국내 굵직한 뮤직 페스티벌별로 어울리는 코디 레퍼런스와 추천 코디를 제안했다. 패션뿐 아니라 페스티벌 메이크업과 헤어스타일링까지 알려주는 유튜브 콘텐츠 또한 많아지며 페스티벌 헤메코(헤어, 메이크업, 코디) 팁이 다양하게 쏟아졌다.

전 세계적으로 핫한 뮤직 페스티벌 중 하나인 '코첼라 페스티벌'*은 세계 최정상 뮤지션의 공연만큼이나, 유명한 셀럽과 인플루언서 관객들의 페스티벌룩이 화제가 된다. 이미지 공유 플랫폼 핀터레스트는 코첼라와 파트너십을 맺고 코첼라 관련 검색 데이터를 분석하여 2024년 페스티벌을 주도할 네 가지 패션 트렌드를 선정하기도 했다. 크로셰 디자인과 플레어 레이스 팬츠, 웨스턴 부츠의 매치로 10년 전의 페스티벌 향수를 불러일으키는 스타일링인 '2014 코어'와 함께 '라나 델 레이 코어'*, '페어리 코어'*, '다크 페미닌 코어'*를 소개했다. 또 코첼라 페스티벌 현장에서는 코첼라의 브랜드 부스인 '매니페스트 스테이션(Manifest Station)'을 운영하면서 방문객을 직접 스타일링해주는 이벤트도 진행했다.

★

코첼라 페스티벌 정식 명칭은 '코첼라 밸리 뮤직 앤드 아츠 페스티벌(Coachella Valley Music and Arts Festival)'로, 미국 캘리포니아주 사막 지대에서 매년 4월 열리는 세계적인 뮤직 페스티벌

라나 델 레이 코어 미국 Z세대에게 인기 있는 싱어송라이터이자 코첼라의 헤드라이너였던 라나 델 레이(Lana Del Rey)의 스타일로, 미니드레스와 진주 또는 리본 장식을 매치함

페어리 코어 요정에서 영감을 받은 몽환적인 스타일링으로, 파스텔톤의 시폰, 오간자 소재를 주로 사용한 드레스와 꽃, 나비, 글리터 등을 활용하여 페미닌한 룩을 연출함

다크 페미닌 코어 스모키 메이크업과 블랙 의상으로 연출하는 스타일링

'페어리 코어'를 소개하는 유튜브 콘텐츠
(출처: thegirlyghoul 유튜브)

코첼라 페스티벌에서 운영한
핀터레스트 부스 '매니페스트 스테이션'
(출처: 핀터레스트)

여행은 여행을 준비하는 순간부터 시작된다고 하듯이, MZ세대에게 페스티벌은 페스티벌룩을 준비하는 것부터 그 설렘이 시작되는 듯하다. 암묵적으로 형성된 페스티벌의 드레스 코드는 일상에서 쉽게 표출할 수 없었던 개성을 과감하게 드러낼 수 있게 한다. 자신을 표현할 수 있는 가장 쉬운 수단이자 방법인 패션을 통해, 페스티벌에 참여하는 재미는 배가되고 다른 어떤 것으로 대체할 수 없는 페스티벌 문화가 형성되고 있다.

페스티벌을 통해 더 건강해지는 사회와 나

1년 365일 대한민국 각지에서 페스티벌이 끊이지 않는 가운데, 크고 작은 안전사고와 쓰레기 대량 배출, 지역 내 소음 문제 등이 페스티벌의 부작용으로 제기되기도 했다. 이에 '대구 치맥페스티벌'은 다회용 컵과 접시 8만 5,000개를 보급하여 페스티벌이 열리는 5일 동안 다회용 용기를 수거하고 세척하여 재사용했다. 대구 치맥페스티벌뿐 아니라 페스티벌 대부분이 쓰레기 배출과 플라스틱 사용을 최소화하기 위해 다양한 방법을 시도하고 있다. 유독 많은 뮤직 페스티벌이 열리는 서울 한강 지역의 소음 문제를 해결하기 위해서는 무선 헤드폰을 사용하는 '한강 무소음DJ파티'도 생겼다.

건강한 페스티벌 문화를 선도하는 또다른 흐름에는 '웰니스'가 있다. '시티포레스티벌(이하 시포레)'은 스트레칭, 댄스, 필라테스, 요가, 스피닝 등 각 분야 최고의 강사들이 야외에서 페스티벌 참가자들과 함께 운동 클래스를 진행하는 페스티벌이다. 또다른 웰니스 페스티벌로는 '원더러스트 코리아'가 있다. 원더러스트는 2009년 미국 캘리포니아에서 시작된 글로벌 웰니스 라이프스타일 페스티벌로, 전 세계 20여 개 도시에서 진행되며 아시아에서는 최초로 2019년에 한국에서 열렸다. 원더러스트 코리아는 전 세계에서 열리는 원더러스트 중 가장 큰 규모이며 요가, 명상, 필라테스, 발레핏 등 다양한 웰니스 전문가들의 클래스와 건강한 철학을 가진 브랜드들의 참여로 이루어진다. 올림픽공원, 서울숲 등에서 열린 원더러스트 코리아는 도심 속 자연에서 몸과 마음의 쉼을 추구하며 새로운 웰니스 페스티벌 문화를 구축해가고 있다.

한국보다 훨씬 먼저 시작돼 일탈과 쾌락주의로 치닫던 해외의 뮤직 페스티벌도 건강해지고 있다. 영국 맨체스터에서 열리는 '파크 라이프 페스티벌'은 주최 측에서 3,000명을 대상으로 진행한 소비자 조사에서 응답자 중 약 30%가 페스티벌에서 술을 마실 의사가 없다는 것을 확인하고, 2023년에 개최 이래 처음으로 무알코올 맥주 메뉴를 도입했다고 한다. 영국 최대 규모의 뮤직·예술 페스티벌인 '글래스턴베리 페스티벌'에는 지속가능성과 관련한 다양한 전문가가 강연과 토론을 진행하는 '그린 퓨처스 필드(Green Futures Field)' 존이 운영된다. 일본의 대표적인 록 페스티벌인 '후지 록 페스티벌'에는 'NGO VILLAGE' 존이 있어서 비영리단체들이 페스티벌 참석자들과 함께 인도주의 및 기후 위기와 관련한 다양한 활동을 진행한다. 몸과 마음의 건강과 사회의 지속가능성을 중시하는 MZ세대의 성향이 페스티벌을 즐기는 문화도 변화시키고 있는 것이다.

서울숲에서 열린 '원더러스트 코리아 2024'
(출처: 원더러스트 페스티벌 인스타그램)

페스티벌에 참여하는 브랜드

페스티벌의 필수 코스가 된 브랜드 부스

MZ세대는 미디어를 통한 광고 메시지보다 직접적인 체험을 통해 브랜드를 접하고 있다. 최근 수년간 제품과 브랜드를 체험할 수 있는 팝업스토어가 봇물 터지듯 쏟아진 것을 보면 알 수 있다. 엠브레인에서 2023년 11월 1,000명을 대상으로 한 조사에 따르면, 20~30대의 80% 이상이 팝업스토어를 경험해봤으며 팝업스토어가 브랜드를 각인시키는 데 효과적인 수단이라 생각하고 있다. 페스티벌에 참여하는 부스는 단순히 제품이나 경품을 제공하는 것을 넘어 임팩트 있는 브랜드 메시지와 경험을 전달하며 팝업스토어에 버금가는 역할을 한다. 이제 브랜드 부스는 페스티벌에서 빠질 수 없는 재밋거리 중 하나가 되었다. 브랜드 부스는 팝업스토어처럼 브랜드와 제품의 개성을 극대화한 공간 디자인부터, 굿즈 증정과 제품 체험 등 다양한 경험 요소를 선보이고 있다.

스탠리 코리아는 2024년 5월에 열린 '뷰티풀 민트 라이프(이하 뷰민라)'에서 '스꾸존(스탠리 꾸미기 존)'을 운영했다. 방문객들은 스꾸존에 준비된 다양한 스티커와 파츠를 활용하여 키링을 만들거나 자신이 갖고 있는 텀블러를 꾸밀 수 있었다. 2024년 서재페에 참여한 네이버 숏폼 플랫폼 '네이버 클립'은 숏폼 촬영 부스를 운영했다. 서재페 라인업 아티스트들을 소개하는 짧은 영상 레이아웃에 참여자의 모습이 합성되는 방식으로, 페스티벌 현장에서 인기가 많아 대기 줄이 길었던 부스 중 하나였다. 브랜드 부스의 꽃이라고 할 수 있는 굿즈는 페스티벌 상황에 맞춘 실용적인 아이템이 인기를 끌었다. 패션 매거진 〈코스모폴리탄 코리아〉는 뷰민라에서 간이 테이블을 제공하여 SNS 페스티벌 인증샷에 다양하게 노출되었고, KT는 야외 페스티벌에서 유용하게 사용할 수 있는 자외선 차단 선패치와 우산 등 실용적인 아이템을 경품 이벤트로 제작 및 배포했다. 수많은 브랜드 팝업스토어를 통해 브랜드 경험에 대한 안목이 높아진 요즘의 MZ세대를 만족시키려면 기업은 자사 브랜드뿐 아니라 참여하는 페스티벌의 특징에 어울리는 기획으로 차별화된 경험을 제공해야 할 것이다.

궁극의 브랜드 경험의 장이 되는 페스티벌

페스티벌을 통해 고객과 만나는 또다른 방법은 브랜드 단독으로 페스티벌을 개최하는 것이다. 페스티벌에서 빠질 수 없는 것 중 하나가 술이다. 국내 양대 산맥을 이루는 두 주류 기업은 다양한 페스티벌의 후원사로 참여하는 것뿐 아니라 각자의 개성을 살린 페스티벌을 직접 선보이고 있다. 오비맥주는 2015년부터 '카스쿨 페스티벌'을 이어오고 있으며, 하이트진로는 2018년부터 세계 유일의 소주 페스티벌인 '이슬라이브 페스티벌'을 개최하고 있다.

서울 이태원에 위치한 현대카드의 브랜드 공간 5곳 일대에서 진행되는 '현대카드 다빈치모텔'은 예술, 학문, 경영, 기술 등 다양한 분야 전문가들의 토크쇼와 공연, 전시 등이 어우러진 문화 융복합 페스티벌이다. 2024년에는 배우 스티븐 연(Steven Yeun), 미국 현대미술의 거장 데이비드 살레(David Salle) 등 글로벌 라인업을 강화하고, 이태원 주변 매장과의 협업 확대를 통해 지역축제로 발돋움하며 6만 명의 관객이 모였다.

오랜 시간 명성을 쌓아온 브랜드 페스티벌들 사이에서, 2024년 첫 도전장을 냈지만 어떤 이벤트보다 차별화된 브랜드 경험을 제공한 페스티벌도 있었다. 매트리스 브랜드 '베스트슬립'의 '베스트드림콘서트

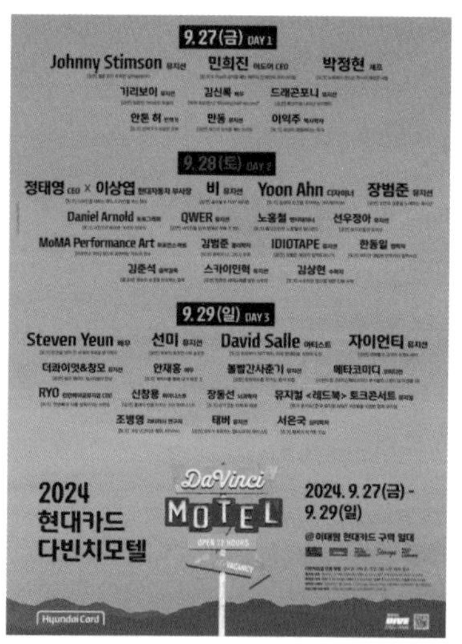

'2024 현대카드 다빈치모텔' 라인업
(출처: 럭키드로우)

'베스트드림콘서트' 포스터
(출처: 티켓링크 홈페이지)

(이하 베드콘)'가 그것이다. 한강 세빛섬 플로팅아일랜드에서 열린 베드콘의 캐치프레이즈는 '수면(水面) 위 수면(睡眠) 콘서트'로, 매트리스에 누워 공연을 관람하며 하룻밤을 보내는 색다른 이벤트였다. 얼리버드 티켓과 일반 티켓 예매 모두 오픈과 동시에 전석이 매진될 만큼 화제를 모았다. 저녁 7시부터 다음 날 아침 7시까지 12시간 동안 피아니스트 윤한, 가수 이진아, 첼리스트 원민지 등 뮤지션의 공연과 전문 성우의 고전 낭독, 수면 전문가의 강의 등 오로지 숙면에 최적화된 공연과 콘텐츠가 이어졌다. 숙면에 좋은 음료, 수면 안대, 수면 양말 등이 포함된 키트는 물론, 요청이 있을 경우 파자마까지 제공되었다. 또 관객들이 매트리스에 누워 오픈채팅으로 요청한 간식과 마스크팩 등을 자리로 가져다주는 '숙무원' 서비스까지 운영하여 관객들의 만족도를 높였다.

잠재 고객이 느끼는 즐겁고 행복한 감정과 기억을 브랜드에 연결하는 것은 수치로 환산할 수 있는 것 이상의 가치가 있다. 그런 차원에서 페스티벌은 궁극의 마케팅 포맷이 될 수 있다. 일상으로부터 분리된 시간과 공간에서 오로지 브랜드가 제공하는 프로그램에만 집중하고 몰입할 수 있는 환경을 조성할 수 있기 때문이다. 또한 페스티벌은 참여자가 자발적으로 시간과 비용을 들이며 참여하는 이벤트다. 특히 최소 하루에서 길게는 사흘까지도 참여하는 뮤직 페스티벌은 일일권 기준 10만 원 안팎의 비용이 든다. 유튜브와 같은 온라인 콘텐츠 플랫폼에서는 유료 서비스를 구독하면서까지 광고를 차단하는 시대에, 소비자가 자비와 시간을 들여 적극적으로 참여하는 만큼 페스티벌은 어떤 미디어보다 소비자와의 상호작용이 준비된 브랜드 경험의 장을 만들 수 있는 것이다.

디지털 네이티브 세대면서 팬데믹 시기에 오프라인상의 단절을 경험한 MZ세대는, 역설적으로 어느 때보다 오프라인만의 새로운 경험을 추구하는 세대이기도 하다. 근 수년간 지속되고 있는 팝업스토어 열풍은 이에 대한 근거다. 1년 365일 수많은 페스티벌이 전국 각지에서 펼쳐지고 있는 현상 또한 같은 맥락에서 이해할 수 있다.

이전에는 전통적인 소수의 페스티벌이 지루한 일상으로부터의 해방과 일탈을 담당했다면, 최근 MZ세대를 주축으로 한 페스티벌은 더 다양한 방식과 형태로 진화하며 건강한 라이프스타일을 추구하거나 사회적인 문제를 함께 고민하고 해결해갈 수 있는 플랫폼이 되기도 한다.

기업 차원에서 페스티벌은 가장 고도화된 오프라인 이벤트이자, 최고의 몰입 경험을 제공할 수 있는 고객 접점이다. 관객이 자발적인 수고와 비용을 들이며 참여한다는 점과 어떤 브랜드 접점보다도 오랜 시간 체류하며 오감으로 경험한다는 특성이 있기 때문이다. 그간 마케팅은 미디어를 통한 매스 커뮤니케이션에서, 개인화되고 특별한 기억을 주는 팝업스토어 등의 오프라인 경험으로 무게중심을 옮겨왔다. 기업은 이후에 지속적으로 발전시켜야 할 또 하나의 브랜드 경험 포맷으로 페스티벌을 고려해볼 만하다.

“

최근의 페스티벌은 일상으로부터의
해방과 일탈을 넘어, **함께 연대**하며
건강한 사회와 환경, 라이프스타일을 추구하는
플랫폼으로 진화하고 있다.

”

Part 2 일상

비즈니스 현장의 마케팅 전문가들이 주목한
라이프스타일 인사이트

하찮아도 괜찮아!:

애착템의 시대

1

많은 사람이 어린 시절 아끼는 인형에 이름을 붙여 침대 머리맡에 고이 모셔두고 자기 전에 말을 걸던 추억을 간직하고 있을 것이다. 또 그 인형이 더러워져서 세탁해야 하는 날이면 혹시나 솜이 터져서 돌아오는 건 아닐지 노심초사하며 빨래가 끝나기만 기다리던 순간을 기억하고 있을 것이다. 이처럼 어떤 대상에게 특별한 감정을 느끼고 늘 함께하려고 하는 모습을 애착 행동이라고 한다. 이는 어린 시절에 흔히 나타나는 현상으로 대부분 성장하는 과정의 통과의례 정도로 너그럽게 받아들여지는 게 일반적이다.

그렇다면 이런 애착 행동이 유년기를 지나 청소년기 혹은 성인이 되어서도 이어진다면 비정상적인 것일까? 또 다 큰 어른이 애착 아이템(이하 애착템)을 집 밖에서도 당당하게 드러내고 다니면 창피한 일일까?

과거에는 다소 부정적으로 비치던 성인들의 애착 현상이 새롭게 변화한 모습으로 주목받고 있다. 외출할 때는 내 방, 내 책상에만 머물러 있어야 했던 애착템들은 이제 어느 장소에서나 함께하는 반려 아이템으로 변모했다. 전혀 상상하지 못했던 보잘것없는 물건이 이제는 애착템으로 많은 이에게 사랑받기 시작했다. 그리고 SNS는 애착템과 함께하는 일상의 모습들이 담긴 게시물들로 넘쳐나고 있다.

©Mateusz Miernikowski, Unsplash

당당히 일상의 한 부분이 된 애착템

누구나 가지고 있는 애착 성향

과거에는 청소년기를 지나서도 애착 행동을 보이는 사람을 평범하다고 생각하지 않고, 성장 과정에서 부모 또는 친구와의 올바른 관계 형성에 문제가 있었을 거라고 단정해버리는 경향이 있었다. 내 한 몸, 가족을 건사하기에도 바쁜 현실에서 애착 행동은 일부 철없고 배부른 사람들의 어리광처럼 해석되던 것도 사실이다.

그렇다면 과연 요즘에도 애착 성향은 소수 집단만이 가지고 있는 특이 행동이라고 생각할 수 있을까? 대학생을 대상으로 한 설문조사에서 흥미로운 결과가 나왔다. 설문조사 결과를 살펴보면 대학생의 약 71%는 애착을 느끼는 대상이나 물건이 있다고 답했고, 그렇지 않다고 한 응답자 중에서도 약 78%가 앞으로 애착 제품을 소유할 의사가 있는 것으로 나타났다. 즉 대학생 중에서 무려 약 93%가 현재 애착 성향을 보이고 있거나 애착에 대해 긍정적인 태도를 지니고 있다고 해석할 수 있다. 이러한 조사 결과를 보면 적어도 젊은 세대 사이에서는 특정 대상이나 사물에 애착을 보이는 것이 지극히 자연스러운 현상인 것이다.

2021년 「애착 제품 개발을 위한 대학생의 애착 실태 조사」(출처: 〈한국생활과학회지 제30권〉)

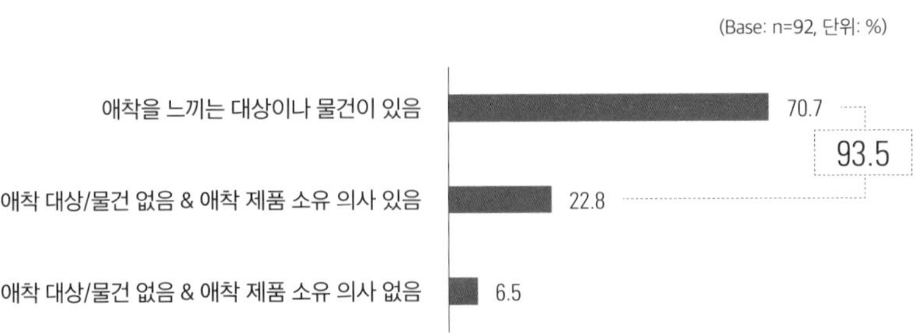

애착템을 위해 활짝 열린 지갑

요즘 MZ세대는 애착템을 갖는 것에 긍정적일 뿐 아니라 지출을 아끼지 않는다. 예전에는 만들어진 기성품 인형 중 하나를 간택하는 것이 일반적이었다고 하면, 이제는 내가 원하는 모습을 한 자신만의 최애 인형을 직접 만들려고 한다. 최애 아이돌 멤버 혹은 최애 캐릭터를 닮은 솜인형을 주문 제작하기도 하고, 마음속에 품고 있던 이상형의 조건을 꼼꼼히 반영한 완벽 그 자체의 최애 인형을 만들어내기도 한다. 솜인형을 뜻하는 '솜깅이', 뼈대가 있는 솜인형을 뜻하는 '뼈깅이', 일본어의 인형에서 유래한 '누이인형'과 같은 키워드는 SNS에서 심심치 않게 볼 수 있는 단어가 되었다.

애착 인형에 대한 사랑은 인형 제작에서 멈추지 않는다. 제작하거나 구매한 인형의 완벽한 미모 유지를 위해 인형 미용실에 맡겨 털 정리와 '경락 마사지(손으로 뭉쳐 있는 솜의 모양을 조정해 예쁘게 윤곽을 잡아주는 서비스)'를 하기도 한다. 직접 인형을 관리해주고 싶은 애호가들을 위한 온라인 인형 미용 강좌도 개설되어 있다. 심하게 망가진 인형을 최대한 원형에 가깝게 복원하는 인형 수선 병원도 성업이다. 방송에 여러 차례 소개되었던 인형 병원 '토이테일즈'의 경우 월 고객 방문 건수가 꾸준히 50~100건 정도 되며, 수리 비용은 때에 따라 80만 원까지 올라가는 경우도 있다고 한다. 최애를 위해서라면 웬만한 지출은 전혀 아깝지 않은 것이다.

인형 미용 시술 전후
(출처: @dollmiyong X)

애착템, 어디까지 가봤니?
다채로운 애착템의 세계

애착템을 침대 머리맡에 놓인 인형이나 이불, 베개 등의 침구류 정도로만 생각한다면 큰 오산이다. 다양한 물건이 애착템으로 떠오르는 요즘 세상에 무슨 필요가 있을까 싶은 물건들도 애착템으로 큰 인기를 얻고 있다.

디지털 도어록 시대에 부활한 키링

디지털 도어록이 요즘같이 일반화되기 전만 하더라도 열쇠는 외출할 때 늘 휴대하고 다녀야 하는 필수 아이템이었고 열쇠를 끼워 보관하기 위한 용도인 키링(예전에는 다들 열쇠고리라고 불렀다) 또한 없어서는 안 될 물건이었다. 요즘에는 어디든 출입문에 디지털 도어록이 설치되면서 더이상 열쇠가 필요 없는데도 다시 키링이 유행하고 있다. 키링

'키링' 키워드 언급량 추이 (출처: 이노션 인사이트전략본부)

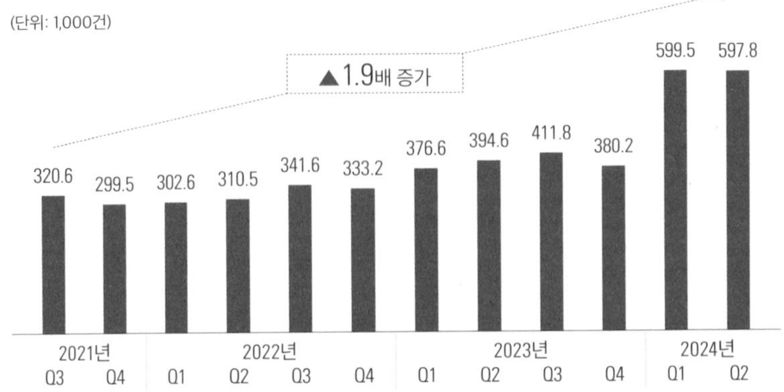

의 인기는 소셜 데이터를 통해서도 확인할 수 있다. 소셜상에서 키링과 관련한 키워드 언급량은 최근 3년 동안 꾸준히 증가해, 2024년 2분기 기준으로 약 60만 건을 기록했다. 이는 3년 전과 비교할 때 2배 가까이 증가한 수치다.

본격적으로 키링이 유행한 시점은 2023년 초 유명 아이돌 그룹 블랙핑크와 뉴진스의 멤버들이 애착템으로 인형 키링을 들고 다니는 것이 주목받기 시작한 이후다. 처음 유행의 중심에는 대구의 작은 편집숍으로 출발한 브랜드인 '모남희'가 있었다. 5만 원 정도의 모남희 키링은 나오는 대로 품절될 정도로 인기를 얻었고 중고 거래 사이트에서는 10만 원 이상으로 거래되었다. 이 외에도 귀가 축 늘어진 토끼 인형 '바쉬풀 버니(Bashful Bunnies)'로 유명한 '젤리캣', 국내 패션 브랜드 '마지셔우드' 등이 키링 열풍을 이끌고 있다. 이들 브랜드에서 출시되는 키링의 가격도 만만치 않지만, 그마저도 구하기 어려워지자 상대적으로 저렴한 비용으로 직접 만들 수 있는 '모루인형' 키링도 덩달아 큰 인기를 얻었다.

모남희 블핑이 키링
(출처: 모남희 홈페이지)

젤리캣 바쉬풀 버니 키링
(출처: 젤리캣 홈페이지)

마지셔우드 우드 키링
(출처: 마지셔우드 홈페이지)

키링과 관련한 주요 연관어로 '애착 인형'이 꼽히는 것을 보면 키링이 단순 패션 소품이 아닌 애착템으로 소비되고 있음을 알 수 있다. 열쇠가 사라지고 디지털 도어록이 그 자리를 대신하는 요즘과 같은 시대에, 사라졌던 키링이 부활해 애착템으로 주목받는 것은 무척이나 역설적이라고 할 수 있다.

주요 키링 브랜드(모남희, 젤리캣, 마지셔우드) 관련 연관어
(출처: 이노션 인사이트전략본부 / 2023년 1월~2024년 6월)

순위	연관어	언급량 (건)	비중 (%)
1	인형	12,609	55.4
2	키링	6,959	30.6
3	애착인형	4,901	21.5
4	토끼	4,590	20.2
5	가격	3,669	16.1
6	구매	3,199	14.1
7	아기	3,037	13.3
8	브랜드	2,843	12.5
9	토끼인형	2,495	11.0
10	가방	2,494	11.0

그깟 돌멩이라고요? 내겐 너무 소중한 돌멩이, 애완돌

애착템이 인형이나 키링에만 한정된 것은 아니다. 요즘 색다른 애착템으로 '애완돌'의 인기가 심상치 않다. 도대체 무슨 돌멩이를 애완용으로 키우느냐고 생각하는 사람도 있겠지만 〈월스트리트 저널〉에서도 한국의 애완돌 키우기 현상을 소개할 정도로 국내에서 애완돌의 인기는 널리 퍼져 있다.

애완돌은 1975년 미국에서 상품으로 처음 선보여졌다. 게리 달(Gary Dahl)이라는 사람이 친구들과 동물을 키우는 어려움을 이야기하던 중 돌을 키우면 그 어려움들이 해결된다는 점에 착안하여 만든 상품인데, 출시 당시 미국에서도 상당한 인기를 끌었다고 한다. 국내에서는 2021년 한 예능 프로그램에서 혼자 사는 연예인이 애완돌을 키우는 장면이 소개되면서 처음 화제가 되었다. 애완돌은 상대적으로 저렴한 가격 덕분에 부담없이 주고받을 수 있는 선물이라 MZ세대에게 사랑받고 있는데, 최근에는 아이돌 멤버들의 애착템으로 알려지면서 그 인기를 더하고 있다. 최근 3년간 소셜미디어에서의 애완돌 언급량 추세를 살펴보면 얼마나 빠른 속도로 애완돌에 대한 관심이 증가했는지 알 수 있다.

'애완돌' 키워드 언급량 추이 (출처: 이노션 인사이트전략본부)

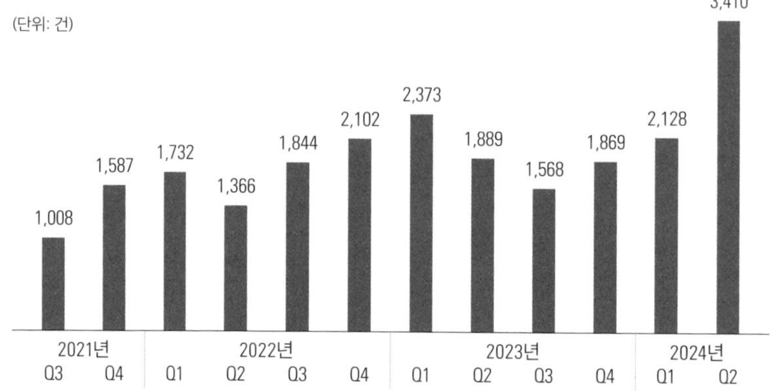

애완돌 키우기를 취미 영역의 수석 수집 정도로 생각하면 안 된다. 애완돌을 키우는 석주(石主)들은 반려동물을 대하듯 애완돌에 온갖 애정과 정성을 쏟는다. 네이버나 구글에서 애완돌과 관련해 자주 쓰이는 검색 키워드를 살펴보면 석주들이 애완돌을 대하는 모습을 엿볼 수 있다. 먼저 '반려돌'이라는 키워드가 가장 높은 순위에 있는 것을 보면 애완돌이 일상을 함께하는 반려의 대상으로 여겨진다는 사실을, '반려돌(애완돌) 이름'이라는 키워드가 순위에 있는 것을 보면 애완돌도 반려동물처럼 이름이 있다는 사실을 확인할 수 있다. 이 외에도 석주들이 애완돌을 위해 멋진 집을 만들어주고 함께 산책도 하는 것을 엿볼 수 있다. 심지어는 애완돌 훈련법이라는 재미있는 사진이 돌아다닐 정도로 석주들은 애완돌을 생물로 여기는 듯하다. 애완돌 판매처를 통해서 이름, 성별, 생년월일, 국적, MBTI까지 적힌 '애완돌 등록증'도 발급받는다고 하니 석주들이 애완돌을 얼마나 각별하게 생각하는지 짐작할 수 있다.

'애완돌' 관련 주요 검색 키워드

(출처: 이노션 인사이트전략본부 / 2023년 7월~2024년 6월)

(단위: 건)

순위	키워드	연간 총 검색량
1	반려돌	163,900
2	애완돌	151,790
3	반려돌 키우기	17,350
4	온양석산 반려돌	14,276
5	애완돌 키우기	7,730
6	펫스톤	5,110
7	애완돌 훈련법	4,619
8	반려돌 이름	1,861
9	애완돌 산책	1,848
10	애완돌 이름 추천	1,613
11	애완돌 구매	1,580
12	반려돌 등록증	1,376
13	애완돌 이름	1,288
14	애완돌 집	1,095

쇼핑몰에서 판매하고 있는 애완돌
(출처: 쿠팡 홈페이지)

Z세대의 애착 디바이스, 무선 이어폰

디지털 환경에서 자라난 Z세대에게 스마트폰, 태블릿 등과 같은 디지털 디바이스는 어린 시절부터 일상의 대부분을 함께한 물건으로 애착의 대상이 되기도 한다. 그중에서도 Z세대의 무선 이어폰에 대한 애착은 남다르다. 대학내일20대연구소의 보고서 「Z세대의 주요 퍼스널 디바이스 이용 행태」(2023)에 따르면 Z세대에게 무선 이어폰은 스마트폰을 제외한 기기 중 보유율(88.3%)이 가장 높을 뿐 아니라, 애착도(62.1%) 역시 가장 높은 것으로 나타났다. Z세대에게 무선 이어폰이 애착템으로 인정받는 특별한 이유는 노이즈 캔슬링 기능에 있다. 그들은 집중력이 필요한 상황이나 주변 환경에서 분리되어 나 자신을 오롯이 느끼고 싶을 때 무선 이어폰의 노이즈 캔슬링 기능을 활용한다. 좋아하는 음악이나 영상 감상에 필수적일 뿐 아니라 주변과 상관없이 혼자만의 시공간을 갖게 해주는 특별함을 가진 무선 이어폰이야말로 Z세대에게는 없어서는 안 될 애착템이라 할 수 있다.

애착템 인기의 배경

지친 하루를 위로하는 애착템

요즘 현대인의 일상을 돌이켜보면 긴장의 연속이라고 할 수 있다. 좋은 성적과 대입, 원하는 직장 취업, 직장 경력 성공 등 모두가 각자의 자리에서 가혹한 경쟁을 겪으며 살아가고 있다. 그 과정에서 나 자신에게 실망하기도 하고 타인에게 상처받기도 한다. 그뿐 아니라 SNS나 TV에서는 흉흉한 사건 사고, 암울한 경제 전망 뉴스 등이 쏟아지면서 사람들의 마음을 우울하게 하고 있다.

그런 상황에서 종교, 위로와 조언을 해줄 수 있는 가족, 친구와 같은 의지할 수 있는 대상을 찾기 마련인데, 애착템 또한 그 대상이 되고 있는 것이다. 출근길에 가방에 달린 키링을 바라보면서 하루를 다짐하고, 힘든 일이 있을 때마다 주머니 속 애착템을 쓰다듬고, 자기 전 하루를 마무리지으며 애착 인형이나 애완돌에게 그날 일어났던 일과 소회를 털어놓으면서 마음에 쌓인 불안과 스트레스를 잠시라도 잊을 수 있다.

유년기의 추억을 함께 나눈 친구, 캐릭터

MZ세대 중에 어린 시절 TV 애니메이션, 영화, 만화책을 통해서 '포켓몬', '짱구', '헬로키티' 등의 캐릭터를 접해보지 않고 또 그중 하나라도 좋아해보지 않은 사람을 찾기란 쉽지 않을 것이다. 그리고 생일이나 어린이날을 맞아 캐릭터 인형이나 장난감 또는 캐릭터가 그려진 옷을 사달라고 부모님을 졸랐던 기억을 누구나 가지고 있을 것이다. 커가면서 자연스럽게 그 캐릭터를 접할 기회가 줄어들고 이에 따라 관심이 적어지기 마련인데, MZ세대가 이전 세대와 다른 점은 인터넷과 유튜브를 통해 좋아하는 캐릭터 관련 콘텐츠를 찾아보면서 그 캐릭터에 대한 사랑을 계속해서 이어간다는 것이다. 이전 세대들이 어린 시절에 좋아하던 것들을 추억 속에 묻어두었다면, MZ세대는 이를 한때의 추억이 아닌 현재를 함께 살아가는 친구로 만들 수 있다. 그러면서 학생일 때는 용돈을 모아, 나이가 들어 사회인이 되어서는 월급의 일부를 떼어 캐릭터 굿즈를 사고 이를 애착템으로 간직하는 것이다. 그렇게 장만한 애착템은 이들에게 어릴 적 추억을 떠올리게 하는 매개체일 뿐 아니라 함께 성장한 동지이자 친구인 셈이다.

여기에 최근 불고 있는 팝업스토어 열풍은 어린 시절의 추억을 자극하는 캐릭터 제품들을 더 손쉽게 접할 수 있는 계기가 되었다. 2024년만 하더라도, 추억의 캐릭터를 소재로 한 여러 팝업스토어가 전국에서

'짱구는 여행중!' 팝업스토어
(출처: 롯데백화점)

열렸다. 그중 대표적인 매장으로 짱구 IP를 활용한 '짱구는 여행중!' 팝업스토어를 꼽을 수 있다. 해당 팝업스토어는 서울을 시작으로 전주, 대구, 부산 등에서 열렸는데, 특히 잠실 롯데월드몰에서는 행사 첫날 500명 이상의 고객이 오픈 전부터 대기했을 뿐 아니라 12일간의 행사 동안 10만 명이 방문할 정도로 뜨거운 반응을 불러일으켰다.

하찮고 무해한, 그래서 더 사랑스러운 애착템의 매력

요즘 MZ세대의 문화 코드를 이해하기 위해서는 '하찮다'라는 단어를 이해할 필요가 있다. 원래의 사전적 의미는 '대수롭지 않다'라는 부정적인 어감의 단어이지만, MZ세대가 '하찮다'고 할 때는 '뭔가 어설퍼 보이지만 귀엽고 무해하다'는 뜻으로 쓰이고 있다. SNS에는 엉뚱하고 귀여운 아이들과 아기 동물의 사진과 동영상이 넘쳐나고 있고, 잘생기고 예쁜 캐릭터 대신에 '춘식이', '망그러진 곰', '최고심' 같은 '간단히' 그린 듯한 캐릭터가 더 인기를 끌고 있다.

지금 인기를 끌고 있는 애착템들도 '하찮음'이라는 특징을 고스란히 가지고 있다. 보잘것없는 작은 돌멩이, 이목구비가 확실치 않아 얼핏 보면 털 뭉치로 보이는 키링, 아이돌의 비율과는 거리가 멀어 보이는 솜깅이 등 하나같이 하찮기만 한 대상들이다. 내가 보호해주어야 할 것 같은 하찮은 존재들이지만 어쩐지 나의 못난 구석을 닮은 것 같기도 하고, 가만히 내 이야기를 들어줄 것 같기도 하다. 이러한 하찮음은 MZ세대가 애착템에 스스로 애정을 쏟고 지출을 아끼지 않게 하는 중요한 이유로 작용하고 있다.

당당하게 드러내는 애착템에 대한 사랑

MZ세대의 잠재된 니즈와 애착템이 서로 통하는 점이 있었다 하더라도 MZ세대가 이를 떳떳하게 드러낼 수 없었다면 여전히 애착 인형은 침대 머리맡에 올려져 있었을지도 모른다. 또 인형 키링을 살지 망설이다가 차마 가방에 달지 못할 것 같아 구매를 포기했을지도 모른다. 하지만 요즘 MZ세대는 당당하게 '덕밍아웃'을 하고 자신의 취향과 개성을 적극적으로 표현하는 분위기다. 그들은 어른이 되어서도 애착하는 사물이 있다는 사실을 숨기지 않고 오히려 자신만의 귀여운 애착템을 자랑하기에 바쁘다. MZ세대의 당당한 자기표현이야말로 애착템이 인기를 끄는 중요한 원인으로 작용하고 있다.

자신만의 귀여운 애착템 인형 키링
(출처: 앙트레브 홈페이지)

고객과의 애착 관계 형성을 위해 힘쓰는 기업들

마케팅 현장에서도 소비자들의 애착 현상을 파악하고 이를 적극적으로 활용하려는 모습이 감지된다. 굿즈 맛집으로 유명한 스타벅스는 2024 파리 올림픽을 맞아 '스타벅스 스포츠 클럽 베어리스타 키체인'을 출시했다. 축구, 테니스 등의 9개 스포츠 종목을 콘셉트로 한 곰돌이 인형 키링인데 발매 전부터 화제가 되어 1인 1회, 종목당 최대 2개씩으로 수량에 제한이 있었는데도 온라인 채널에서는 출시 1시간 만에, 오프라인 매장에서는 하루 만에 대부분의 매장에서 매진되는 큰 호응을 얻었다.

롯데GRS는 시즌별로 포켓몬 캐릭터를 활용한 굿즈를 판매하는 것으로 포켓몬 팬들에게 유명하다. 2024년에는 5월 어린이날 행사로 '롯데리아', '엔제리너스', '크리스피크림 도넛'에서 24종의 포켓몬 에디션을 출시하면서 키링, 텀블러 등의 굿즈를 함께 판매했다. 키링, 텀블러 모두 일상에서 자주 사용하는 아이템이어서인지 출시되자마자 며칠 만에 품절됐고, 중고 거래 사이트에서 웃돈에 판매되고 있다.

유통업계뿐 아니라 스포츠 구단도 캐릭터와의 컬래버레이션을 통해 고객 저변 확대를 꾀하고 있다. 국내 프로축구 리그인 K리그는 헬로키티를 비롯한 다양한 캐릭터로 유명한 '산리오'와 컬래버레이션을 기획해 'K리그×산리오 팝업스토어'를 열었다. 산리오의 인기 캐릭터인 헬로키티는 'FC 서울', 포차코는 '전북 현대 모터스', 시나모롤은 '울산 HD FC' 등 다양한 캐릭터가 각 구단을 대표하며 가방, 인형 키링, 머플러, 문구류 등의 다양한 제품으로 판매되었다. 여성 고객들에게 절대적인 인기를 얻는 캐릭터들을 보유한 산리오와의 컬래버레이션을 통해 K리그는 여성 팬덤을 한층 강화하고 확장할 수 있었고, 산리오 역시 K리그 팬들에게 브랜드를 알릴 기회가 되었다.

이와 같이 기업들이 애착템 트렌드에 민감하게 반응하는 모습은 여러 긍정적인 효과를 가져올 것으로 기대된다. 일차적으로는 기업들이 애착템과 관련한 고객 니즈를 빠르게 파악하고 이를 차별적인 아이템으로 상품화하여 기존 고객층을 확대할 수 있고, 애착템으로 유명한 브랜드의 높은 인지도를 빌려 적은 비용으로 높은 홍보 효과를 누릴 수 있다. 그리고 애착템을 구매한 고객은 이를 통해 그 브랜드와 감성적인 연결이 강화되어 충성 고객으로 남을 가능성이 커진다.

스타벅스 스포츠 클럽 베어리스타 키체인
(출처: 스타벅스 코리아 홈페이지)

K리그×산리오 팝업스토어
(출처: 산리오코리아 인스타그램)

사람이 특정 사물에 대해 애착 성향을 보이는 것은 자연스러운 현상이라고 할 수 있다. 조사에 참여한 대학생 90% 이상이 애착템을 갖는 것에 긍정적이라고 응답한 조사 결과에서 알 수 있듯이, 요즘 MZ세대에서 애착템에 대한 거부감은 찾아보기 힘들다. 오히려 애착템이 있다는 것은 이들에게 지극히 자연스러운 것이며 자기표현에 적극적인 세대답게 본인의 애착 성향을 당당히 드러내고 즐기고 있다. 이제는 애착템을 갖는 것은 '성숙하지 못함'의 상징이 아니고, 오히려 '힙하고 다채로운 개인의 취향'의 표현으로 받아들여지고 있다.

그리고 그 대상도 다양한 형태로 변화하고 있다. 요즘 애착템 대세는 어릴 때 주로 애착 관계를 형성하던 애착 인형과 애착 담요에서, 언제 어디든 함께할 수 있는 작고 가벼운 키링으로 바뀌었고 거들떠보지도 않던 돌멩이가 어엿한 이름과 성별, 나이를 부여받은 반려 아이템이 되었다.

이와 같은 애착템 트렌드는 앞으로도 지속될 것으로 전망된다. 공허함을 느끼고 위로받을 대상을 찾는 현대인들에게 애착템은 묵묵히 내 곁을 지키며 이야기를 들어주는 대상으로 자리할 수 있을 것이고, 어린 시절의 추억을 함께해온 반려 아이템 기능도 계속될 것이다. 지금 인기를 끄는 키링에 대한 관심이 줄어들 수는 있겠지만 캐릭터 인형, 애완돌 등 애착템을 향한 관심은 그 모습을 바꿔가면서 계속될 것으로 보인다.

“

출근길에 **가방에 달린 키링**을 바라보면서
하루를 다짐하고, 힘든 일이 있을 때마다
주머니 속 애착템을 쓰다듬고, 자기 전 하루를
마무리지으며 **애착 인형**이나 **애완돌**에게
그날 일어났던 일과 소회를 털어놓으면서
마음에 쌓인 **불안과 스트레스를**
잠시라도 잊을 수 있다.

”

데코덴티티:

어디까지 꾸며봤니?

최근 영화 <파묘>에 출연한 배우 최민식은 60대에는 어울리지 않을 수 있는 헬로키티, 쿠로미 등을 활용한 머리띠를 착용하며 '할아버지 꾸미기'라 불리는 '할꾸'라는 용어를 탄생시켰다. 또한 자기표현에 적극적인 MZ세대는 가방 꾸미기의 '백꾸', 신발 꾸미기의 '신꾸', 텀블러 꾸미기의 '텀꾸' 등의 트렌드를 주도하며 새로운 소비 트렌드를 이끌어가고 있다.

오늘날 꾸미기가 이렇게 화제인 이유는 무엇일까? 그 이유는 바로 개인의 취향이 이전보다 더 세분화되었기 때문일 것이다. 사실 '꾸미는 행위' 자체는 개인의 정체성을 드러내고 타인에게 매력을 어필할 수 있다는 점에서 인간의 변하지 않는 욕망이라고 할 수 있다. 하지만 오늘날 개인의 취향이 다양해지면서 꾸미기 수단이 기존에는 없던 새로운 것들로 더 다양해지고 있다는 점은 주목할 만하다. 특히 별걸 다 꾸민다는 의미의 '별다꾸' 신조어가 이러한 현상을 압축적으로 보여준다고 할 수 있다.

이처럼 꾸미기를 선호하는 고객의 수요에 대응하기 위한 기업과 브랜드의 전략도 눈여겨볼 만한 지점이다. 커스터마이징 자체를 브랜드 차별화 요소로 활용하거나 기성품 자체를 재해석하여 고객에게 새로움을 전달하는 브랜드의 활동도 새롭다. 고객 취향이 세분화되고 개성 표현이 중요해진 만큼 기존에는 없던 다양한 커스터마이징 마케팅 활동이 전개될 것이다.

©Kazuo ota, Unsplash

별걸 다 꾸미는 시대

커스터마이징을 통한 꾸미기의 관심 증가

'커스터마이징(Customizing)'이란 생산업체가 고객 요구에 따라 제품을 만들어주는 일종의 맞춤 제작 서비스를 의미한다. 마케팅 측면에서 커스터마이징 전략은 소비자의 선택폭을 넓히고 개인의 취향과 요구를 반영한다는 점에서 효과적인 수단이라고 할 수 있다. 오늘날 커스터마이징 자체가 유행하고 있다는 것은 그렇게 놀라운 사실이 아니다. 왜냐하면 급격한 기술 발전으로 인해 개인 맞춤형 산업의 번성이 사회의 큰 흐름이기 때문이다. 하지만 사람들이 커스터마이징을 통해 기존에는 없던 다양한 것들을 주도적으로 꾸미려는 움직임이 부상한 것은 주목할 만하다. 실제로 소비자들이 이용하는 블로그, 커뮤니티, 인스타그램 등 온라인 채널 담론상 '꾸미다' 관련 버즈량을 분석한 결과, 3년 전보다 '커스터마이징'에 대한 언급량은 약 345.8% 증가했다. 이는 꾸미는 행위에 있어서 커스터마이징 자체가 중요한 역할을 한다는 점을 의미한다. 기존의 커스터마이징은 생산자가 주도했다면 최근에는 소

'꾸미다' 관련 버즈량 내 '커스터마이징' 증가율
(출처: 이노션 인사이트전략본부 / 2021년 7월~2024년 6월)

■ 2021~2022
■ 2023~2024

(단위: 건)

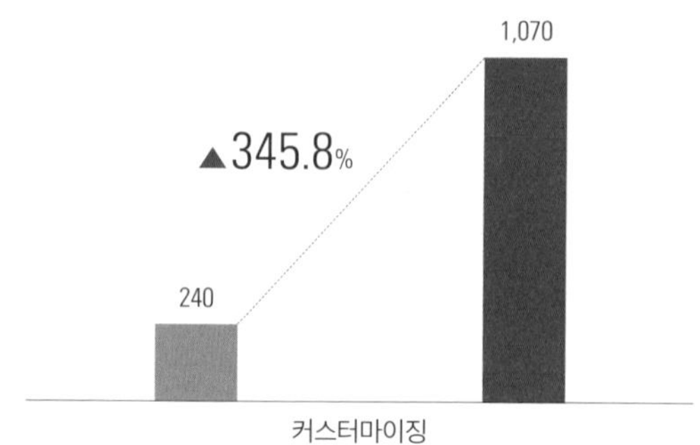

비자가 스스로 다이어리나 폰 케이스 등을 꾸미는데, 이는 '별걸 다 꾸민다'는 뜻을 지닌 '별다꾸' 트렌드가 소비자 라이프스타일 전 영역으로 확장하고 있다는 점을 보여준다.

주문 및 제작 단계에서의 커스터마이징

커스터마이징은 개인의 '차별화된 니즈'에 집중한 것이 특징이라고 할 수 있다. 그렇기에 소비자는 본인 니즈 기반으로 커스텀된 제품 자체만으로도 기성품과는 다른 특별함을 느낄 수 있다. 특별한 날 특별한 제품과 함께하고 싶은 것은 사람의 당연한 욕구다. 오늘날 MZ세대는 세상에 하나밖에 없는 케이크를 위해 레터링을 하거나 모양과 맛 등에 변화를 준다. 언젠가부터 소비자는 프랜차이즈의 케이크보다 커스텀 케이크에 더 많은 관심을 보인다. 이는 단순히 제품이 부여하는 가치보다, 기념일에 주인공을 더 특별하게 기념하고 싶은 소비자의 변화된 욕구 때문일 것이다.

일상에서 꽤 많은 시간을 함께하는 키보드에도 취향을 부여하는 소비자들이 증가하고 있다는 점도 주목할 만하다. 사람들이 키보드 꾸미기인 '키꾸'에 관심을 보이기 시작하면서, 본인만의 키보드 제작을 위해 지갑을 열기 시작한 것이다. 과거에 커스텀된 키보드는 게임 마니아들의 전유물이었다. 하지만 요즘 MZ세대는 데스크테리어에 대한 관심으로 키보드의 키캡과 프레임 등의 독특한 디자인은 물론이고, 타건 소리나 키감에서 느껴지는 촉감에도 자신의 취향을 찾기 위해 시간을 투자한다.

기성품을 활용하여 나만의 아이템 꾸미기

소비자들이 직접 기성품을 활용하여 본인만의 취향이 담긴 아이템으로 커스텀하기도 한다. 대표적으로 신발 꾸미기, '신꾸' 사례가 있다. 신꾸는 신발끈, 듀브레, 리본, 레이스 끈 등을 활용해 신발을 꾸미는 것을 의미한다. 신꾸 유행의 중심에는 유명 디자이너 세실리에 반센과 스포츠 브랜드 아식스의 협업 스니커즈가 있다. 스니커즈 위에 마치 꾸민 듯한 다양한 장식이 올라가 있는 것이 특징이다. 해당 제품의 초기 발매 가격은 25만 9,000원이었으나 최근에는 한정판 거래 플랫폼

에이블리에서 판매하는
다양한 신꾸 용품들
(출처: 에이블리 홈페이지)

신꾸를 직접 하는 가수 현아
(출처: 엠뚜루마뚜루 유튜브)

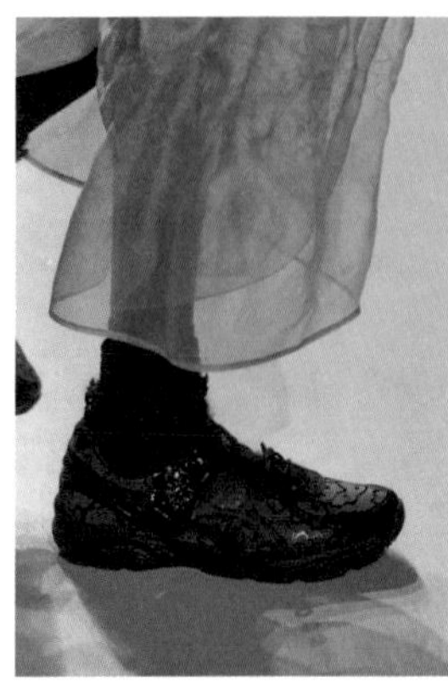

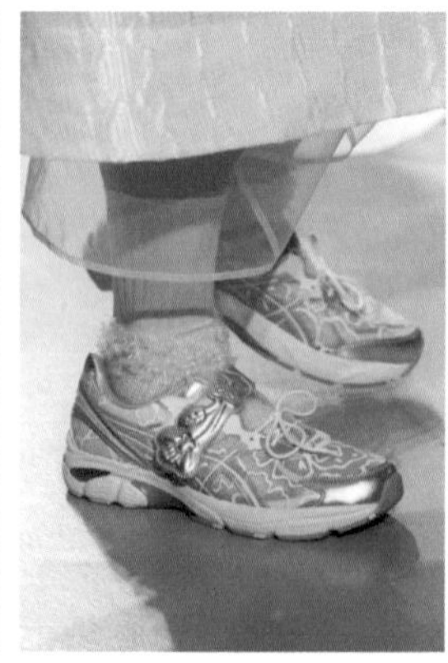

신꾸 열풍을 몰고 온
아식스×세실리에 반센 스니커즈
(출처: 세실리에 반센 홈페이지)

'크림'에서 2배 이상의 가격으로 거래되고 있다. 기존과 다른 파격적인 신발 디자인은 소비자의 호응을 이끌기에 충분했다. 정가에 구매하지 못한 사람들은 기존 모델인 아식스 젤 카야노를 구매하여 직접 꽃과 진주 등으로 꾸미기 시작했다. 최근에는 아식스뿐 아니라 다양한 기성 스니커즈를 직접 꾸미며 신꾸 트렌드를 즐기고 있다. 특히 끈을 교체하여 포인트를 주는 방식을 넘어, 진주 비즈 장식으로 리본을 달기도 하고 형형색색의 구슬 등을 활용해 보다 과감하게 자신을 표현한다. 이러한 신꾸 열풍은 관련 상품 매출에서도 뚜렷하게 나타난다. 스타일 커머스 플랫폼 '에이블리'에 따르면, 2024년 '운동화 끈' 상품 거래액은 2023년 같은 기간 대비 95% 이상 증가했다고 한다. 최근 에이블리는 신발을 통해 자신만의 개성을 표현하는 고객들의 니즈에 대응하기 위해 라이프 관에 '신발 꾸미기' 카테고리를 신설했다. 이러한 열풍은 예능 프로그램에서도 두드러지는데 〈전지적 참견 시점〉에서 가수 현아가 직접 신발 꾸미기를 하는 모습이 방영되기도 하며 화제가 되었다.

또한 가방 꾸미기 트렌드 즉 백 꾸미기를 일컫는 '백꾸' 사례도 있다. 인형 키링, 참, 스트랩 등 아이템을 활용하여 핸드백 또는 백팩 등을 커스텀으로 꾸미는 경우다. 패션 브랜드 '미우미우'는 2024년 봄여름 패션쇼에서 코냑 컬러의 미우미우 가방 핸들에 팔찌와 체인 등 액세서리를 매단 메시 백(Messy bag)을 선보이며 백꾸를 연출했다. 레드벨벳 조이, 블랙핑크 지수, 뉴진스 혜인 등 연예인들이 최근에 본인의 가방을 꾸미고 공유하면서 이제 백꾸는 온전히 하나의 패션 트렌드로 자리매김했다. 2024년은 꾸민 듯 안 꾸민 듯한 '꾸안꾸'가 아닌, 꾸미고 꾸미고 꾸민 '꾸꾸꾸' 스타일링이 부각된다. 키링, 리본, 스카프 등 다양한 아이템을 가방에 매달며 본인만의 정체성을 표현하는 가방 꾸미기도 트렌드로 떠오르고 있다. 이러한 트렌드 열풍은 관련 상품 매출에서도 두드러지게 나타난다. 스타일 커머스 플랫폼 지그재그에 따르면, 2024년 1~3월에 가방 꾸미기의 주요 아이템인 키링은 거래액이 2023년 같은 기간 대비 600%, 가방 손잡이에 매는 스카프는 194%, 리본은 139% 이상 증가했다고 한다.

헤드폰 꾸미기인 '헤꾸' 또한 대표적인 사례로 주목할 만하다. 최근 유행하고 있는 Y2K 패션의 일환으로 이미 헤드폰은 또 하나의 패션 아이템으로 자리매김한 지 오래다. MZ세대는 기성품 그 자체로 사용하기보다 본인만의 감성을 담아 디자인을 변형한 헤드폰으로 자신이 드러내고 싶은 이미지를 적극적으로 표현한다. 이를테면 스포티한 매력을 연출하기 위해 입체감 있는 케이스로 꾸미기도 하고, 키치한 느낌을 불어넣기 위해 리본과 스티커 등의 소품을 활용하여 본인만의 콘셉트를 연출하기도 한다. 실제로, 에어팟을 장식하는 액세서리 브랜드 '앤어애쉬'의 경우에는 7~8만 원이 넘는 가격대의 고가 케이스라도 큰 인기를 얻고 있다.

'백꾸'와 관련된 유튜브 쇼츠 영상들
(출처: 유튜브)

디지털 굿즈를 활용하여 일상 콘텐츠 꾸미기

최근에는 오프라인뿐 아니라, 온라인상에서도 꾸미기 트렌드가 나타나고 있다. 대표적으로, '스꾸'라고 불리는 인스타그램 스토리 꾸미기가 있다. 2024년 인스타그램에서 진행한 조사 결과에 따르면, 국내 Z세대가 가장 많이 활용하는 기능은 인스타그램 스토리로 나타났다. 응답자 중 절반 이상이 하루 평균 1~3개의 스토리 게시물을 올리고, 앱에 접속하면 가장 먼저 스토리 게시물을 확인한다고 한다. Z세대가 인스타그램에서 기본적으로 제공하는 스티커 또는 필터만 활용하는 것은 아니다. 이들은 사진의 원하는 부분을 직접 추출하여 디지털 스티커로 활용하기도 한다. 또한 핀터레스트와 같은 플랫폼을 통해 마음에 드는 사진을 찾고, 사진 속 특정 부분을 추출하여 본인만의 감정 표현에 이를 적극 활용한다. 예를 들어 다마고찌 사진에 본인 이미지를 삽입하여 레트로 감성이 물씬 느껴지도록 표현하는 식이다. 또한 단순히 사진을 업로드 하는 것뿐 아니라 주변 사진에 본인의 감정을 대신할 수 있는 각종 사진 등을 스티커 형태로 활용한다. 최근에는 르세라핌, 에스파 등 연예인들이 스토리 꾸미기에 적극 동참하면서 스꾸는 트렌드로 자리매김했다. 스토리 꾸미기 트렌드는 세대에 따라 차이가 뚜렷하게 나타나는데, 스꾸에 대한 관심 비중은 30대(22.6%)보다 20대(59.6%)에서 더 큰 것으로 나타났다.

또한 일상에서 누구나 쉽게 할 수 있는 채팅에서도 채팅 꾸미기인 '채꾸'가 급부상하고 있다. 카카오톡은 최근 이용자가 취향이나 개성에 맞게 조합할 수 있는 '미니 이모티콘'을 출시했는데 사람들은 미니 이모티콘을 다양하게 조합하여 새로운 놀이로 이를 활용하고 있다. 실제로

'미니 이모티콘 공유방', '미니 이모티콘 연구실' 등의 오픈채팅방도 생겨나면서 소비자들은 다양하게 꾸며진 이모티콘 이미지들을 공유한다.

인스타그램 스꾸법을 알려주는 영상
(출처: @.honeytip 틱톡)

꾸미기 트렌드가 부상하는 이유

세상에 단 하나밖에 없는 정체성 표현 수단

커스텀 제품은 자신만의 정체성을 표현할 수 있는 새로운 수단이 될 수 있다. 왜냐하면 커스텀 제품은 본인만의 개성이 반영된다는 점에서 남들이 쉽게 모방할 수 없는 특징을 지니고 있기 때문이다. 일반적으로 정체성을 표현할 수 있는 대표적인 소비 영역은 고가의 명품이다. 하지만 꾸미기에 진심인 MZ세대는 명품 브랜드 그 자체만으로 본인만의 정체성을 드러낼 수 없다고 생각하는 세대다. 오히려 이들은 남들이 쉽게 모방할 수 없고 본인의 취향이 담긴 것에 더 큰 가치와 의미를 부여한다. 2023년에 진행한 엠브레인 조사에 따르면, '아무리 명품이어도 남들이 다 가지고 다니는 제품은 갖고 싶지 않다'는 항목에 그렇다고 대답한 20~30대의 비율이 40~50대보다 높았다. '나만의 취향에 다른 사람들이 공감해주면 기분이 좋다'는 항목에도 마찬가지였다. 이러한 결과는 본인의 정체성을 표현하는 데 '남들이 쉽게 모방할 수 없는 희소성'과 '취향을 통한 자기표현'이 중요하다는 것을 시사한다.

2023 소비자 인식 조사 (출처: 엠브레인)

(단위: %)

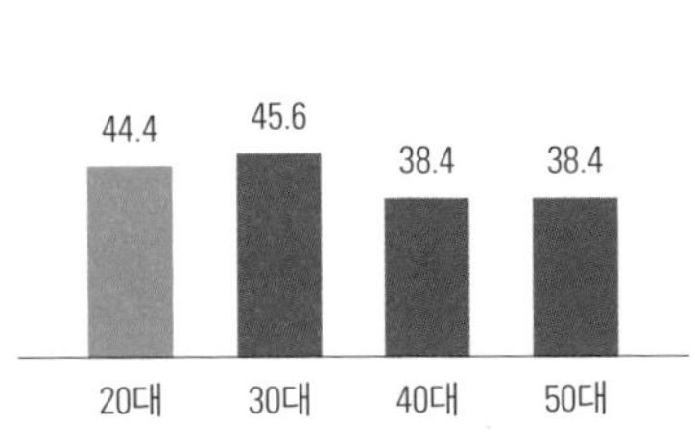

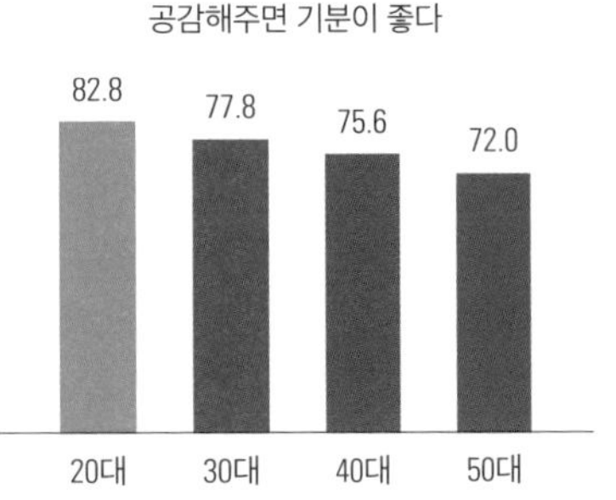

일회용품 사용을 줄이자는 사회적 분위기 속에 사용되는 텀블러도 최근에 정체성 표현의 새로운 수단이 되고 있다. 텀블러 꾸미기, '텀꾸'의 시초가 된 브랜드는 '스탠리'다. 스탠리가 해외에서 유명세를 타면서 텀꾸 열풍이 확산되었고 최근에 국내에서도 꾸미기가 용이한 대용량 손잡이가 달린 스탠리 텀블러를 중심으로 텀꾸 트렌드가 부상하고 있다. 사람들은 스티커, 빨대, 손잡이 스트립, 키링 등 부가적인 아이템으로 본인의 개성을 표현한다. 특히 이들은 본인이 처한 상황과 어울리는지 등을 고려하여 텀블러의 디자인을 변형하고 그 상황의 페르소나에 맞추어 이미지를 연출한다. 이를테면 사무실이나 스터디 카페에 가는 경우에는 소음을 줄이기 위해 바닥 커버를 실리콘 소재로 꾸며 일에 집중하려는 모습을 연출하고, 헬스장에 가는 경우에는 에어팟 케이스나 핸드폰을 보관할 수 있는 미니 파우치 커버를 장착해 온전히 운동에 집중하려는 모습을 연출한다. 이처럼 일상생활에서 별생각 없이 사용되던 텀블러마저도 세상에 단 하나밖에 없는 정체성을 표현하는 수단으로 활용되면서 텀꾸 열풍은 더 확산되는 중이다.

꾸미는 과정에서 파생되는 이색적인 놀이 콘텐츠

MZ세대는 단순히 무언가를 소유한다는 것에는 큰 매력을 느끼지 못한다. 오히려 이들은 특별한 경험을 소비의 주요 목적으로 여기는 세대다. 꾸미기는 사람들에게 창의성을 발현할 수 있는 다채로운 경험을 제공한다는 점에서 이색적인 놀이 콘텐츠가 될 수 있다.

비즈발 꾸미기 또한 놀이 콘텐츠로 유행하고 있다. 색상과 재질이 다양한 비즈를 활용하여 줄을 꿰어 커튼처럼 구성한 것을 비즈발이라고 하는데 최근 사람들은 비즈발을 직접 제작하여 본인의 콘셉트 놀이 수단으로 활용한다. 완성된 비즈발을 단순히 구매하기보다는 핀터레스트 같은 곳에서 본인의 취향이 담긴 도안을 직접 가져와서 해당 도안에 맞추어 직접 비즈발을 꾸미며 노는 것이 특징이다. 실제로 유튜브에서는 '다이소 재료로 옷핀 비즈발 만들기', '미니 비즈발 키링 만들기' 등의 콘텐츠가 사람들의 관심을 끌고 있다. 세상에 단 하나밖에 없는 핸드메이드 플랫폼을 지향하는 '아이디어스'에서는 초심자들을 위한 다양한 디자인의 비즈발 DIY 키트가 판매되기도 한다. 최종적으로 완성된 비즈발 소품은 키링, 책갈피, 핸드폰 스트랩 등 다양한 콘셉트 놀이의 수단으로 활용된다.

커스텀 결과물 자체보다 과정에서 비롯되는 재미가 중요해지면서 전문적인 콘텐츠를 양산하는 크리에이터가 주목받기도 한다. 대표적으로 구독자 약 48만 명의 레진 공예 아트 크리에이터 쪼만한마을은 에어팟 케이스, 키링, 키보드의 키캡 등을 레진으로 제작한 콘텐츠를 공유해 사람들에게 큰 인기를 얻고 있다. 또한 커스텀 키보드와 관련된 전문 크리에이터 키키와는 키보드를 직접 개조하고 꾸미는 다양한 방법과 키보드로 정체성을 드러낼 수 있는 여러 팁을 소개하며 관심을 받고 있다.

핸드메이드 플랫폼 아이디어스에서 판매중인 다양한 비즈발 상품들 (출처: 아이디어스 홈페이지)

꾸미기를 활용한 마케팅 사례

'나만의 제품' 꾸미기로 브랜드를 차별화하는 '케이스티파이'

꾸미기에서 중요한 것은 소비자의 개성과 정체성을 반영하는 일이다. 소비자의 개성 추구를 핵심 브랜드 가치로 삼아 타 브랜드와 차별화되고 있는 사례에는 대표적으로 폰케이스 브랜드 케이스티파이(CASETiFY)가 있다. 케이스티파이는 180여 개 국가에서 판매되고 있는 브랜드로 MZ세대에게 크게 사랑받고 있다. 케이스티파이는 약 2,000개 이상의 커스텀 프린트 디자인을 지원하며 사진을 이용한 포토 커스텀과 귀여운 레터링을 활용한 텍스트 커스텀 등을 자유롭게 이용할 수 있다는 것이 특징이다. 오늘날 소비자는 휴대폰 보호라는 기능적인 목적 외에 다른 이유로도 케이스를 사용한다. '폰꾸' 열풍에 힘입어 이제 폰 케이스는 그 자체로 자신을 표현할 수 있는 중요한 수단이 되고 있다. 인스타그램에 종종 업로드되는 사람들의 '거울샷'만 봐도 손에 쥐고 있는 폰 케이스의 디자인은 그 사람의 취향이 어떤지 보여준다. 폰 케이스로는 가격이 고가임에도 불구하고 케이스티파이는 디테일한 커스텀 기능 덕분에 다른 폰 케이스 브랜드와 차별화될 수 있다.

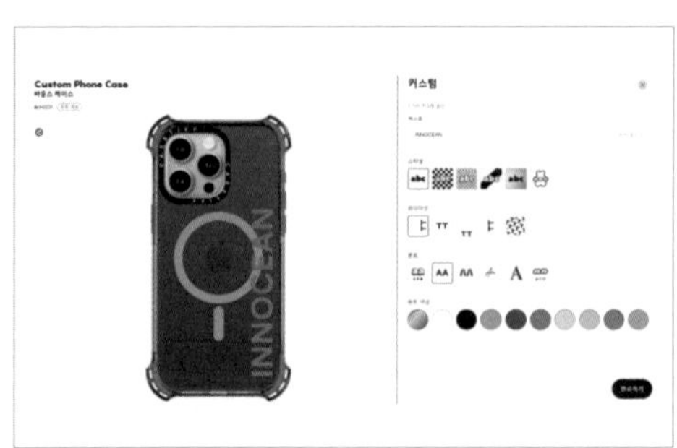

직접 꾸밀 수 있는 케이스티파이 폰 케이스
(출처: 케이스티파이 홈페이지)

'굿즈 꾸미기'로 팬덤 강화하는 '오뚜기'

최근에는 특정 브랜드의 이미지를 확장하기 위해 캐릭터 등의 지식재산권을 활용한 굿즈 마케팅이 주목받고 있다. 굿즈 마케팅은 한정판 제품으로 수집 욕구를 자극하기에 브랜드 팬덤을 강화하는 매개체가 될 수 있다. 최근 단순 굿즈를 제공하는 것을 넘어, 꾸미기라는 장치를 더해 브랜드와 고객과의 유대감을 강화하는 브랜드들이 있어 주목할 만하다. 대표적으로 식품 기업 오뚜기가 이에 해당한다. 최근 오뚜기는 창립 55주년을 기념하여 창작의 가치를 지향하는 디자인 스토어 '오브젝트'와 협업해 커스텀 굿즈를 만들 수 있는 이벤트를 진행했다. 해당 팝업스토어에서는 오뚜기의 헤리티지로 디자인된 와펜으로 직접 본인만의 굿즈를 꾸밀 수 있었다. 와펜은 대략 20종으로 우리가 일상에서 익숙하게 즐겨 먹던 '오뚜기 카레', '진라면', '순후추', '토마토케찹' 등이 있다. 무언가를 꾸미는 행위는 그 자체로 개인의 창의성을 발현할 수 있는 기회라는 점에서 소비자의 몰입과 재미를 유도할 수 있다. 오뚜기는 소비자들이 오뚜기에 대한 추억을 직접 회상하도록 이끈 굿즈 꾸미기 이벤트로 브랜드와 소비자의 유대감을 강화한 것이다.

커스텀 굿즈 이벤트를 진행한 오뚜기 팝업스토어
(출처: 오뚜기 홈페이지)

디지털 굿즈 꾸미기로 새로운 시장을 개척하는 '위버딩'

일상 속 '갓생' 살기 열풍을 촉발한 다이어리 꾸미기, '다꾸'가 이제는 디지털 다이어리 꾸미기라 불리는 '디다꾸'로 전환하고 있다. 사람들은 아이패드의 노트 필기 앱 '굿노트'를 이용해 자신만의 디지털 다이어리를 꾸미기 시작했다. Z세대는 단순히 기존 플랫폼의 양식을 이용하기보다 외부 플랫폼에서 꾸미기용 콘텐츠를 적극적으로 찾아 활용한다. 사람들의 관심의 이동은 곧 관련 시장의 변화로 이어진다. 디지털 굿즈 꾸미기가 떠오르자 이에 적극적으로 대응하고 있는 플랫폼 사례로 디지털 문방구를 지향하는 '위버딩'이 있다. 위버딩은 다이어리 및 노트의 서식과 스티커 등 디지털 문구를 사고팔 수 있는 오픈마켓형 플랫폼으로, 소비자들은 본인의 취향에 맞는 입점 작가의 꾸미기 콘텐츠를 구매할 수 있다. 위버딩에는 약 2,000명 이상의 크리에이터가 입점해 있고, 이들은 일상생활에 필요한 가계부, 선생님들을 위한 교무수첩, 꾸미기용 스티커 등의 다양한 디지털 굿즈를 제작하고 있다. 실제로 디다꾸 열풍이 지속되면서 해당 플랫폼을 운영하는 '누트컴퍼니'는 2024년 1분기 매출이 2023년 같은 기간보다 무려 250% 이상 늘었다고 한다.

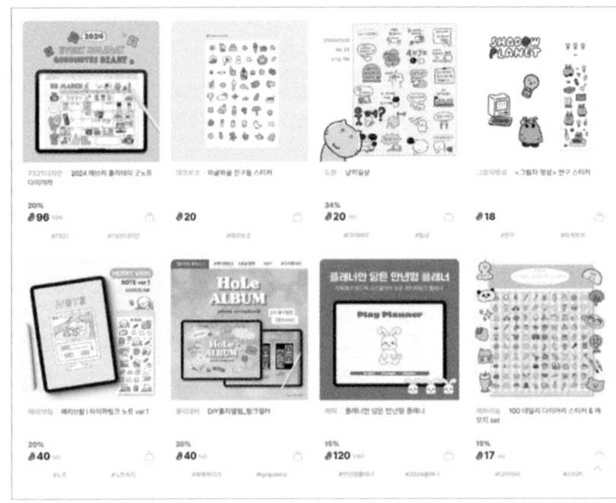

위버딩에서 판매중인
다양한 꾸미기용 콘텐츠
(출처: 위버딩 홈페이지)

쉽게 구할 수 있는 기성품은 취향 표현에 적극적인 MZ세대에게 큰 관심을 끌지 못한다. 남들과 구별되고 싶은 욕구가 높은 MZ세대는 본인 개성 표현에 더 최적화된 제품을 선호하기 때문에 기본적으로 커스터마이징 등과 같은 꾸미기에 관심이 많다. 이들은 주문 및 제작 단계에서 커스터마이징을 더 적극적으로 이용하고, 기성품을 스스로 꾸며 나만의 아이템을 만든 후 SNS에 공유한다. Z세대는 일상의 콘텐츠를 업로드할 때도 본인이 직접 찍은 사진을 스티커로 이용하는 등 개성 표현에 더 적극적이다.

꾸미기 행위를 통한 개성 표현에 민감해진 고객의 수요에 대응하기 위한 꾸미기 마케팅도 기존보다 더 다채로워지고 있다. 과거의 커스터마이징은 제품 차원에서 고객의 요구와 니즈를 반영하는 수준에 머물렀다면, 최근에는 꾸미는 과정에서의 직접적인 재미를 극대화하기 위해 다양한 놀이 요소 등이 활용되고 있다.

소비자 입장에서 커스터마이징과 같은 꾸미는 행위는 개인의 창의성을 발현할 수 있다는 점에서 재미와 몰입감을 극대화할 수 있다. 소비자들을 중심으로 꾸미기 트렌드가 확산되는 본질적인 이유는 제품을 통한 소비자의 개성 표현 수단뿐 아니라, 참여하는 과정에서 오는 이색적인 재미에 있다. 앞으로 커스터마이징을 고려하는 기업과 브랜드는 고객이 참여하는 과정에서 어떻게 재미와 몰입을 극대화할 것인지 고민해야 한다.

도파민과의 밀당:

삶의 밸런스를 찾아

지난 2년간 가장 주목받고 있는 키워드는 단연 도파민이다. 도파민은 이제 신경과학적 용어를 넘어, 대중문화와 일상에서 광범위하게 사용되고 있다. 각종 쇼츠나 클립 등의 콘텐츠에 붙은 '도파민 폭발' 딱지는 그 자체로 흥행 보증 수표이자 소비자들의 관심을 사로잡는 강력한 도구로 자리잡았다. 〈환승연애〉, 〈돌싱글즈〉, 〈내 남편과 결혼해줘〉와 같은 자극적인 콘텐츠부터 마라탕, 탕후루 등 강렬한 맛의 음식들까지 도파민을 자극하는 요소로 부각되고 있다. 최근 우리의 일상은 점점 더 강한 자극으로 채워지고 있다고 해도 과언이 아니다.

이러한 현상의 배경에는 무엇이 있을까? 성인 스마트폰 사용률이 97%에 달하는 디지털 인프라를 토대로, 유튜브 쇼츠와 틱톡 같은 숏폼 플랫폼의 급부상이 이러한 자극 추구 현상을 가속화했다. 이들 플랫폼은 짧고 강렬한 자극을 연속적으로 제공하며 사용자들의 뇌에 도파민을 끊임없이 분비시킨다. 그 결과 많은 사람이 점점 더 강한 자극을 찾게 되는 '도파민 중독' 현상이 사회적 문제로까지 대두되고 있다.

그렇다면 도파민은 정말 나쁜 것일까? 아니면 우리 삶에 필요한 요소일까? 자극과 휴식 사이의 균형, 이른바 '도파민 밸런스'를 어떻게 찾아갈 수 있을까? 도파민에 대한 소비자들의 인식과 행동이 변화하고, 도파민 자극과 휴식의 균형을 찾고자 하는 사람이 점점 더 늘어나고 있다. 이는 개인의 삶에서부터 사회 트렌드까지 중대한 영향을 미치고 있다.

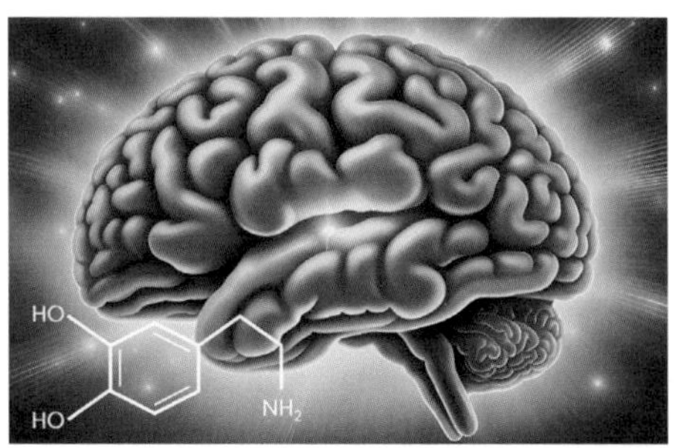

©Canva로 생성

도파민에 대한 소비자들의 인식

도파민이란 무엇인가?

도파민은 뇌에서 만들어지는 신경전달물질로, 우리의 행동과 감정에 중요한 역할을 한다. 도파민은 동기부여를 촉진하고, 기분을 좋게 하며, 신체 활동에도 관여한다. 새로운 것을 경험하거나 목표를 이뤘을 때, 단순히 즐거운 활동을 할 때 이러한 도파민이 분비된다. 운동 후의 상쾌함, 맛있는 음식을 먹는 즐거움, 새로운 것을 배웠을 때 느끼는 뿌듯함 등 이 모든 것이 도파민과 관련 있다.

미국 신경과 의사인 애나 렘키(Anna Lembke)는 도파민이 우리의 기분을 좋게 할 뿐 아니라 행동의 원동력이 된다고 설명한다. 그러나 동일한 자극이 반복되면 뇌는 점차 둔감해지고, 점점 더 강한 자극을 필요로 하게 되어 중독에 취약해질 수 있다. 반대로 도파민이 부족할 경우 무기력감, 의욕 저하, 활력 감소 등 우울증 증상이 나타나며 심각한 경우 파킨슨병으로 발전할 수 있다. 이처럼 도파민은 과도하거나 부족하지 않도록 균형을 유지하는 것이 중요한 호르몬이다.

일상어로 쓰이게 된 도파민

지난 5년간 X, 블로그, 커뮤니티, 인스타그램 등의 소셜미디어 채널 내 도파민 언급량 추이를 살펴보면 도파민에 대한 관심이 꾸준히 증가하고 있다는 점을 확인할 수 있다. 2022년 6월 이전까지 소셜상에서 2만 건 이하였던 언급량이 2023년 10월 이후 6만 건 이상으로 증가한 것은 도파민이 불과 1년 사이에 소비자들 사이에서 대중적인 용어로 자리잡았음을 보여준다.

이는 주요 연관어의 변화를 통해서도 살펴볼 수 있다. 2021~2022년에는 세로토닌, 호르몬, 질환, 우울증 등 전문 용어들이 도파민의 주요 상위 연관어로 확인되었다. 하지만 2023~2024년에는 삶, 일상, 잠, 아

'도파민' 언급량 추이 (출처: 이노션 인사이트전략본부)

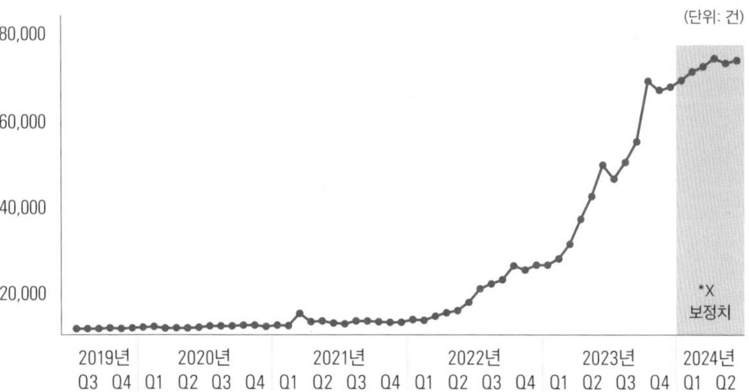

침 등이 주요 키워드로 부상했다. 이는 도파민이 더이상 뇌과학 용어가 아닌 일상어로서 소비자의 하루하루를 지배하고 있음을 의미한다.

도파민의 주요 감성어를 살펴보면 이러한 양상이 더욱 두드러지는 것을 알 수 있다. 2023~2024년 도파민과 관련된 주요 감성어로 '스트레스', '불안', '고통', '미치다', '터지다', '재밌다', '쩔다' 등이 확인된다. 이는 도파민이 스트레스나 불안과 같은 감정들과 긴밀하게 연결될 수도 있지만 동시에 도파민을 자극하는 활동이 긍정적이고 재미있

'도파민'의 상위 20위 내 연관어 (출처: 이노션 인사이트전략본부)

(단위: 건)

2021.07.~2022.06.			2022.07.~2023.06.			2023.07.~2024.06.		
순위	연관어	언급량	순위	연관어	언급량	순위	연관어	언급량
1	뇌	10,483	1	뇌	28,964	1	뇌	41,768
2	중독	5,395	2	중독	26,563	2	중독	35,920
3	세로토닌	5,192	3	기분	14,013	3	기분	26,899
4	호르몬	5,040	4	운동	12,648	4	운동	22,888
5	운동	4,502	5	몸	12,429	5	삶	19,699
6	몸	4,129	6	세로토닌	11,394	6	스트레스	18,494
7	기분	4,031	7	스트레스	10,628	7	몸	17,432
8	스트레스	3,706	8	자극	10,205	8	세로토닌	15,594
9	질환	3,466	9	호르몬	9,841	9	자극	14,108
10	우울증	3,044	10	삶	8,627	10	일상	13,828
11	감정	3,033	11	감정	7,340	11	마음	13,814
12	자극	2,910	12	질환	6,919	12	잠	12,599
13	환자	2,625	13	우울증	6,878	13	감정	12,505
14	약물	2,355	14	잠	6,816	14	호르몬	12,130
15	수면	2,321	15	마음	5,785	15	영상	11,443
16	불안	2,083	16	보상	5,537	16	아침	11,274
17	파킨슨병	2,064	17	아드레날린	5,532	17	유튜브	10,537
18	근육	1,871	18	수면	5,477	18	질환	9,959
19	아드레날린	1,714	19	집중력	5,279	19	우울증	9,798
20	보상	1,604	20	불안	5,072	20	폭발	9,547

게 느껴질 수 있다는 상반된 양상을 보여준다. 그중 '미치다', '터지다', '재밌다', '쩔다' 등 특히 콘텐츠나 재미 면에서 도파민과 연관된 주요 감성어 언급량의 경우, 2021~2022년 대비 2023~2024년 동기간에 평균 약 5955.9% 증가했다. 도파민 터지는 활동을 재미있어하고 즐거워하는 소비자들이 도파민 추구를 긍정적으로 받아들이면서 이런 키워드들이 급부상했음을 알 수 있다.

'도파민'의 상위 20위 내 감성어 (출처: 이노션 인사이트전략본부 / 2021년 7월~2024년 6월)

(단위: 건)

순위	감성어	2021~2022	2023~2024	증감률
1	미치다	762	25,452	3240.2%
2	터지다	187	23,087	12246.0%
3	스트레스	3,706	18,494	399.0%
4	행복	1,577	10,271	551.3%
5	다양한	1,484	9,389	532.7%
6	재밌다	194	8,612	4339.2%
7	부족하다	804	8,601	969.8%
8	불안	2,083	8,425	304.5%
9	새로운	1,277	7,788	509.9%
10	필요하다	692	7,458	977.7%
11	긍정적	959	6,015	527.2%
12	좋다	973	5,781	494.1%
13	도움	1,502	5,114	240.5%
14	쩔다	115	4,713	3998.3%
15	즐거움	580	4,662	703.8%
16	건강한	560	4,528	708.6%
17	자극하다	856	4,374	411.0%
18	중요한	1,023	4,367	326.9%
19	고통	422	4,270	911.8%
20	적절한	651	4,194	544.2%

최근 소비자들은 무엇인가 재미있거나 즐겁고 흥미진진한 것들을 모두 '도파민 터진다'고 표현한다. 과학적으로 뇌에서 작용하는 화학물질이 아닌, 재미를 주는 모든 것을 도파민이라고 부르는 것이다. 이와 동시에 울리지 않은 휴대폰 진동이 울렸다고 착각하고, 틈만 나면 인스타그램을 확인하고, 밤새 유튜브를 보느라 잠 못 이루는 등 문제 상황이 발생하면 우리는 이를 '도파민 중독'이라 말하고 있다. 따라서 지나친 도파민 중독 문제를 극복하려는 움직임도 함께 부상하고 있다. 이러한 현상을 설명하기 위해 도파미네이션*, 도파밍*, 도파민 디톡스, 도파민 단식 등 다양한 신조어와 표현들도 생겨나기 시작했다.

★

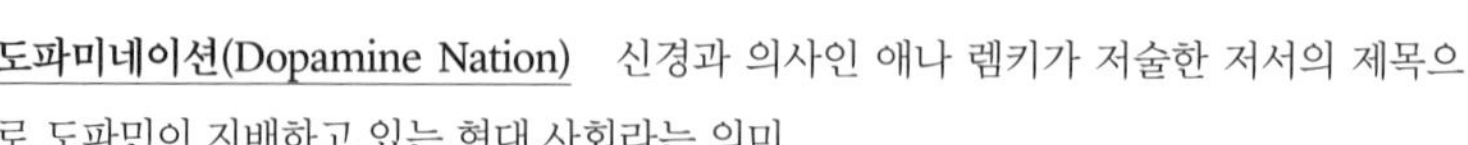

도파미네이션(Dopamine Nation) 신경과 의사인 애나 렘키가 저술한 저서의 제목으로 도파민이 지배하고 있는 현대 사회라는 의미

도파밍(Dofarming) '도파민(Dopamine)'과 게임 용어인 '파밍(Farming)'의 합성어로 『트렌드 코리아 2024』에 등장함. 사람들이 재미와 즐거운 경험을 적극적으로 찾아 나서는 사회 현상을 의미

영상 콘텐츠와 함께 부상한 도파민

자극적이고 압축된 콘텐츠와 도파민 개런티

소셜미디어상의 주요 키워드로 미루어 볼 때, 현재 도파민은 유튜브 등 영상 시청과 밀접하게 연관됨을 알 수 있다. 즉 많은 사람이 영상을 통해 도파민을 얻는다고 생각하는 것이다. 소셜미디어와 유튜브의 성장, 숏폼 콘텐츠의 급부상으로 도파민에 관해 관심이 크게 많아졌다. 모바일인덱스가 집계한 데이터에 따르면 2024년 2월 유튜브 월간 활성 이용자수는 4,550만 명을 기록해 카카오톡을 제치고 1위를 차지했다. 이는 유튜브가 카카오톡만큼이나 우리의 일상에 깊숙이 침투했음을 보여준다.

카카오톡·유튜브 월간 활성 이용자수 추이 (출처: 모바일인덱스)

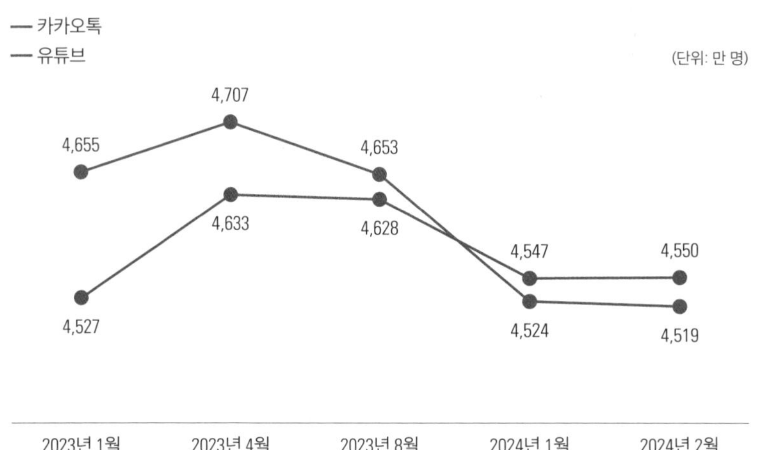

유튜브가 도파민 분비와 연결되는 주된 이유는 그 자극적인 특성 때문이다. 조회수에 따라 수익이 결정되는 구조라 유튜버들은 자극적인 콘텐츠를 경쟁적으로 생산한다. 평균 10분 내외의 짧은 영상들이 주를 이루게 되고, 이는 시청자들이 즉각적인 만족감을 추구하는 경향으로 이어진다. 이러한 소비자들의 니즈를 활용하기 시작한 콘텐츠 제작자들은 최근 '도파민 폭발' 딱지, 즉 도파민 개런티를 거의 모든 장르의 콘텐츠와 쇼츠 제목에 붙이고 있다. 이러한 방식으로 예능, 드라마, 지식 공유, 광고, 노래, 게임, 일상 등 다양한 분야에서 재미를 보장해주는 콘텐츠라고 어필하고 있으며, 이 전략은 사람들의 관심을 끌고 클릭을 유도하는 데 효과적으로 작용하고 있다.

'도파민 폭발' 딱지가 붙은 다양한 유튜브 콘텐츠 (출처: 유튜브)

디지털 기기와 도파민 중독을 인식하는 소비자들

1분짜리 쇼츠를 1시간 동안 보고 있는 자신을 발견하며, 사람들은 자신이 무언가에 중독되었다는 사실을 실감하게 되었다. 정신의학과 전문의들은 유튜브와 소셜미디어의 숏폼이 도파민 분비를 극대화하도록 설계되었다고 주장한다. 짧고 압축된 콘텐츠일수록 뇌에 강한 자극을 주며, 이러한 자극에 반복적으로 노출되면 뇌는 이전에 만족을 주었던 자극에 흥미를 잃고 더 강한 자극을 원하게 된다는 것이다. 또 이러한 특성으로 인해 '팝콘 브레인'* 현상이 나타날 수 있다고 한다.

디지털 기기 중독 현황과 디지털 디톡스 실천 의향 조사 (출처: 엠브레인 트렌드모니터 홈페이지)

10대 20대 30대 40대 50대 60대

(Base: n=1,200, 단위: 동의율%)

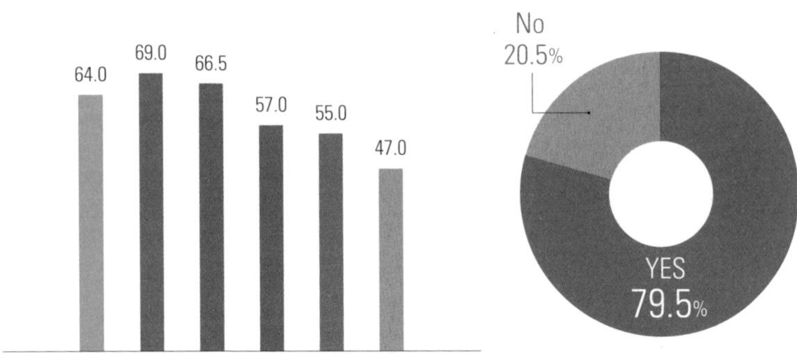

나는 가끔 디지털 기기에 중독된 것 같은 느낌이 들곤 한다

디지털 디톡스(거리두기) 실천 의향

팝콘 브레인 워싱턴대학교 데이비드 레비(David Levy) 교수가 제시한 용어로 '옥수수에 열을 가하면 톡톡 터지듯 강렬하고 즉각적인 자극에만 반응하는 뇌 구조'를 의미

2024년 엠브레인의 조사에 따르면, 디지털 기기 의존도는 전 연령대에서 높았으며, 특히 10~30대의 60% 이상이 디지털 기기 중독을 느낀다고 답했다. 이러한 우려가 증가하면서 '디지털 디톡스'에 대한 관심이 많아졌으며, 향후 실천 의지를 밝힌 응답자가 79.5%에 달했다. 실제로 많은 사람이 디지털 디톡스를 통해 도파민 과다 분비를 줄이고 중독 증세를 해결하려 한다. 더 나아가 디지털 기기뿐 아니라 과도한 중독을 유발하는 모든 것에서 멀어지기 위한 '도파민 디톡스' 움직임 또한 점차 확산되고 있다.

도파민 중독을 극복하려는 도파민 디톡스 움직임

자제력도 상품이 되는 시대

절제가 어려운 시대에 자제력마저 구매하는 세상이 도래했다. 이에 따라 사람들은 강제로 휴대폰 사용을 제한하는 환경을 조성하며, 과도한 의존에서 벗어나려 노력하기 시작했다. '스크린 타임'으로 휴대폰 사용 시간을 체크하고, 앱이나 물리적 장치를 활용하여 강제적으로 휴대폰을 쓰지 못하게 한다. 더 적극적으로는 공간적 제약을 통해 디지털 중독에서 벗어나고자 한다.

아이폰의 스크린 타임과 '스크린 타임 챌린지'
(출처: 애플 홈페이지, 네이버 블로그)

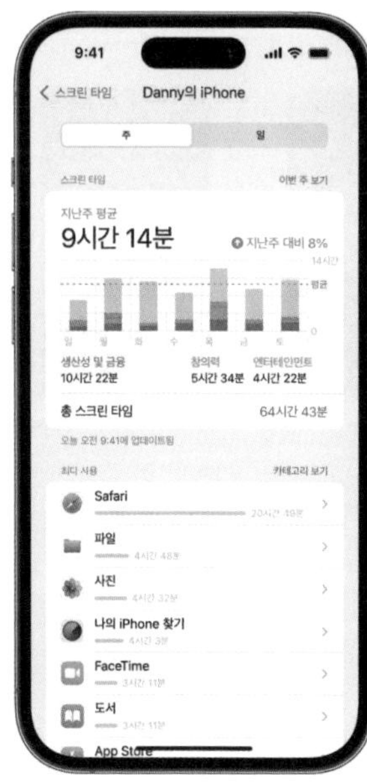

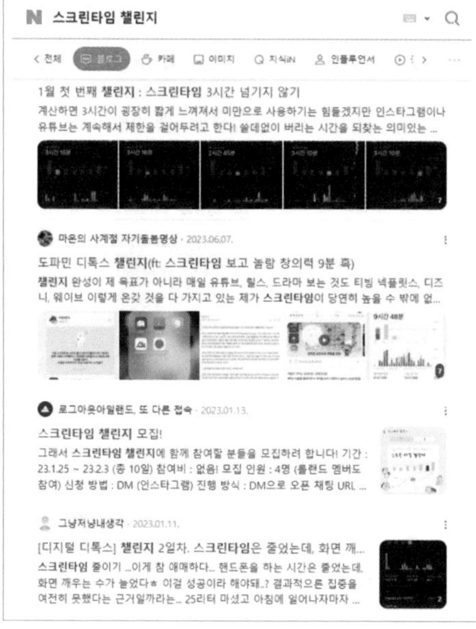

사람들은 휴대폰 스크린 타임을 확인하며 자신이 도파민 중독자가 아닐까 생각한다. 한동안 자신의 하루 휴대폰 사용 시간을 공유하는 '스크린 타임 챌린지'가 유행했다. 이를 통해 자신이 비정상이라고 인지하기 시작한 사람들은 휴대폰 사용 시간을 제한하는 앱을 깔기 시작했다. '넌얼마나쓰니', '열공시간', '잠글시간' 등은 정해진 시간 동안 휴대폰을 사용하지 못하게 하는 잠금 앱이다. 공부에 집중하고 싶은 수험생을 위한 앱으로 시작했으나 휴대폰에 중독되었다고 생각하는 일반 사람들에게도 주목받고 있다.

휴대폰 잠금 앱 '잠글시간'
(출처: 잠글시간 구글 플레이)

더 나아가 물리적으로 휴대폰을 가둘 수 있는 '금욕상자'도 주목받고 있다. 소비자들은 〈나 혼자 산다〉에서 코드 쿤스트가 '휴대폰이 고장나면 친구 정도가 아니라 가족을 잃는 느낌'이라고 한 말에 매우 공감하며 휴대폰 없는 자신의 삶을 상상하지 못하겠다고 말한다. 그러나 이와 동시에 휴대폰을 붙들고 몇 시간씩 시간을 낭비하는 모습에는 자괴감이 든다면서 금욕상자가 필요하다는 의견이 다수를 이룬다. 단순히 앱을 지우거나 스크린 타임으로는 한계가 있다며 좀더 적극적인 강제성을 필요로 하는 사람들이 금욕상자에 관심을 두기 시작한 것이다.

입장할 때 휴대폰을 금고에 넣어야 하는 카페도 생겼다. '욕망의 북카페'에서는 휴대폰을 포함하여 태블릿 PC, 노트북 등 모든 전자 기기의 사용이 금지된다. 또한 대화나 소음을 최소화하는 것이 원칙이어서 카페 내부는 적막만이 가득하다. 그럼에도 해당 카페는 평일과 주말 모두 대기가 발생할 정도로 20~30대에게 인기를 끌고 있다. 디지털에서 벗어나 아날로그적 힐링을 경험한 이용자들은 재방문 의사를 밝힌다.

〈나 혼자 산다〉에 등장한 금욕상자
(출처: MBC)

강제로 휴대폰을 제출해야 하는 '욕망의 북카페'
(출처: 욕망의 북카페)

디지털 디톡스와 도파민 해방을 향한 새로운 여행의 부상

최근 디지털 기기와 도파민 자극에서 벗어나려는 사람들이 늘어나면서, 이를 반영한 여행 프로그램과 여행지가 주목받고 있다. 이는 지속적인 디지털 자극과 도파민 분비의 순환에서 벗어나 자신을 되돌아보고 진정한 휴식을 찾으려는 욕구를 반영한다.

디지털 디톡스를 통해 도파민 디톡스를 추구하는 트렌드는 다양한 형태로 나타나고 있다. 전통적인 템플스테이에서부터 시작해, 최근에는 더욱 적극적으로 디지털 기기 사용을 제한하는 프로그램들이 등장하고 있다. 예를 들어 전남 화엄사에서는 모든 전자 기기 사용을 금지하는 '도파민 해방 프로그램'을 운영하고 있으며, 커뮤니티 '노마드랑'에서는 '스마트폰 해방촌'과 같은 프로그램을 통해 디지털에서 벗어나는 경험을 제공하고 있다. 프로그램 참가자들은 자기 자신을 재발견하는 시간을 보내 정말 좋았다는 후기를 남기고 있으며, 이 프로그램은 이미 여러 회 진행되며 꾸준한 인기를 얻고 있다. 더 나아가 아예 디지털 사용이 불가능한 '디지털 무인도' 개념의 여행지도 주목받고 있다. 강원도 홍천군의 '힐리언스 선마을'은 전화, 인터넷, 소셜미디어 등의 사용이 전면 금지된 곳으로 방문객들은 강제적으로 디지털 디톡스를 경험하게 된다. 이러한 환경에서 사람들은 계속해서 울리는 알림과 정보의 홍수에서 벗어나 진정한 휴식과 자유를 느낄 수 있다.

디지털·도파민 디톡스는 전 세계적인 트렌드로 자리잡고 있다. 핀란드의 발트해에 위치한 울코타미오(Ulko-Tammio)섬이 '휴대폰 사용 금지 구역'으로 지정된 사례는 이러한 현상을 잘 보여준다. 끊임없는 연결과 정보 소비에 지친 사람들이 진정한 휴식과 자아 성찰의 기회를 찾고 있기에 디지털 디톡스 여행의 인기는 계속될 것이며, 이러한 요구를 반영한 다양한 프로그램과 여행지도 계속해서 개발되고 성장할 것으로 예상된다.

아날로그 라이프를 즐길 수 있는 '스마트폰 해방촌'
(출처: 노마드랑 홈페이지)

강원도 홍천에 위치한 디지털 무인도 '힐리언스 선마을'
(출처: 힐리언스 선마을 홈페이지)

고자극과 저자극 사이, 재미를 찾아가는 과정

느린 재미를 통해 균형을 찾고자 하는 사람들

스마트폰 영상이 익숙해진 세상에서 '느린 재미'가 새롭게 주목받고 있다. 사람들은 단순한 자극이 아니라 느리지만 성취감을 주는 활동을 통해 도파민을 얻으려 하고 있으며 그 예로 독서, 명상, 운동 등이 있다. 이는 단순히 자극적인 콘텐츠를 피하는 것을 넘어 새로운 형태의 즐거움을 발견하는 과정이다. 그중 독서가 마음의 안정과 정신의 균형을 찾는 하나의 방법으로 주목받고 있다. 특히, 좋아하는 아이돌 멤버가 읽는 책을 따라 읽는 것이 10~20대 사이에서 유행하고 있으며, 책을 읽고 글을 쓰는 것이 '힙하다'는 인식이 확산되고 있다. 성인 독서량이 급격이 줄어들어 독서하는 사람이 희소해지면서 오히려 책을 읽는 사람들이 특별해지고 힙해지는 역설적인 현상이 나타나는 것이다.

이러한 변화는 소셜미디어에서도 뚜렷하게 관찰된다. 틱톡, 인스타그램 등 다양한 소셜미디어 플랫폼에서 '책스타그램', '북스타그램', '책추천', '독서그램'과 같은 해시태그를 사용한 게시글이 다수 올라오고 있다. 특히 틱톡에서는 책을 추천하고 독서 경험을 공유하는 '#북톡챌린지'가 큰 인기를 끌었다. 이러한 트렌드는 오프라인 행사의 성공으로도 이어졌다. 틱톡코리아는 2023년 11월부터 2024년 1월까지

부산 보수동 책방골목에서 북톡 팝업스토어를 운영했고, 이곳에 약 1만 5,000명이 방문하여 화제가 되었다. 대표적인 숏폼 플랫폼인 틱톡과 책의 만남이 소비자들에게 이색적인 경험을 선사한 것이다.

2024년 6월 개최된 '2024 서울국제도서전'에는 약 15만 명이 방문해 역대급 흥행을 기록했다. 5일간 관람 인파가 몰려 주말에는 입장 대기 시간이 한 시간에 달할 정도로 책에 대한 열기가 뜨거웠다. 서울국제도서전을 방문한 소비자들은 다양한 책을 구할 수 있는 것도 좋지만 작가와 직접 이야기할 수도 있고 사인회도 참여할 수 있어서 정말 좋았다는 후기를 남겼다. 또한, 얼핏 진부하게 느껴질 수 있는 도서전에서 다양한 이벤트가 진행되어 관람객들은 도파민이 폭발하는 즐거움을 경험했다고 전했다. 한때 사라져가는 문화로 여겨졌던 독서가 도파민 디톡스의 수단이자 도파민을 자극하는 수단으로 부활하고 있다. 이는 디지털 시대의 역설적인 현상으로, 과도한 정보와 자극에 지친 사람들이 책 속에서 새로운 재미와 휴식과 의미를 찾고 있음을 보여준다.

'책스타그램' 해시태그 검색 화면
(출처: 인스타그램)

부산 보수동 책방골목의 북톡 팝업스토어
(출처: 틱톡코리아)

도파민 디톡스 마케팅에 도파민 한 방울

도파민은 새로운 것을 경험하거나 목표를 날성하거나 즐거운 활동을 할 때 분비된다. 그렇다면 소비자들에게 새로운 경험을 제공하며 도파민을 분비시키는 동시에 마음의 안식과 휴식을 마련하는 방법에는 무엇이 있을까?

2024년 7월 문학동네 출판사에서 진행한 '인생시 찾기 이벤트'는 지정된 번호로 전화를 걸면 문학동네 시인선에 수록된 시를 낭송해주는 행사다. 시작한 지 불과 2주 만에 무려 약 27만 통의 전화가 걸려 올 정도로 반응이 뜨거웠다고 한다. 해당 서비스를 이용해본 한 소비자는 어떤 시가 낭송될지 설레는 마음으로 전화를 걸었고, 요즘 계절과 어울리는 낭만 가득한 시 한 편을 알게 되었다고 좋은 평을 남겼다. 한편 해당 이벤트를 통해 새롭게 알게 된 시를 필사하여 소셜미디어에 공유하는 등 우연히 선물처럼 받은 시를 다양한 방식으로 나누며 내면의 평온을 찾아가는 모습도 볼 수 있었다.

해외에서도 이러한 사례를 확인할 수 있었다. 런던 옥스퍼드 스트리트에 위치한 러쉬 스파 매장에 독립 서점인 '포에트리 파머시(The Poetry Pharmacy)'가 입점했다. 포에트리 파머시는 '시 약국'이라는 이름대로 마음 상태에 맞춘 '처방 시'를 판매하는 서점이다. 이 공간에서는 시가 적힌 쪽지를 돌돌 말아 알약에 넣고 유리병에 담아서 판매한다. 이와 더불어 물에 녹으면서 시 구절이 적힌 쪽지가 드러나는 '배쓰 밤'도 주목받고 있다. 랜덤으로 나오는 처방 시나 배쓰 밤을 녹이면 나오는 시 한 구절은 도파민 디톡스와 도파민 추구를 동시에 경험할 수 있는 사례로 꼽을 수 있다. 해당 제품을 이용해본 사람들은 배쓰 밤이 천천히 녹아내리며 어떤 시가 나올지 기대되는 마음에 설렜고, 안에 담긴 작은 시와 어우러지는 향기에 더욱 특별한 순간을 경험했다고 이야기한다. 온라인 커뮤니티 플랫폼 레딧(Reddit)에는 '포에트리 파머시 배쓰 밤이 너무 귀엽고 향이 좋다'는 의견이 주를 이루며, 배쓰 밤마다 다른 시가 들어 있는지 궁금해하는 사람도 많았다.

이러한 마케팅 사례는 도파민이 자극되는 예측 불가능한 즐거움과 함께, 과도한 자극에서 한 발 떨어진 정서적 안정을 소비자들에게 동시에 제공한다. 이는 소비자들에게 예상치 못한 즐거움과 함께 사색의 시간을 선사한다는 점에서 의미가 있다.

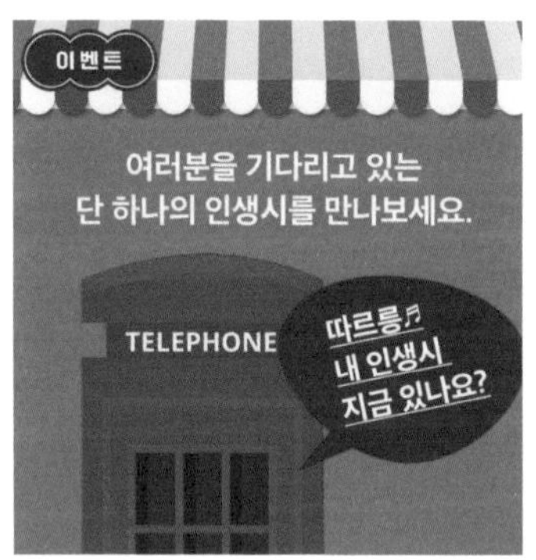

문학동네의 '인생시 찾기 이벤트'
(출처: 문학동네 인스타그램)

포에트리 파머시의 '처방 시'와 '배쓰 밤'
(출처: 포에트리 파머시 인스타그램)

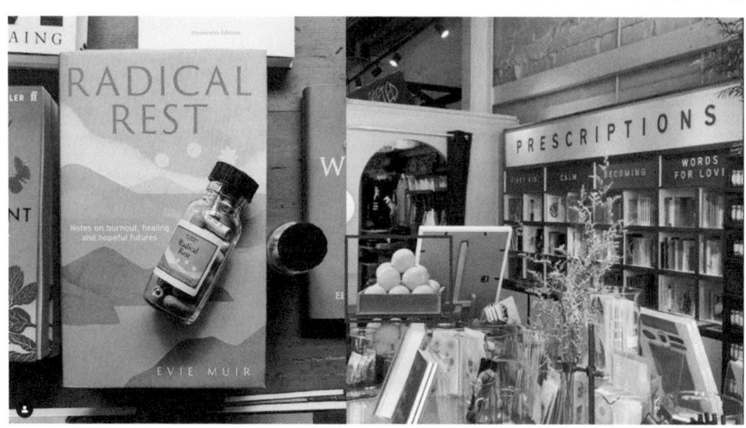

'나'를 위한 도파민 밸런스

사람들은 도파민 자극과 디톡스 사이에서 개인적 균형점을 찾아가고 있다. 유튜브나 쇼츠와 같은 콘텐츠를 통해 즐거움을 추구하면서도, 과도한 자극에서 벗어나 자기반성의 시간을 갖는다. 이는 쾌락과 절제 사이를 오가며 개인마다 자신만의 최적점을 찾는 과정이다.

도파민 밸런스 추구는 최근 두드러지는 셀프 케어 트렌드와 맞닿아 있다. 사람들은 자신과 자신의 행동을 탐구하는 과정에서 뇌과학에 관심을 가지기 시작했고, 계속해서 재미를 추구하는 행동이 도파민이라는 호르몬에서 비롯된다는 것을 이해하게 되었다. 다만 이것이 과하다고 느낄 때, 극단적 배제가 아닌 적절한 조절로 개인의 즐거움과 자기 개선 및 발전 사이의 조화를 이루며 삶의 질을 높이고 있다. 이는 사람들이 자극과 휴식, 즐거움과 성장 사이에서 균형을 찾아가는 능동적인 자기 관리의 한 형태로 볼 수 있다.

사람들은 자극을 추구하기도 하지만 그것이 지나치다는 것을 깨닫게 되면 자연스럽게 멀어지고자 한다. 이러한 양면적인 현상은 '도파민 추구'와 '도파민 디톡스'라는 두 가지 상반된 행동으로 나타난다. 사람들은 자극적인 콘텐츠를 소비하는 한편, 디지털 기기 사용을 줄이거나 명상, 독서, 자연과의 교감 등을 통해 정신적 평온을 찾으려 노력하고 있다. 특히 독서는 MZ세대 사이에서 '힙'하고 '새로운 재미'를 제공하는 활동으로 재조명되고 있다.

이러한 현상은 단순히 도파민을 줄이려는 노력에 그치는 것이 아니라, 사람들이 도파민 밸런스의 중요성을 점차 인식하게 된다는 점에서 의미가 크다. 사람들은 이제 자극과 휴식 사이에서 자신만의 균형점을 찾아 새로운 길을 모색하고 있다. 도파민 추구와 도파민 디톡스는 서로 대립되는 개념이 아니라, 소비자들이 재미와 만족을 찾아가는 과정에서 자연스럽게 나타나는 연속적인 현상으로 이해할 수 있다.

그렇다면 기업들이 예측 불가능한 자극과 의미 있는 경험을 적절히 결합하여 소비자들에게 신선한 매력으로 다가갈 수 있을지, 이러한 트렌드를 얼마나 잘 반영할 수 있을지가 중요한 과제가 될 것이다. 이는 단순한 자극의 제공을 넘어서 소비자들에게 진정한 만족과 특별한 경험을 제공하는 방향으로 전환이 필요하다는 점을 시사한다.

현실 엎고 튀어:

다시 만난 세계

2024년 대중에게 주목받은 드라마들이 공유하는 중요한 특징은 바로 '회빙환' 장르다. 회귀, 빙의, 환생의 첫 글자를 조합한 회빙환은 주인공이 과거로 돌아가거나 다른 사람의 몸속에 빙의해 새로운 삶을 시작하는 서사 구조를 말한다. 이 장르는 주로 웹소설이나 웹툰에서 크게 인기를 끌었지만 이제는 드라마와 같은 주류 미디어로 확장되어 폭넓은 소비층을 확보하고 있다. 〈내 남편과 결혼해줘〉, 〈선재 업고 튀어〉, 〈낮과 밤이 다른 그녀〉와 같은 드라마들은 모두 회빙환 장르의 설정을 바탕으로 하여 시청자들의 큰 호응을 얻었다.

모두가 아는 오래된 영화인 〈백 투 더 퓨처(Back to the Future)〉에서 본 것처럼 사실 회빙환이라는 설정이 새로운 것은 아니다. 그럼에도 최근 이 장르와 관련된 작품이 급격하게 증가하며 많은 사람에게 사랑받고 있다. 시들지 않고 계속 살아나고 있는 회빙환의 저력은 단순한 시간 여행 이상의 감정적 연결 고리를 제공한다는 점에 기인한다. 웹소설과 웹툰에서 탄탄한 스토리로 인기를 끈 회빙환 콘텐츠들은 이제 드라마, 예능, 마케팅 등 다양한 영역으로 확장되며 대중문화 전반에 걸쳐 강력한 영향력을 발휘하고 있다. 이 장르의 독특한 서사는 현대인들이 직면한 불안, 후회, 새로운 기회를 꿈꾸는 욕망을 자극하며 앞으로도 계속해서 다양한 매체와 콘텐츠 속에서 사랑받을 가능성이 높다.

©Jeremy Thomas, Unsplash

회빙환에 빠진 콘텐츠 시장

웹소설·웹툰의 절대 장르

웹소설은 네이버 시리즈, 카카오페이지, 리디 등의 온라인 플랫폼을 통해 향유되는, 읽는 데 5분 정도 소요되는 짧은 분량의 소설류를 의미한다. 웹소설은 20년이 되지 않는 비교적 짧은 역사에도 불구하고 2조 원이 넘는 시장 규모와 600만 명 이상의 독자를 보유하며 빠르게 성장하고 있다. 최근 웹소설의 성장을 주도한 것은 회빙환 장르로 이는 환생, 시간 여행, 윤회 등의 설정을 바탕으로 과거의 기억이나 능력을 활용해 현재를 바꾸는 서사 구조를 말한다. 일반적으로 주인공이 불우하거나 비극적인 위치에서 시작하여 모든 역경에도 불구하고 상당한 개인적 성장을 거치며 성공, 권력, 행복 등을 달성하는 구조다. 2024년 9월 기준 카카오페이지 웹소설 부문에는 '회귀'라는 단어가 들어간 작

카카오페이지 '회귀' 검색 결과
(출처: 카카오페이지 홈페이지)

품이 3,253편, '빙의'는 2,018편, '환생'은 1,689편에 달한다. 즉 제목으로만 해도 6,900여 편의 작품이 회빙환 장르와 직접적으로 연관된 셈이다. 작품 내용에 회빙환 설정이 포함된 작품은 더욱 많을 것으로 추정된다. 이러한 경향은 회빙환 장르가 웹소설 독자들에게 얼마나 매력적인지 보여준다.

웹툰 시장에서도 회빙환 장르의 인기는 지속되고 있다. 2024년 9월 네이버 웹툰의 주간 랭킹 20위권에 오른 작품 중 8편이 회빙환 장르에 속하며, 이 중 〈화산귀환〉, 〈전지적 독자 시점〉 등 4개의 작품은 웹소설을 원작으로 한 '노블코믹스'*다. 우수한 그림체가 웹툰의 성공에 필수적이지만, 무엇보다 중요한 것은 독자들이 몰입할 수 있는 탄탄한 스토리다. 이미 웹소설에서 작품성과 흥행성이 입증된 회빙환 장르는 웹툰에서도 자연스레 인기를 얻고 있으며, 이는 웹툰의 성공을 견인하는 주요 요소로 작용한다. 예를 들어, 카카오페이지의 〈나 혼자만 레벨업〉은 회빙환의 스토리텔링을 기반으로 웹툰으로 각색되면서, 전 세계 143억 조회수를 기록하며 대표적인 'K웹툰'으로 자리잡았다.

네이버 웹툰 9월 1주차 주간 랭킹
(출처: 네이버 홈페이지)

노블코믹스 웹소설 플랫폼에서 검증된 인기 웹소설을 기반으로 만들어지는 웹툰 콘텐츠

드라마의 성공과 함께 커진 파급력

회빙환 드라마의 성공 요인은 무엇보다도 독창적이고 매력적인 스토리텔링에 기인한다. 과거 드라마들이 현실성을 중시하며 사건의 개연성과 일상적인 서사에 집중한 반면, 웹소설과 웹툰은 과감한 판타지적 요소를 자유롭게 활용할 수 있는 미디어로서 더욱 다양하고 실험적인 소재를 다룰 수 있다. 웹소설·웹툰이 보편화되고 시청자들도 비현실적인 설정에 점차 익숙해지자 드라마에서도 과감한 판타지를 수용할 수 있는 여건이 조성되었다. 시청자의 인식이 변화하고 제작자들의 연출 노하우가 축적되면서 이제 드라마는 비현실적인 서사도 자연스럽게 그려내고 있다. 그 결과 시청자들에게 거부감을 불러일으키지 않고 오히려 몰입감을 배가하는 방향으로 발전하고 있다. 그렇게 제작된 작품들은 초기에 젊은층의 전유물로 여겨졌으나 최근에는 30~50대 시청자들 사이에서도 높은 인기를 끌고 있다. 회빙환이 단순한 판타지 설정을 넘어서, 다양한 세대가 공감할 수 있는 서사를 담고 있기 때문이다. 예를 들어 과거로 돌아가는 설정은 젊은 세대에게는 새로운 경험으로 다가오지만, 중장년층에게는 추억을 되살릴 기회로 작용한다. 예를 들어 〈선재 업고 튀어〉와 같은 드라마에서는 싸이월드, MP3, G-SHOCK 시계 등 2000년대 초반을 상징하는 요소들이 등장해, 그 시절을 경험한 시청자들의 향수를 자극하며 넓은 연령층의 관심을 끌었다.

회빙환 드라마의 성공은 원작인 웹소설과 웹툰에도 긍정적인 영향을 미치고 있다. 웹소설과 웹툰이 영상화되면서 그 원작들이 다시금 주목받는 선순환 구조가 형성되는 것이다. 웹소설-웹툰-드라마·영화로 이어지는 콘텐츠 확장은 IP 비즈니스의 중심이 되어, 더 많은 독자와 시청자에게 회빙환의 매력을 전달하는 중요한 경로가 되고 있다. OST, 굿즈 등의 2차 창작물과 팝업스토어는 회빙환 설정을 좋아하는 팬들에게 작품의 세계관을 공고히 하는 다양한 경험을 제공하여 팬덤을 형성하기도 한다.

회빙환이 사랑받는 이유

후회, 인간 본연의 강력한 감정

회빙환 콘텐츠들은 일반적으로 우리가 알고 있는 소설의 5막 구조(발단 - 전개 - 위기 - 절정 - 결말)로 쌓아올린 서사나, 신화학자인 조지프 캠벨(Joseph Campbell)이 영웅의 여정이라 정의한 전통적인 서사 구조(태어남 - 부름 - 모험 - 역경 - 귀환)를 따르지 않는다. 주인공은 대체로 인생의 중요한 순간에 억울하거나 잘못된 선택을 하여 후회를 안고 있는 인물로 설정된다. 대부분의 스토리는 주인공이 첫 화에서 참담한 현실에 심하게 좌절하거나, 죽기 직전의 상황이나 죽음을 맞이하며 시작된다. 주인공이 느끼는 감정들, 지금까지 살면서 후회했던 행동들을 바꾸고 싶다는 강력한 후회의 감정들이 회귀·빙의·환생의 계기이자 새로운 삶을 살아가는 원동력이 된다. 차근차근 감정의 공감대를 높여 가는 전통적인 서사에 비해, 시작부터 휘몰아치는 후회의 감정이 회빙환을 향유하는 독자들이 빠르게 작품에 몰입하게 하는 감정 이입의 장치가 된다.

〈내 남편과 결혼해줘〉 포스터
(출처: tvN 홈페이지)

세계적인 미래학자이자 비즈니스 사상가로 유명한 다니엘 핑크(Daniel Pink)는 전 세계 2만 2,000명의 후회 사례를 수집하고 분석한 자료를 기반으로 후회에 대한 광범위한 연구를 진행하였다. 그는 후회의 감정이 삶을 바로잡고 싶어하는 건강하고 본능적인 충동이며, 인간을 더 인간답게 하는 근간이라고 정의하였다. 이 연구에서 발견된 한 가지 흥미로운 사실은 후회가 사람들이 표현하는 감정 중 사랑 다음으로 흔히 언급되는 보편적이고 본질적인 감정이라는 것이다. 설문에 따르면 사람들은 대체로 행동한 것에 대한 후회보다 행동하지 않은 것에 대한 후회를 더 많이 느꼈다. 특히 후회는 과거의 어떤 것을 생각할 때 유발되는 감정이다. 그렇기에 후회의 과정에서 미릿속 타임머신에 올라타 과거로 거슬러올라가며, 과거에 다른 결정을 했다면 어떠했을지 상상하고 과거의 이야기를 고쳐 쓴다. 후회에는 과거로 돌아가는 시간 여행과 이를 재구성하는 스토리텔링이 자연스레 수반되는 것이다. 회빙환이 인기를 끌자 사람들 사이에서는 회귀를 대비하여 기억해야 할 사항들을 정리해둔 밈이 유행하기도 했다. 지금은 누구나 알고 있는, 큰돈을 벌 수 있는 과거의 기회들로 정리된 리스트를 보며 사람들은 당시의 자신을 회상하고 새로운 스토리를 상상해보는 것이다.

'회귀대비 필수 암기사항' 밈
(출처: 루리웹 홈페이지)

회귀대비 필수 암기사항	
1. 1980년 애플 나스닥 상장	11. 2015년 AMD 100배
2. 1980년 판교, 송도, 분당	12. 15-16 프리미어리그 레스터 우승
3. 1996년 네이버 개설	13. 2017년 세타토큰 200배
4. 1997년 아마존 나스닥 상장	14. 2019년케이엠더블유 10배
5. 1999년 새롬기술 100배 폭등	15. 2020년 신풍제약 30배
6. 2007년 로또 244회 13 16 25 36 37 38	16. 2020년 엑세스바이오 30배
7. 2009년 비트코인	17. 2020년 시바이누코인 161만배
8. 2010년 카카오톡 출시	18. 2020년 테슬라 10배
9. 2010년대 동성화학 상한가 22번	19. 2023년 에코프로 150
10. 2013년 방탄소년단 데뷔	20. 2024년 엔비디아 700

이처럼 인간의 근원적인 감정인 후회는 이야기의 초기 단계에서 회빙환 콘텐츠와 시청자 간에 강력한 공감대를 형성하고 과몰입 계기를 제공하여 콘텐츠를 더 매력적이고 영향력 있게 만든다.

불안한 시대상을 반영

회빙환 콘텐츠가 주목받는 배경에는 불안한 시대상을 반영한 '이생망(이번 생은 망했다)'이라는 사회적 정서가 자리잡고 있다. 이생망은 개인의 노력으로 결혼, 출산, 내 집 마련 등 인생 목표를 이루기 어려운 현실 속에서 젊은 세대가 느끼는 좌절과 무기력을 상징한다. 불확실하고 암울한 미래를 걱정하는 그들에게 '인생 리셋'의 기회는 매우 매력적으로 다가오며, 회빙환 콘텐츠는 그 갈망을 충족시킨다. 현실에서 해결되지 않는 문제를, 과거로 돌아가거나 새로운 인생을 시작하면서 해결할 수 있다는 회빙환의 설정은 젊은 세대에게 일종의 대리만족을 제공한다. 현실에서 잃어버린 희망을 회복할 수 있는 심리적 위로를 주는 것이다.

최근 출판 시장을 중심으로 쇼펜하우어의 철학이 주목받는 것도 이러한 정서와 맞닿아 있다. 쇼펜하우어는 모든 인생은 고통이라는 염세주의적 관점을 바탕으로 현실을 냉정하게 바라봐야 한다고 주장했다. 그의 철학은 '적절한 포기는 삶의 비결이다'와 같은 문구로 나타나는데, 좌절과 무기력을 느끼는 젊은 세대의 솔직한 인정과도 연결된다. 이로 인해 한국 사회에서 쇼펜하우어의 철학에 대한 관심이 급격히 높아지며 관련된 저서들이 베스트셀러 순위에 오르고 있다. 현실을 부정적으로 바라보고, 현실이 우리가 이상적으로 그리는 세계와는 상당히 다르다고 인정하며, 이러한 현실에 순응하기보다는 이를 극복하거나 도피하는 방법을 찾으려 한다는 점에서 쇼펜하우어의 철학과 회빙환은 유사한 부분이 있다. 쇼펜하우어의 철학은 현실의 고통에서 벗어나기 위한 방법으로 예술과 명상을 제시하고, 회빙환 콘텐츠는 주인공에게 감정을 이입하게 하는 이야기로 현실 세계가 아닌 가상 세계나 환상을 마련한다. 두 경우 모두 현실의 고통스러운 측면을 피해 일시적인 위안을 찾으려는 시도로 볼 수 있는 것이다.

문화는 그 시대 사람들의 욕망을 반영한다고 한다. 과거의 서사는 개인의 노력으로 역경을 극복하고 성공을 이루는 것에 초점을 맞췄지만, 회빙환은 한국 사회에서 어려운 현실을 살아가는 사람들에게 비현실적인 돌파구를 제공해주며 그들이 느끼는 좌절과 무기력을 해소하

『마흔에 읽는 쇼펜하우어』
(출처: 예스24 홈페이지)

는 역할을 하고 있다. 이렇듯 회빙환 콘텐츠는 주어진 현실을 자력으로 극복하기 어려운 사회적 분위기에서 자연스럽게 인기를 얻게 되었다고 할 수 있다.

거침없는 빠른 전개

회빙환 콘텐츠는 현대 콘텐츠 소비 트렌드에 적합한 빠른 전개와 시원한 해결책을 보여준다. 주인공이 현재의 기억을 가지고 과거로 돌아가 예상되는 함정을 피하고 복수나 성공을 신속하게 이루어내는 설정은 통쾌함을 준다. 이러한 빠른 전개는 길어지는 설명이나 복잡한 갈등 구조를 지루해하는 요즘 세대의 취향에 맞춘 것이다. 숏폼 콘텐츠 등을 즐겨 보는 오늘날의 시청자는 효율성과 즉각적인 재미를 중요시하며, 긴장감 넘치는 전개에서 더 큰 만족감을 느낀다. 특히 웹소설이나 웹툰 플랫폼에서는 5분 정도의 짧은 호흡 내에 핵심 재미를 전달하고 다음 에피소드에 대한 기대를 유발해야 하므로, 주인공이 미래를 알고 있다는 설정은 배경 설명에 필요한 노력을 줄여주고 변화된 상황 속에서 해결 과정에 집중할 수 있는 이점을 제공한다. 또한 이미 모든 것을 알고 있는 주인공이 예상치 못한 복수나 성취를 이루며 독자나 시청자에게 색다른 재미와 긴장감을 제공한다.

다양하게 확장되는 회빙환의 세계관

N차 인생을 살아가는 예능

회빙환의 기본적인 틀은 과거로 돌아가거나 다른 사람의 인생을 체험하는 것을 기반으로 하지만, 최근 예능 프로그램들은 이 설정을 변형해 더욱 신선한 콘텐츠를 제공하고 있다. 예를 들어 〈눈떠보니 OOO〉, 〈My name is 가브리엘〉 같은 프로그램은 출연자들이 과거로 회귀하는 설정 대신, 다른 역할이나 직업을 체험하면서 그들의 일상과는 전혀 다른 인생을 살아가는 방식으로 전개된다. 어느 날 갑자기 박보검이 아일랜드 더블린의 아카펠라 합창단 단장 루리의 삶을 살아가거나, 홍진경이 르완다 모델 켈리아로 변신하여 20년 만에 모델 워킹에 다시 도전하는 식이다. 전혀 다른 인생을 살게 된 것이 당황스럽기도 하지만 그들은 이내 새로운 일상에 적응해나간다. 이 모습이 '리얼'로 펼쳐지면서, 영화나 드라마 속 'N차'와는 또다른 재미가 만들어진다.

〈눈떠보니 OOO〉 포스터
(출처: ENA 홈페이지)

특히 예능 프로그램은 회빙환의 설정을 감동적인 서사로 활용하고 있다. 누구도 살아보지 못한 새 삶인 'N차 인생'을 통해 시청자가 누군가의 삶을 더욱 깊게 들여다보는 계기를 만들어주는 것이다. 시청자는 출연자가 겪는 고난과 성공을 통해 대리만족을 느끼고, 동시에 그들의 진정성에 감동받기도 한다. 이러한 회빙환을 적용한 예능의 형식은 시청자들에게 단순한 웃음뿐 아니라 인생에 대한 새로운 통찰을 제시하며, 앞으로 예능 프로그램의 한 장르로 자리잡을 것으로 보인다.

회빙환을 활용한 마케팅

최근 많은 기업이 브랜드의 고유한 역사를 강조하는 다양한 '헤리티지 커뮤니케이션 활동'을 펼치고 있다. 빠르게 변화하는 경영 환경에서 기업의 정체성을 다시 한번 강조하고, 미래의 변화에 대한 당위성을 확보하려는 노력이다. 2024년 창립 40주년을 맞이한 SK텔레콤은 이러한 흐름에서 회빙환 코드를 적용한 숏폼 웹드라마 〈뷁투더 2004〉를 론칭하며 성공적인 헤리티지 커뮤니케이션을 선보였다. 이 웹드라마는 30대 주인공 '진상'이 SK텔레콤의 인공지능 서비스 'A.(에이닷)'의 능력으로 2004년 중학생 시절로 돌아가는 이야기다. 주인공이 경험하는 시간 여행은 단순히 과거의 추억을 되새기는 데 그치지 않고, SK텔레콤이 AI와 6G 등 미래 기술로 나아가는 과정에서 어떤 변화를 만들어왔는지 자연스레 드러낸다. 드라마는 싸이월드, 네이트, 피처폰, 'Be the Reds!' 티셔츠, 캔모아 등 2000년대 중반의 상징적인 요소들을 다루며, 당대의 추억을 자극하는 동시에 MZ세대가 공감할 수 있는 학창

시절의 이야기를 그려냈다. 이를 통해 SK텔레콤은 과거의 경험과 현재의 기술을 연결하는 서사를 제시하며 자사의 변화와 혁신을 효과적으로 전달했다.

이와 같은 회빙환 코드의 마케팅 사례는 SK텔레콤에만 국한되지 않는다. 문화재청이 네이버 웹툰에서 연재중인 브랜드 웹툰 〈환수왕〉 또한 회빙환 장르를 활용한 성공적인 콘텐츠로 평가받고 있다. 이 웹툰은 돈만 밝히는 고미술품 전문 경매사가 어느 날 구한말 대한제국 외교관이었던 고조부의 몸에 빙의하면서 벌어지는 이야기를 다루고 있다. 주인공이 현재로 되돌아가기 위해 문화재가 해외로 반출되는 것을 막아내는데, 이 과정에서 문화유산의 가치와 중요성을 자연스레 전달한다. 이 작품은 회빙환 장르의 흥미로운 설정을 바탕으로 대중의 관심을 끌며 네이버 웹툰에서 평점 9.88/10점을 기록하는 등 긍정적인 반응을 얻고 있다. 이러한 콘텐츠들은 그동안 지루하게 여겨졌던 기업이나 정부의 브랜드 웹툰에 대한 편견을 깨고, 재미와 메시지를 동시에 담은 콘텐츠로 평가받는다.

브랜드의 변화 과정이나 역사를 다루는 콘텐츠에 회빙환 코드를 접목하면 기업은 일방적인 정보 전달이 아닌 몰입감 있고 감성적인 마케팅으로 소비자와 깊은 공감대를 형성할 수 있다. SK텔레콤과 문화재청의 사례에서 알 수 있듯이 회빙환 코드는 과거, 현재, 미래를 잇는 스토리텔링을 통해 브랜드의 가치를 효과적으로 전달할 수 있는 강력한 도구로 자리잡고 있다.

문화재청 브랜드 웹툰 〈환수왕〉
(출처: 네이버 웹툰 홈페이지)

회빙환 장르는 현대 사회의 불확실성과 인간 본연의 정서인 후회를 기반으로 사람들에게 큰 위로와 공감을 주는 대중문화의 핵심 요소로 자리잡았다. 회귀, 빙의, 환생이라는 서사는 대중에게 단순한 판타지를 넘어, 과거의 후회를 바탕으로 더 나은 미래를 상상하게 하며 강력한 심리적 위안을 제공한다. 특히 회빙환 장르는 빠른 전개와 통쾌한 해결책으로 현대인의 취향을 저격한다. 과거의 기억을 활용해 새로운 기회를 만들어내는 주인공의 이야기는 독자와 시청자에게 큰 몰입감을 불러일으키며 감정 이입을 통한 대리만족을 제공한다.

웹소설과 웹툰의 성공적인 드라마화와 회빙환을 활용한 콘셉트의 예능 프로그램 등장으로 이미 증명된 바와 같이 미래의 회빙환 콘텐츠는 더욱 다채로운 형태로 진화할 것으로 보인다. 현대 사회가 맞이한 불확실성과 불안은 이 장르의 지속적인 인기를 뒷받침할 것이다. 또한 AI, VR, AR 등의 혁신적인 기술과 결합되면 새로운 형태로 발전할 가능성이 있다. 이러한 기술들은 개인화된 회빙환 콘텐츠를 제공하고 시청자와 독자가 보다 몰입감 있는 경험을 하도록 도울 것으로 보인다. 예를 들어, 가상현실 속에서 직접 회귀를 체험할 수 있는 콘텐츠나, 인공지능이 각 사용자에게 맞춘 스토리를 제공하는 맞춤형 회빙환 콘텐츠가 등장할 수 있다. 이러한 기술적 진보는 기존의 서사 구조를 넘어서 새로운 형태의 상호작용과 경험을 가능하게 만드는 새로운 콘텐츠의 양식을 만들어갈 것으로 기대된다.

"

인간의 근원적인 감정인 **후회**는

이야기의 초기 단계에서 **회빙환 콘텐츠와**

시청자 간에 강력한 **공감대를 형성**하고

과몰입 계기를 제공하여 콘텐츠를 더

매력적이고 영향력 있게 만든다.

"

Part 3 세상

비즈니스 현장의 마케팅 전문가들이 주목한
라이프스타일 인사이트

나의 AI전트 :

May AI help you?

1

챗GPT(ChatGPT)를 시작으로 다양한 생성형 AI 기술이 일상 속으로 빠르게 들어오고 있다. 과학기술정보통신부에서 진행한 「2023 인터넷이용실태조사」에 의하면 국민의 약 17.6%가 이미 정보 검색이나 문서 작성을 위해 생성형 AI 서비스를 이용한 경험이 있는 것으로 나타났다. 챗GPT가 처음 주목받기 시작할 때만 해도 메타버스나 NFT처럼 어느 순간 흥미가 사라질 기술일 수도 있다고 예상하는 사람들이 있었지만, 서비스가 빠르게 업그레이드되고 소라(Sora)같이 텍스트 입력만으로도 동영상을 생성할 수 있는 AI까지 등장하면서 생성형 AI의 관심도나 파급력에 의구심을 표하는 사람은 이제 거의 없다. 그뿐 아니라 사람들은 생성형 AI가 콘텐츠 제작, 문서 정리, 번역 등 다양한 업무 영역에서 사람의 역할을 대체할 수 있다는 막연한 불안감에서 벗어나, 생성형 AI를 활용하여 어떻게 우리의 업무 효율성을 높이고 일상을 더 편리하고 재미있게 변화시킬 수 있을지 주목하고 있다.

스마트폰의 등장이 우리의 일상을 혁신적으로 바꾼 것처럼, 빠르게 진화하는 인공지능 기술은 또 한 번 우리의 일상에 큰 변화를 불러올 것으로 기대된다. 특히 삼성 갤럭시 S24를 시작으로 아이폰 16까지 AI가 탑재된 스마트폰이 등장하면서 소비자들은 AI를 보다 쉽고 자연스럽게 이용할 수 있다. 오늘날 스마트폰 없는 일상을 상상하기 어려운 것처럼 가까운 미래에는 AI 없는 일상을 상상할 수 없게 될 것이다.

©Solen Feyissa, Unsplash

일상 깊숙이 들어온 생성형 AI

빠르게 성장중인 챗GPT

와이즈앱·리테일·굿즈가 한국인 스마트폰 사용자를 대상으로 진행한 표본조사에 의하면 2024년 5월 챗GPT 사용자는 315만 명으로, 2024년 1월 기준 162만 명과 비교하여 반년도 되지 않는 기간 동안 거의 2배 가까이 증가한 것으로 나타났다. 이 중 20~30대는 전체 비중의 52%를 차지할 정도로 높은 이용률을 보인다. 잘못된 정보 제공이나 생성된 콘텐츠의 저작권 침해 등 부정적인 이슈가 꾸준히 제기되고 있지만 챗GPT는 사용자들의 높은 만족도와 함께 시장을 키워가는 중이다. 2023년 진행된 엠브레인의 조사 결과에 의하면 챗GPT는 이미 잘 알려진 정보 검색 이외에도 번역, 문장 생성, 자료 수집, 문서 요약, 창작

챗GPT의 사용 목적 및 범위 (출처: 엠브레인, 2023)

(Base: 챗GPT 사용 경험자, n=443, 중복응답, 단위: %)

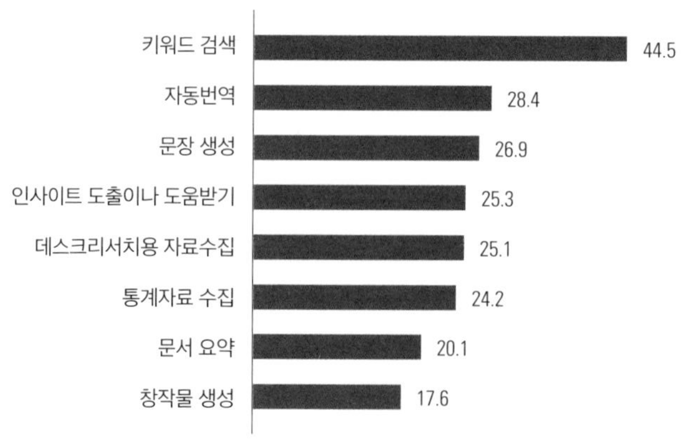

물 생성까지 다양한 분야에서 활용되고 있다. 계속되는 서비스 업그레이드로 그 영역은 계속 확대될 것으로 예상된다. 특히 2024년 5월 발표된 GPT-포오(GPT-4o)는 인공지능과 사랑에 빠지는 줄거리의 영화 〈그녀〉가 현실이 될 수 있다는 말이 나올 정도로, 사람과 인공지능의 대화가 실제 사람들 사이의 대화와 다를 바 없어질 것이라 기대되고 있다.

이처럼 챗GPT에 대한 관심이 고조되는 가운데, 2024년 2월 오픈서베이가 전국 15~59세 남녀를 대상으로 진행한 '궁금한 것을 검색할 때 이용하는 플랫폼이 무엇인가'에 대한 조사 결과에서 챗GPT가 8위를 차지한 것은 주목할 만하다. 물론 검색 플랫폼으로 여전히 네이버, 유튜브, 구글의 비중이 압도적으로 높지만, 더 오랜 역사를 가지고 있는 페이스북이나 X보다 챗GPT가 더 높은 순위를 차지했다는 점은 앞으로 챗GPT의 빠른 성장 가능성을 예상할 수 있기 때문이다.

궁금한 것을 검색할 때 이용하는 플랫폼 순위 (출처: 오픈서베이, 2024)

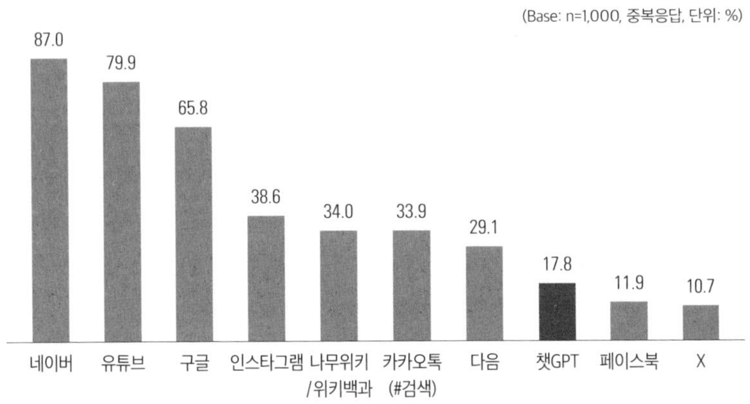

그뿐 아니라 알파세대*라 불리는 중고생 또한 챗GPT를 자연스럽게 받아들이고 일상에서 적극 사용할 것으로 예상되기에 앞으로 온라인에서의 정보 탐색 방식이 바뀔 가능성이 높아지고 있다. 2024년 3월 발행된 한국지능정보사회진흥원의 「지능정보윤리 이슈리포트」에 의하면 청소년의 약 77.5% 정도가 챗GPT를 포함한 생성형 AI를 어느 정도 알고 있다고 응답한 것으로 나타났다. 해당 조사가 2023년 여름에 진행된 것을 감안하면, 청소년 사이에서 생성형 AI가 매우 빠르게 전파되고 있음을 확인할 수 있다. 또한 55.0%의 청소년이 생성형 AI 정보를 신뢰하고, 71.8%가 향후에도 지속적으로 이용할 의향이 있다고 응답해, 청소년의 생성형 AI 활용도 또한 지속적으로 높아질 것으로 예상된다. 이들은 2015 개정 교육과정의 적용으로 코딩 교육 등 각종 소프트웨어 교육을 받는 세대이기에 이러한 첨단기술에 대한 수용도가 높을 수밖에 없다.

놀이문화가 된 AI 커버

2024년 초, 가수 비비의 〈밤양갱〉을 커버한 유튜브 영상들이 큰 화제가 되었다. 아이유, 임재범, 잔나비, 이미 세상에 없는 김광석 등 가수뿐 아니라 개그맨 박명수, 애니메이션 캐릭터 보노보노와 잔망루피 등 다양한 목소리를 AI 기술로 편집한 영상이었다. 이 영상들이 유튜브에서 높은 조회수를 기록하면서 '밤양갱 커버 놀이'가 젊은 세대 사이에서 큰 인기를 끌었다.

이처럼, AI가 급속도로 발전한 2022년 이후 AI를 활용하여 기존 노

★

알파세대 2010년부터 2024년까지 태어난 사람들을 통칭하는 용어

래의 보컬을 다른 목소리로 바꾸는 AI 커버가 하나의 놀이문화로 자리 잡고 있다. 불과 얼마 전까지만 하더라도 음원을 보컬과 반주로 분리하고 AI로 학습시킨 목소리를 합성하는 데 많은 시간과 노력이 필요했지만, 인공지능 기술의 발전은 콘텐츠 생산의 과정과 시간을 크게 단축했다. 이제는 반주와 보컬을 분리하는 작업 없이도, 원하는 목소리를 AI에게 학습시킨 후 커버하고자 하는 음원에 덧씌우는 '소리소리AI'나 'Popcon.ai' 등과 같은 AI 커버 서비스들이 등장했다. 콘텐츠 제작 시간 또한 10분 이내로 매우 짧아졌고 일반 소비자들의 접근성 또한 좋아졌다.

AI 커버가 인기를 끌면서 AI가 모방한 가수와 관련한 저작권 침해 이슈가 제기되고 있지만 소비자 입장에서는 자신이 좋아하는 가수가 특정 노래를 부르는 상상 속 상황을 현실화할 수 있기에, AI 커버의 인기는 식을 줄 모르고 계속되고 있다. 이러한 트렌드를 주도하는 Z세대들은 좋아하는 노래를 반려동물의 목소리로 만들고, 프레디 머큐리 같은 전설의 팝스타가 최신 케이팝을 부르게 하는 등 창의적인 아이디어로 자신만의 색다른 콘텐츠를 만들어내는 데 재미를 느낀다. 이 외에도 보컬과 음악의 최고 조합을 찾는 콘테스트, AI와 사람 간의 실력 대결 등 다양한 재미 요소를 포함한 새로운 놀이문화가 확산하고 있다. 이러한 사회적 분위기를 반영하여 싱크로율 99%의 AI 가수들 사이에서 진짜 가수를 맞히는 예능 프로그램 〈싱크로유〉가 파일럿 프로그램을

〈싱크로유〉 포스터
(출처: KBS 홈페이지)

거쳐 2024년 9월 정규 프로그램으로 편성되었다.

단순히 목소리를 합성하는 AI 커버를 넘어 AI 기술로 직접 음악을 만들 수 있는 서비스들도 등장하고 있다. 동영상 콘텐츠를 직접 제작하는 사람들이 저작권을 걱정하지 않고 취향에 맞는 배경음악을 생성할 수 있도록 도와주는 '믹스오디오(MixAudio)', 간단한 프롬프트 입력만으로 음악을 생성할 수 있는 '수노(Suno) AI' 등은 작곡이나 작사에 대한 지식이 없는 사람도 손쉽게 음악을 창작할 수 있도록 도와준다. 이렇게 창작된 음악들은 실제로 높은 인기를 끌기도 한다. 2024년 여름, 유튜버 곰딴(Gomdan)이 수노 AI 기술을 이용해 제작한 AI 불교음악 〈반야심경〉은 한 달 만에 40만 회가 넘는 조회수를 기록할 정도로 큰 화제가 되었다. 시장분석업체 마켓닷어스는 전 세계 음악 생성 AI 시장 규모가 2022년 2억 2,900만 달러에서 2032년 26억 6,000만 달러로 10배 이상 성장할 것으로 전망한다.

쉽게 구현해낼 수 있는 상상 속 이미지

2024년 초, 챗GPT로 주목받은 오픈AI가 텍스트를 입력하면 동영상을 생성할 수 있는 플랫폼 '소라'를 발표하여 세상을 또 한 번 놀라게 했다. 실제 촬영한 영상처럼 정교한 화질과 구성에 사람들은 모두 놀랐고 광고업계를 포함한 영상 콘텐츠 제작 관련 업계는 긴장할 수밖에 없었다. 이후 미국의 AI 스타트업 루마랩스(Luma Labs)는 구글 계정만 있으면 누구나 프롬프트와 사진 한 장으로 5초 길이 동영상을 생성할 수 있는 동영상 AI 서비스 '드림머신'을 공개하는 등 이미지나 동영상 생성 AI 서비스가 꾸준히 등장하고 있다. 과거에는 전문 기술이 있어야 영상을 제작하고 편집하고 합성할 수 있었지만 다양한 이미지 생성 AI의 등장으로 이제는 일반인도 손쉽게 어느 정도 완성도 있는 영상을 제작할 수 있게 되었다.

실제로 2024년 여름, 텍스트를 영상으로 생성하는 기업인 런웨이(Runway)의 최신 모델 '젠-3 알파(Gen-3 Alpha)'로 한 컬러리스트 유튜버가 하루 만에 자동차 회사 볼보의 광고를 완성도 높게 제작하여 전 세계적으로 화제가 되었다. 이 외에도 생성형 AI 툴인 '미드저니(Midjourney)'와 드림머신으로 인터디멘셔널 TV(Interdimensional TV)가 제작한 '권력자의 패션쇼(Runway of Power)'라는 영상을 일론 머스크가 자신의 소셜미디어 X에 공유하면서 약 일주일 만에 1.5억 이

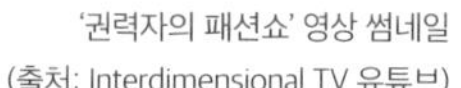
'권력자의 패션쇼' 영상 썸네일
(출처: Interdimensional TV 유튜브)

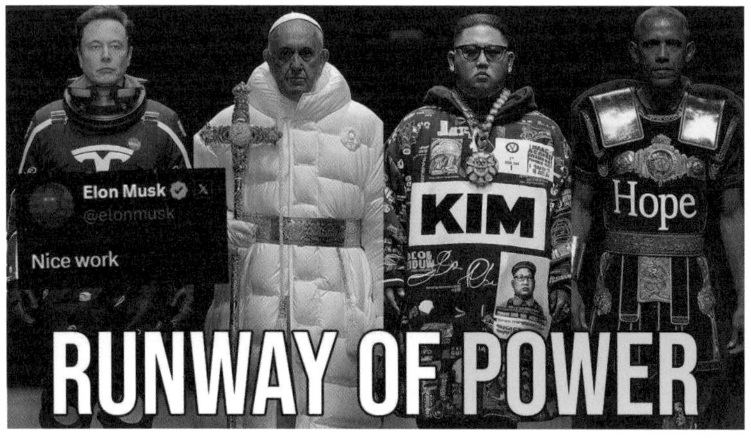

상의 조회수를 기록했다. 이 영상은 교황, 대통령, 최고경영자 등 세계적으로 잘 알려진 리더들이 명품 패딩이나 죄수복 등 예상치 못한 복장을 입고 패션쇼를 하는 풍자 영상이다.

AI 기술의 발전은 유튜브나 틱톡 등에 자신이 만든 콘텐츠를 업로드하는 것을 즐기는 요즘의 젊은 세대에게 영상 제작에 드는 시간과 비용을 줄여줄뿐더러, 그동안 현실에서는 구현하기 어려웠던 콘텐츠들을 만들 수 있도록 도와준다. 생성형 AI가 영상 제작을 위한 아이데이션 단계부터 도와주기에 특출난 아이디어가 있지 않더라도 영상을 만들려는 의지만 있다면 AI와의 대화로 누구나 참신한 콘텐츠를 만들어낼 수 있는 세상이다. 남다른 관점과 접근법으로 만들어낸 차별적인 콘텐츠가 사람들 사이에 회자하면 유튜브 채널 구독자수 또한 쉽게 늘릴 수 있어 이미지·영상 제작을 위한 생성형 AI는 앞으로 점차 더 유용해질 것이다.

생성형 AI로 인한 서비스의 진화

더 쉽고 편리해진 쇼핑

소비자들 사이에서 널리 활용되는 생성형 AI는 기업에서도 소비자들에게 특별한 경험을 제공하기 위해 적극적으로 도입하고 있다. 다양한 유형의 생성형 AI가 존재하는 만큼 서비스의 유형도 여러 가지로 나눌 수 있다. 가장 대표적인 서비스는 다양한 데이터를 기반으로 고객에게 제품을 추천해주는 쇼핑 도우미 서비스다. 생성형 AI 기술이 발전하기 시작하자 아마존은 2024년 초에 발 빠르게 인공지능 기반의 대화형 쇼핑 도우미 '루퍼스(Rufus)'를 출시하고, 상반기에 미국 전역에서

아마존 루퍼스 (출처: 어바웃 아마존 홈페이지)

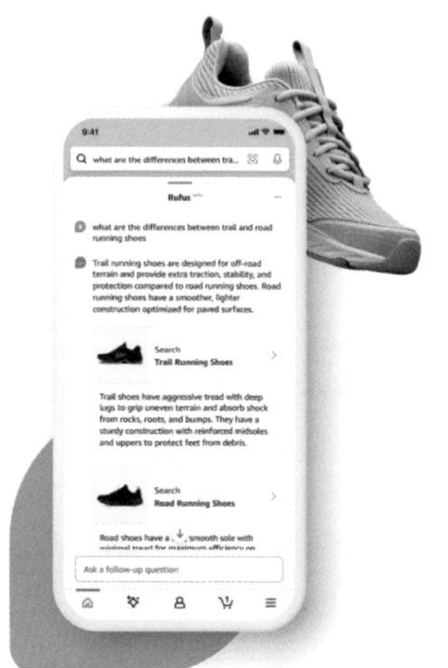

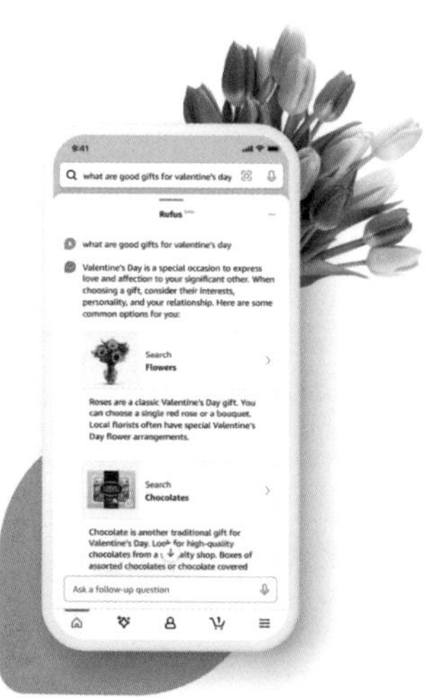

사용할 수 있도록 했다. 아마존 내 제품 카탈로그, 고객 리뷰, 커뮤니티 Q&A 등의 정보를 학습하는 루퍼스는 고객과 대화하면서 다양한 선택지를 추천하는 AI 챗봇 서비스다. 루퍼스 도입으로 아마존은 2024년에 진행된 '프라임 데이'*에서 역대 최고의 매출을 기록했다.

쇼핑할 때 소비자는 정보를 살펴보고 리뷰를 찾아본 후 구매의사결정을 내린다. 만약 생성형 AI가 개입하면 기존 방식대로 지정해서 특정 상품을 검색하는 것이 아니라 자신의 니즈를 해결하기 위한 AI와의 대화가 출발점이 될 수 있다. "러닝화를 살 때 고려할 점은 무엇일까?", "대학생 조카에게 줄 선물을 추천해줘" 등과 같이 목적에 맞는 대화로 쇼핑 행동을 시작할 수 있는 것이다. 이처럼 AI와의 대화로 쇼핑을 시작하면 일일이 정보를 찾지 않아도 빅데이터에 기반하여 추천된 제품 중 최적의 제품을 선택할 수 있으므로 정보 탐색 시간이 훨씬 줄어들 수 있다.

국내에서는 30~40세 남성을 위한 쇼핑 앱 '틴커(Tinker)'가 직접 매장을 방문하여 옷을 고르고 입어보는 일을 귀찮아하는 타깃 고객을 공략하기 위해 생성형 AI 기반의 모바일 피팅룸 서비스를 도입했다. 2024년 6월 론칭 후 한 달 동안 약 2만 5,000명이 방문한 이 서비스는 앱에서 마음에 드는 스타일을 고르고 그 스타일에 자신의 사진을 맞춰서 피팅을 진행해볼 수 있다. 가상의 공간이지만 해당 스타일의 옷을 입은 모습을 상상해볼 수 있기에, 옷을 사고 싶지만 쇼핑은 싫어하는 남성들도 조금 더 쉽게 구매 결정을 내릴 수 있다.

이처럼 AI를 이용하여 직접 쇼핑을 도와주는 서비스도 있지만, 구매의사결정 시 리뷰를 중시하는 요즘 소비자들의 특성을 파악하고 이를 도와주는 서비스도 있다. 대표적인 사례인 SSG닷컴은 2024년 4월 국내

★

프라임 데이(Prime Day) 아마존에서 매년 여름 진행하는 대표적인 할인 행사

e커머스업계 최초로 GPT가 소비자들의 리뷰를 요약하는 서비스를 도입하였다. 수많은 리뷰를 일일이 읽지 않고 GPT가 한 문단 정도로 요약한 리뷰로 상품의 품질이나 이용 경험 등을 판단하면 되기에 소비자 입장에서는 쇼핑이 매우 편리해졌다고 볼 수 있다.

틴커의 AI 모바일 피팅룸
(출처: 틴커)

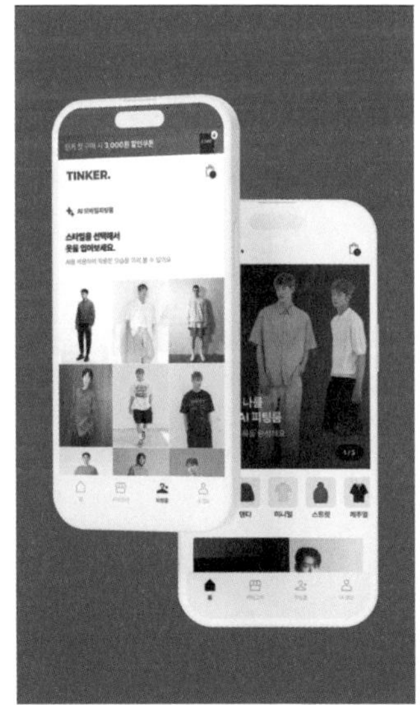

SSG닷컴의 AI 리뷰 요약 서비스
(출처: SSG닷컴 앱)

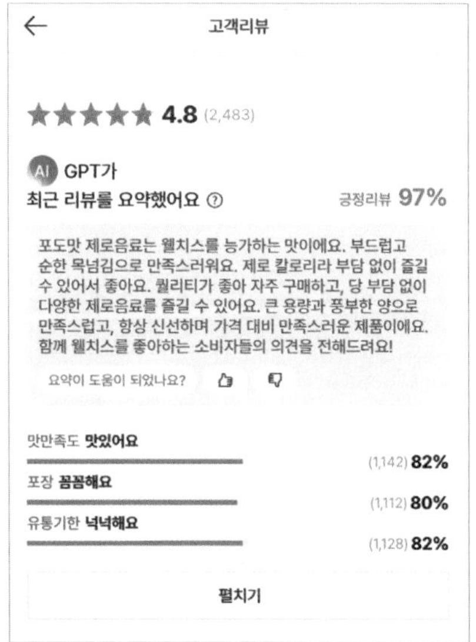

인터넷의 등장이 온라인 쇼핑이라는 새로운 쇼핑 형태를 만들었던 것처럼, 빠른 속도로 발전하고 있는 생성형 AI는 앞으로의 쇼핑을 획기적으로 바꿀 수 있을 것이다. IT 컨설팅 기업인 가트너(Gartner)는 2023년 1월 출간한 책 『기계가 고객이 될 때』에서 '기계 고객(Machine Customer)'이라는 개념을 소개했는데, 이 개념은 소비자의 구매의사결정과 구매를 AI가 대신 하는 것을 의미한다. 가트너가 예측한 기계 고객의 진화 단계를 살펴보면, 지금은 인간이 정한 규칙에 따라 AI가 특정 제품을 구입하고 있지만, 자율형 고객의 단계가 되는 2036년에는 인간을 대신해 기계 스스로 의사결정을 주도하게 될 것으로 전망한다. 이 단계가 되면 AI가 고객의 행동 패턴과 각종 정보를 학습해 그 기반으로 스스로 고객의 니즈를 예측하여 직접 구매 행동을 할 수 있을 것이다.

기계 고객의 진화 단계 (출처: 가트너 홈페이지)

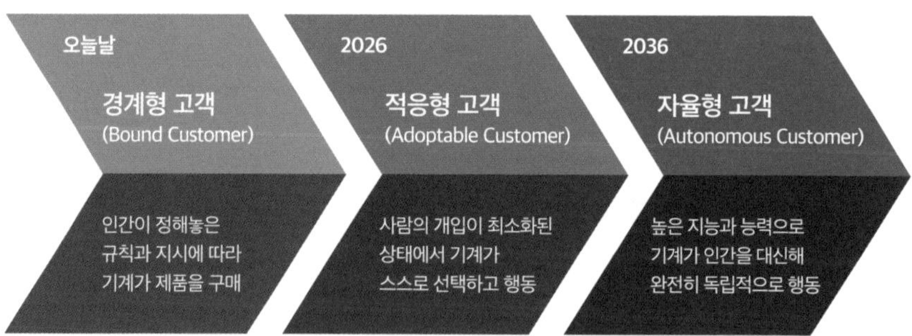

개인화된 비서의 등장

2024년 초 라스베이거스에서 열린 국제가전제품박람회(CES)에서는 인공지능이 미래의 일상을 어떻게 바꿀 수 있을지에 대한 기대감을 높였다. 이 행사에서 삼성전자는 약 100만 장의 식품 사진을 학습한 '비전(Vision) AI' 기술이 적용된 비스포크 AI 패밀리허브 냉장고를 발표했다. 현재 국내에서 인기리에 판매중인 이 냉장고는 넣고 빼는 식재료를 내부 카메라가 자동으로 인식해 푸드 리스트를 만들어주는 'AI 비전 인사이드(AI Vision Inside)' 기능을 탑재했다. 냉장고에 보관한 식재료의 종류와 보관 기한을 스마트하게 관리할 수 있다는 특징이 있다. 또한 LG전자에서 선보인 인공지능 로봇 '스마트 홈 AI 에이전트'는 관절이 있는 다리가 있어 춤을 추기도 하고, 표정을 지을 수 있는 디스플레이로 사용자와 교감할 수도 있다. 기존 AI 스피커가 제공하던 날씨나 주요 일정 등을 알려주는 비서 역할을 넘어 사용자가 집을 비운 사이 로봇 청소기를 포함한 다른 전자기기에게 작동 지시를 하는 등 집사의 역할까지도 맡을 것으로 기대된다.

AI가 화두가 되면서 IT 기반의 많은 기업이 차별적인 AI 기술을 앞다투어 발표하고 있다. 2024년 열린 연례 개발자 회의에서 구글은 최신 AI 모델인 '제미나이(Gemini)' 시대를 선언했다. 제미나이는 기본적인 대화 중심의 정보 탐색 이외에 AI가 일상생활에 어떠한 도움을 줄 수 있는지를 보여주었다. 소비자가 구입한 신발을 카메라로 보여주고 반품 처리를 해달라고 요청하면 구글의 AI는 쇼핑몰과 영수증을 찾아 반품 접수를 하는 과정을 보여준 것이다.

이처럼 앞으로의 AI는 단순히 정보 검색을 대신 한다거나 이미지를 생성하는 것 이상으로 소비자의 일상에 많은 변화를 불러올 것이다. 스마트폰에 탑재된 앱과 배경화면 등이 사람마다 다르듯 개개인이 일상에서 사용하는 AI 또한 소비자의 취향이나 생활 패턴 등 학습한 데이터에 따라 개인화될 가능성이 높다. 처음 챗GPT가 등장했을 때 정보 검색을 대신 해주는 인턴이 생긴 것이라는 이야기가 있었는데, 앞으로 생성형 AI는 인턴을 넘어 사람이 귀찮아할 만한 일들을 대신 해줄 가능성이 높다. 소비자들 각자의 취향과 일상의 모습을 그대로 투영한 AI 에이전트*와 함께 생활하는 세상이 머지않은 미래에 본격적으로 펼쳐질 것이다.

★

AI 에이전트 프로세스 자동화를 통해 사용자를 대신하여 의사결정을 내리고 작업을 수행하는 소프트웨어

생성형 AI 시대 속 기업의 대응

소비자의 콘텐츠 제작 참여 유도

각종 생성형 AI 툴을 다룰 수 있는 소비자들이 늘어나면서 기업의 마케팅 활동에도 AI가 적극적으로 사용되고 있다. 2024년 캐스퍼 일렉트릭(EV)을 출시하면서 현대차와 이노션은 생성형 AI를 활용한 '캐스퍼 일렉트릭 AI그리기대회'를 실시했다. 이 캠페인은 캐스퍼를 출시하면서 진행했던 2022년 그리기 대회의 연장선상에서 EV라는 콘셉트에 맞게 생성형 AI 기반으로 업그레이드한 것이다. 과거에는 직접 디자인과 채색을 해야 했지만, 예술에 소질이 없는 사람들이라 하더라도 AI

캐스퍼 일렉트릭 AI그리기대회 포스터
(출처: 이노션)

캐드버리의 창립 200주년 포스터
(출처: 캐드버리 홈페이지)

툴을 활용하여 더 쉽게 이벤트에 참여할 수 있는 것이 이번 대회의 특징이다. 이로 인해 단 사흘 만에 누적 이미지 생성 횟수를 약 4,700회 이상 달성하였으며, 최종 이미지 생성 횟수 또한 2만 4,500회를 상회하는 등 소비자들에게 큰 관심을 받았다. 이 밖에 영국의 제과업체 캐드버리(Cadbury)도 2024년 창립 200주년을 맞이하여, 참여자가 캐드버리의 역대 포스터 중 마음에 드는 것을 선택한 후 생성형 AI와 다양한 사진을 이용하여 특별한 포스터를 제작할 수 있는 이벤트를 진행하였다.

생성형 AI가 주목받은 초기에는 기업 대부분이 첨단기술을 이용하는 혁신적인 기업으로서의 이미지를 위해 AI로 콘텐츠를 제작하는 것에 집중하는 경향이 있었다. 하지만 생성형 AI가 일반 소비자들도 콘텐츠를 쉽게 제작할 수 있게 해주는 만큼, 기업이 일방적으로 콘텐츠를 제공하기보다는 소비자들도 적극적으로 콘텐츠를 제작하면서 브랜드와 교감할 수 있는 기회를 더 많이 만들 필요가 있다. 특히 아직 생성형 AI 사용이 익숙하지 않은 소비자들에게 인플루언서와 협업하여 제작 방법을 알려주는 등 첨단기술을 쉽게 활용할 수 있도록 다양하게 지원하는 일은 기업 브랜드의 긍정적인 이미지를 형성하는 데 이로울 수 있다. 또한 소비자들이 다양한 콘텐츠를 직접 제작해보는 과정에서 자연적으로 브랜드 관련 콘텐츠가 확산되는 효과도 생길 수 있다.

창의적인 브랜드 경험 제공

생성형 AI가 다양한 정보를 학습한 결과로 솔루션을 제공할 수 있는 만큼 기업들은 신제품 개발이나 브랜드 경험을 설계하는 데 생성형 AI를 활용하고 있다. 배스킨라빈스는 구글의 제미나이를 활용해 구글 플레이의 로고 컬러에 어울리는 원료를 제안받아 '트로피컬 썸머 플레이'라는 여름 한정 아이스크림을 출시하여 많은 관심을 받았다. 이 아이스크림은 2024년 3월 소비자 구매 데이터와 최근 트렌드 데이터를 기반으로 AI에게 질문하여 만든 '오렌지 얼그레이' 플레이버에 이은 새로운 시도로, AI 시대에 맞는 창의적인 방식으로 새롭게 개발된 메뉴다. 이 외에도 식품업계에서는 AI를 활용하여 상상하지 못했던 새로운 맛을 구현하거나 신제품을 만드는 시도가 계속되고 있다.

이처럼 기업들은 AI를 활용하여 새로운 제품을 생산하는 방식 외에 각종 데이터를 기반으로 새로운 브랜드 경험을 만들어내기도 한다. 코카콜라는 코카콜라 제로슈거만의 독특한 소리 중 소비자가 가장 기분

배스킨라빈스와 구글 플레이의
협업으로 만든 트로피컬 썸머 플레이
(출처: SPC매거진)

코카콜라 제로의 소리로
자신만의 음악을 만들 수 있는 코크 사운드Z 앱
(출처: 구글 플레이)

좋게 느끼는 소리를 AI로 분석하고 이를 이용하여 음악을 만들 수 있는 '코크 사운드Z(Coke SoundZ)'를 출시했다. 이 앱을 통해 소비자 누구나 코카콜라만의 독특한 사운드를 믹싱하여 자신만의 음악을 만들고 즐길 수 있게 한 것이다. 소비자들이 음악을 생성하고 재생하는 과정에서 코카콜라의 사운드를 계속 접하기 때문에 무의식적으로 브랜드에 대한 긍정적인 이미지를 연상할 수 있다.

생성형 AI의 발전은 신제품 개발, 챗봇 같은 도우미 서비스, 기술을 활용한 마케팅 활동 기획 등 다양한 측면에서 지금까지 없었던 특별한 경험을 제공할 수 있다. 하지만 단순히 남들이 하지 않았던 새로움만을 추구하기보다는 고객과 브랜드가 만나는 접점에서 어떻게 고객의 불편함을 해소하고 혁신적이고 차별적인 경험을 제공할 수 있을지에 대한 고민이 필요한 시점이다.

2024년 6월 시장조사기관 이마케터(eMarketer)는 미국에서의 생성형 AI 사용자가 연내 1억 명을 넘을 것이라고 예상했다. 이는 2022년 780만 명에서 약 1,200% 증가한 수치다. 많은 기업이 앞다투어 AI를 자신의 제품과 서비스에 탑재하기 시작하면서 생성형 AI는 점차 더 빠르게 소비자의 일상으로 들어올 것으로 보인다.

2024년 출시된 기아의 소형 전기 SUV인 EV3도 챗GPT를 탑재하는 등 이제는 가전제품이나 스마트폰이 아닌 자동차에서도 인공지능과 대화할 수 있는 세상이 오고 있다. 이러한 변화로 가까운 미래에는 기존에 우리가 일상에서 사용하던 많은 제품이 단순 사물이 아니라 우리의 의중을 파악하고 함께 생활하는 동반자가 되는 세상이 될 것으로 보인다. 그뿐 아니라 브랜드 대부분이 더욱 고도화되고 초개인화된 서비스를 제공하기 위해 AI 서비스를 도입할 것으로 예상되기에 우리는 앞으로 일상의 많은 시간을 AI와 대화하며 보내게 될 가능성이 크다. 지금까지 사람 간 커뮤니케이션이 일어나던 많은 것이 기계와의 대화로 전환하는 것이다. 이러한 과정에서 AI는 개인별 모든 정보와 취향 등을 학습하여 페르소나를 복제하고 개인의 행동을 예측하여 원하는 것들을 미리 제공할 수도 있다. SF 영화에서나 보던, 나를 복제한 AI 클론이 현실에 등장하는 것이다.

생성형 AI가 우리 일상에 깊숙하게 들어오는 미래는 생각보다 빠르게 다가오고 있다. 생필품 구매 등 반복되는 일상의 대부분은 AI가 알아서 해결할 것이고 많은 부분이 자동화되는 등 편리한 세상이 올 것이다. 이렇게 첨단기술의 세상이 되면 오히려 마케터들은 기술 자체가 아닌 사람 본연의 감정에 더 집중해야 한다. AI가 만들어준 삶의 여유와 재미를 즐기기 위해 소비자들은 더 새롭고 특별한 경험을 찾을 것이기 때문이다.

나 홀로 매장에:

리테일의 무인화

요즘은 식당에서 테이블 위에 있는 키오스크로 주문하는 것이 낯설지 않다. 한 발 더 나아가 아이스크림, 커피, 문구류와 같은 상품을 판매하는 매장에 직원이 없는 무인 매장을 찾는 것 또한 어렵지 않다. 디지털화된 주문 방식에 익숙하지 않은 고령층이 소외된다는 뉴스가 자주 다루어질 정도로 키오스크 주문이나 무인 매장은 이제 대중화되고 있다.

이러한 무인 서비스가 최근 들어 처음 생겨난 것은 아니다. 과거에는 자판기, 지하철 교통카드 판매기, 관공서의 무인 민원 발급기, 은행의 ATM 등 주로 공공 기관에서 접할 수 있었다. 하지만 요즘에는 식당, 카페 등에서 사람이 하던 일들이 디지털 기기를 통해 처리되는 형태로 진화했다. 고객은 키오스크를 통해 직접 주문과 결제를 하고, 무인 매장이라면 상품을 쇼핑백에 스스로 담아 나와야 한다. 또한 무인화가 점차 확대되면서 관련된 첨단기술이 적용되어, 이제는 AI 로봇까지 활용되는 수준에 이르렀다. 불과 몇 년 전만 해도 미래에서나 가능할 것으로 생각했던 수준까지 발전한 무인 서비스는 다양한 형태로 사람의 역할을 대체하고 있다. 또한 무인 서비스 이용 경험에서 재미를 찾아내는 소비자들의 모습에서 새로운 소비문화도 나타난다.

©Andy Kelly, Unsplash

무인 매장은 지금 성장기

무인 매장의 현황

현재 무인 매장은 계산, 서빙 등 서비스 일부분만 해결하는 부분 무인화 매장과 키오스크, CCTV를 이용해 직원이 상주하지 않는 완전 무인 매장이 있다. 음식점의 키오스크는 2015년부터 패스트푸드 브랜드에서 도입했고, 코로나19를 거치면서 소비자들이 비대면 서비스를 익숙하게 받아들일 수 있는 환경이 되자 점차 확산되었다. 고객 입장에서는 직원을 기다리지 않고 바로 주문하고 결제까지 한 번에 할 수 있어서 편리하고, 업주는 주문받는 인력과 그 운영에 따르는 비용을 줄일 수 있다. 이런 장점으로 태블릿 PC, 키오스크 등을 이용한 비대면 주문은 이제 대세로 자리잡고 있다.

완전 무인 시스템으로 운영되는 매장이라면 고객이 매장에 들어가 원하는 상품을 고른 후 직접 바코드를 스캔해 결제하는 과정을 거친다. 이용 과정이 복잡하지 않고 대부분 24시간 운영되기 때문에 고객이 원할 때 이용할 수 있어 다양한 업종에서 이러한 무인 시스템을 도입하고 있다. 2022년 12월부터 2023년 3월까지 시행한 소방청의 전수조사에 따르면 2023년 3월 기준 국내 무인 상점 수는 총 6,323개로, 이 중

아이스크림 판매점이 가장 많으며 다음으로 세탁소, 스터디카페, 사진관 등의 순이었다. 최근에는 반려동물 용품, 의류 등의 각종 매장에서 더 나아가 테니스, 탁구 등의 운동을 할 수 있는 무인 매장도 등장하고 있다.

무인 매장이 증가하는 이유

무인 매장은 직원의 안내 없이 이용 방법을 스스로 터득해야 하고 여러 상황에 직접 대응해야 하는 불편함이 있지만, 한편으로 소비자들이 직원의 개입 없이 자유로운 쇼핑 환경을 누릴 수 있다는 장점이 있다. 이 과정 자체가 불편하기보다는 새로운 경험으로 받아들여지기 때문에 소비자들은 무인 매장에 호응하고 있는 것이다. 특히 젊은층일수록 재미있는 경험으로 받아들이고 있어 이들을 대상으로 하는 업종에서

전국 주요 무인점포 현황 (출처: 소방청, 「무인점포에 대한 전수조사」)

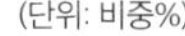

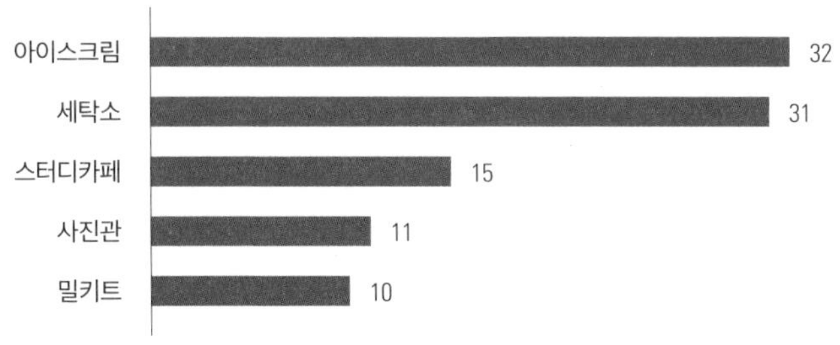

확산되는 경향이 있다. 젊은 사람들에게 쇼핑이란 단순히 물건을 구입하는 일이 아니라 다양한 상품을 자신에게 맞춰보며 취향을 찾아가는 즐거운 경험이다. 무인 매장은 이런 현상과 맞아떨어지며 확산되고 있다.

젊은층의 비대면 선호 현상도 무인 매장의 증가에 영향을 미친다. 롯데멤버스의 키오스크 이용 경험 설문조사 결과에 따르면, 10~30대는 키오스크 주문 방식을 더 선호하는 것으로 나타났다. 키오스크 주문을 선호하는 이유로 직원 눈치를 보지 않아도 되는 점이 좋다는 응답이 가장 많았는데 비대면이 무인 매장의 증가 요인으로 작용한 것을 알 수 있다. 고객뿐 아니라 업주도 대면 서비스로 인한 피로도를 덜 수 있기 때문에 무인 매장 형태의 확산에 비대면 선호의 영향이 적지 않다.

연령별 주문 방식 선호도 (출처: 롯데멤버스 키오스크 이용 경험 설문조사, 2023)

-●- 직원 주문 -●- 키오스크 주문

(단위: %, 소수점 이하 반올림)

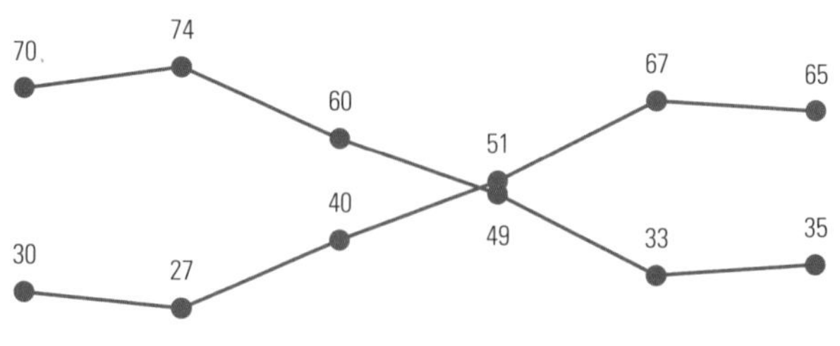

10대 20대 30대 40대 50대 60대

초등학생들의 놀이터, 무인 문구점

무인 매장은 주로 생활 반경 내에 위치해 일상에 필요한 용품을 제때 편리하게 구입할 수 있는 형태로 확산되어왔다. 성인뿐 아니라 청소년, 어린이에 이르기까지 다양한 연령층의 소비자들이 이용하고 있으며, 특히 디지털에 익숙한 젊은 세대가 즐겨 찾는 현상이 두드러진다. 학생 수 감소로 사라지던 학교 앞 문방구가 최근 무인 문구점으로 돌아와 초등학생들이 애용하는 공간이 되고 있다. 학교가 끝나고 학원에 가기 전, 친구들과 시간을 보낼 만한 장소가 필요한 초등학생들에게 무인 문구점은 최적의 공간을 제공한다. 문구, 완구 외에도 아이스크림, 음료, 스낵 등의 간식류를 구입할 수 있고 포켓몬스터, 티니핑과 같은 인기 캐릭터 아이템도 둘러보고 살 수 있어 어린이들의 관심을 끈다.

젊은 세대가 유독 무인 매장을 자주 이용하는 이유는 눈치볼 어른이 없는 공간에서 친구들과 자유롭게 시간을 보내며 상품을 고를 수 있고 스스로 결제까지 할 수 있기 때문이다. 무인 매장은 그들이 진열된 제품을 친구들과 둘러보며 아이쇼핑만 하고 나가도 될 뿐 아니라 그 안에서 소셜미디어에 올릴 콘텐츠를 마음껏 찍을 수 있을 정도로 자유로운 환경이다.

어린이들의 놀이터로 자리매김한 무인 문구점 (출처: 문구야놀자 홈페이지)

다양한 무인 매장 이용 모습

무인 매장의 종류가 다변화된 요즘, 매장 내에 구비된 상품을 구매하는 것뿐 아니라 매장 내에 있는 시설을 즐길 거리로 이용하는 형태도 등장하고 있다. 24시 무인 매장인 댕댕이목욕탕은 스파 욕조, 펫 드라이룸과 같이 집에 설치하기 어려운 전용 시설이 마련되어 있어 반려인이 반려동물을 데리고 가서 목욕시킬 수 있는 곳이다. 또한 반려동물을 위한 간식, 의류, 케어 용품 등을 판매하고, 포토존도 마련되어 있어 저렴한 비용으로 셀프 관리를 원하는 반려인들의 호응을 얻고 있다.

이 밖에도 무인 면접 스튜디오, 무인 공방 등이 새롭게 등장했다. 무인 면접 스튜디오는 AI 면접, 화상 면접 전문 공간으로 깔끔한 흰색 배경과 조명, 비대면 인터뷰에 필요한 면접 장비를 구비하고 있다. 방음 시설과 인터넷 성능이 완벽하게 갖춰진 독립 공간에서 면접에만 집중할 수 있어 인터뷰 장소에 대한 취업 준비생들의 고민을 덜어준다. 무

무인 반려동물용품 판매점 및 셀프 목욕탕
(출처: 댕댕이목욕탕 인스타그램)

무인 공방 클래스 모습
(출처: 연남동 무인공방 스튜디오 인스타그램)

인 공방은 원데이 클래스를 프라이빗하게 즐길 수 있는 곳이다. 일반적인 원데이 클래스에서 참여자가 강사와 대면하여 수업을 듣는 것과 달리 무인 공방에서는 태블릿을 통한 영상 수업이 진행된다. 인터넷 강의에 익숙한 젊은 세대는 화면 속의 강사가 알려주는 대로 친구, 연인과 함께 체험하면서 시간을 보낸다. 이처럼 다양한 목적에 따라 무인 매장을 이용하는 형태가 쇼핑의 한 유형으로 등장하고 있다.

무인 사진관은 엄숙한 증명사진이 아닌 색다르고 특별한 사진을 남길 수 있기 때문에 10~20대의 놀이 공간이 되었다. 사진사가 앞에 있으면 어색한 표정이 나오기 쉬운데, 무인 사진관은 다른 사람을 의식하지 않고 원하는 사진을 찍을 수 있다는 것이 장점이다. 일면식 없는 사진사가 시키는 대로 찍는 것보다 나를 잘 아는 내가 구상한 모습을 남기는 것이 더 좋은 사진이라고 생각하는 소비자들의 취향이 드러난다. 이들은 좁지만 독립적인 공간인 포토부스에서 배경과 조명을 세팅하고, 다양한 소품을 사용해서 분위기를 연출한다. 힙한 무드를 조성하

고객들이 촬영한 사진이 붙어 있는
인생네컷 매장 전경
(출처: 인생네컷)

고 포즈를 취한 후에 앵글을 활용해서 친구들과 촬영 과정을 재미있게 즐긴 후 '네컷사진'을 나눠 가진다. 사진을 소셜미디어에 올리기까지 하면 놀이가 마무리된다. 또한 소비자는 좋아하는 아이돌과 같은 프레임에 자신의 모습을 담을 수 있는 컬래버레이션 프레임 이벤트에 참여하기도 하고, 국내외 여행지에서 추억을 남기기 위해 네컷사진을 찍는 등 다양한 방법으로 무인 사진관을 즐긴다.

그런가 하면, 무인 매장에서 판매하는 아이템으로 최근에는 꽃이 눈길을 끌고 있다. 무인 꽃 판매점에서는 꽃 한 송이, 포장 백, 후크 세 가지를 판매하는데 소비자는 전시된 꽃 중에서 원하는 꽃을 한 송이 고른 뒤 키오스크에서 계산하면 된다. 구입한 꽃은 포장 백에 넣어 후크를 이용해 바지나 가방에 액세서리처럼 걸고 다닐 수 있어 꾸미기 아이템이 된다. 무인 꽃 매장은 인테리어부터 비치된 포스터와 오브제까지 사진

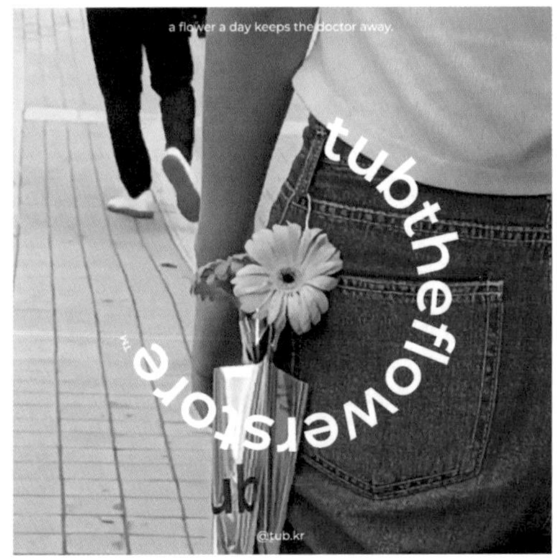

무인 꽃 판매점 텁
(출처: 텁 인스타그램)

을 찍기 좋은 분위기여서, 이용자들은 꽃을 고르는 것부터 구입 후 가지고 다니는 모든 과정을 사진으로 남기고 이를 소셜미디어에 공유하기도 한다.

디지털 기기를 이용하는 무인 매장에서 아날로그 방식으로 소통하는 현상도 눈길을 끈다. 서로 얼굴을 마주하지는 않지만 이용자들끼리 매장에 쪽지와 댓글을 남기면서 응원하고 위로해주는 일이 있는가 하면, 폐점을 앞둔 업주에게 초등학생 이용자들이 감사 편지를 남긴 일이 온라인에서 화제가 되기도 했다. 일부 매장은 업주가 키오스크 주위에 소통을 위한 공간을 운영하고 있다. 고객이 매장 이용에 대한 의견이나 요청 사항 등을 포스트잇에 적어 소통란에 붙여놓으면 업주가 답변을 남김으로써 매장에 인간적인 느낌을 주고 있다.

무인 빨래방 소통 공간
(출처: TV조선 뉴스)

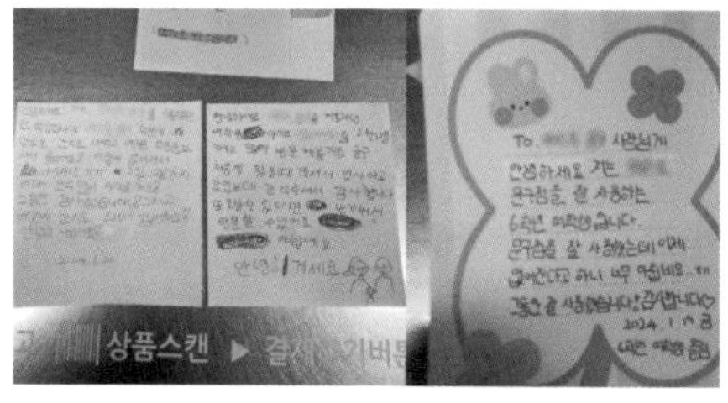

무인 문구점 초등학생 감사 편지
(출처: MBC 뉴스)

본격 무인화 시대의 도래

무인화의 진화

현재 무인 매장은 단순 노동력 대체 수준이지만, 앞으로 더 발전한 리테일 테크*가 적용되면 소비자와 상호작용이 필요한 부분까지 무인화가 확장되어 미래형 매장으로 한 단계 더 업그레이드될 것으로 보인다. AI를 통해 매장 데이터를 수집 및 분석하고, 이를 기반으로 가격 측정과 재고 관리까지 하는 것은 물론, 로봇으로 서비스를 제공하는 것이 가능하게 된다. 특히 로봇은 안면·음성 인식 등으로 고객을 응대하고, 자율 주행으로 배송까지 처리할 수 있어 활용도가 높다.

최근 들어 로봇이 직원 대신 고객을 맞이하고, 정보를 제공하고, 요구 사항을 처리하는 매장이 등장하고 있다. 일례로 기아 강서 플래그십 스토어는 야간 시간대에 방문하면 AI 로봇 '달이(DAL-e)'가 맞이한다. 달이는 특정 차량 모델을 찾는 고객을 해당 전시 차로 안내하고, 차량 가격이나 특징 등을 상세히 설명해준 다음 판매 직원과의 상담을 예약해준다. 낮시간에 매장 방문이 어렵거나, 아직 확실하게 구매 결정을 내리지 못해 영업 사원을 직접 만나는 것이 부담스러운 소비자들에게는 이러한 매장이 좋은 해결책이 될 수 있다.

리테일 테크(Retail Tech) 소매(점)를 뜻하는 '리테일(Retail)'과 '기술(Technology)'이 결합된 단어로, 소매점에 AR(증강현실), RFID(무선인식 기술), AI(인공지능) 등 첨단 ICT 기술을 접목한 것

현대자동차그룹은 첨단 로보틱스 기술을 적용한 로봇 친화형 빌딩을 팩토리얼 성수에 조성했다. 배달 로봇과 주차 로봇으로 건물 내에 로봇 서비스를 상용화한 것이다. 이곳을 방문하면 빌딩 주차장에서 빈 자리를 찾아다니는 일을 하지 않아도 된다. 주차 로봇이 고객의 차량을 지정된 장소로 가져다주거나, 고객이 차를 가져다놓으면 주차를 해준다. 얇고 넓은 형태의 주차 로봇이 차량 하부에서 바퀴를 들어올려 이동시키는 방식이어서 모든 방향으로 움직일 수 있기 때문에 주차가 어려운 좁은 공간에서도 차량을 이동시킬 수 있다. 조만간 자동 충전 로봇과 연계 서비스도 제공할 예정으로 고객은 로봇이 차량의 상태를 점검하고 주차와 충전을 모두 수행하는 편리함을 누릴 수 있다. 건물

주차부터 전기차 충전까지 대신하는 전기차 자동 충전 로봇
(출처: 현대자동차그룹)

배달 로봇인 달이 딜리버리
(출처: 현대자동차그룹)

내에서는 배달 로봇인 달이 딜리버리(DAL-e Delivery)도 볼 수 있는데, 모바일 애플리케이션으로 음료를 주문하면 달이 딜리버리가 지하 1층의 카페에서 음료를 수령해 고객이 있는 사무실까지 배달해준다. 로봇은 배송 목적지에 도착하면 카메라와 인공지능 안면 인식 기술을 활용해 스스로 수령 대상자를 인식해 음료를 전달한다. 달이 딜리버리는 최근 스스로 횡단보도를 건너고 장애물도 피할 정도로 자율 주행이 가능한 수준임을 횡단보도 주행 실증 시연 성공을 통해 입증해 앞으로의 활용에 기대를 모으고 있다.

무인 매장의 미래

로봇과 같은 첨단기술의 집약체인 무인 매장은 고객을 인식하고, 필요한 정보를 제공하며, 쇼핑 과정에서의 번거로움을 제거하는 방향으로 나아가고 있다. 고객 정보를 파악하고 동선을 체크하며 손에 잡은 상품을 인식하는 등의 다양한 기술이 투입되면, 소비자가 매장에 들어가 물건을 가지고 나오는 행동만으로 저절로 결제가 되는 쇼핑이 가능해지는 것이다. 실제로 이마트24 스마트코엑스점은 미래형 편의점의 대표적인 예시로, 구입하려는 상품을 들고 나가면 연동된 카드에서 자동으로 결제되는 시스템이 적용되어 있다. 바코드를 찍고 계산하는 과정이 생략되어 편의성을 높였다. 여기서 한 발 더 나아가 현대백화점에서는 상품을 포장해 집으로 가져가는 과정까지 없앤 형태를 선보였다. 이곳의 O4O(Online for Offline, 오프라인을 위한 온라인) 서비스는 쇼룸에서 자유롭게 상품을 살펴본 뒤 구입하려는 상품의 QR 코드를 찍고 결제하면 동일한 상품을 집으로 배송해준다. 매장 내에서 결제나 포장을 위한 기다림이 없을 뿐 아니라 쇼핑한 상품을 가져가는 번거로움까지 줄이는 방향으로 무인 매장이 진화하고 있는 것이다.

미래형 매장에서는 AI 행동 분석이 가능한 지능형 CCTV로 보안을 강화하고, 다양한 방식으로 매장 내에 적용된 AI로 데이터 수집이 가능하다. 고객별로 어떤 상품을 얼마나 구매했는지 시간, 날씨, 프로모션 등의 요인에 따라 세분화하고 이를 AI가 분석해 상품 종류와 수량, 진열 방식을 제안하는 방식으로 매장을 관리하는 것이다. 업주는 AI가 자동으로 수집하고 분석하는 정보를 이용해 효율적으로 매장을 운영할 수 있고, 고객은 맞춤형 상품을 추천받고 프로모션 관련 정보를 얻는 등 개인화된 쇼핑 경험을 누릴 수 있다. 앞으로 고객이 상품을 들고 나가면 결제가 자동으로 처리되는 무인 결제 시스템의 표준화로 기존 결제 단계는 사라질 것이며, 소비자는 로봇의 배송을 받아볼 수 있게 될 것이다. 이와 같이 업주와 이용자의 편의를 위해 리테일의 무인화는 더 나은 성능과 안정성을 확보하는 방향으로 진화하고 있다.

지금의 무인 매장은 소비자를 더 자유롭게 한다는 점과 편리한 접근성으로 호응을 얻고 있다. 소비자는 언제든 매장에 방문해 원하는 만큼 상품을 둘러보고 고른 다음, 결제하고 나가면 된다. 이 모든 과정은 간단하고 신속하고 자유롭다. 불과 몇 년 사이 음식점에서 비대면으로 주문하는 일은 대세가 되었고, 직원이 아예 없는 무인 매장을 이용하는 것에 소비자들은 익숙해졌다. 이러한 변화는 젊은 세대의 비대면 선호와 새로운 쇼핑 경험 추구라는 특성에 부응하고 있다. 특히 쇼핑 경험을 무인 문구점으로 시작한 현재의 초등학생들은 무인 매장을 더 편하고 자연스럽게 받아들이는 모습을 보인다. 자기 주도적 쇼핑 경험에서 재미를 찾을 수 있고, 디지털 세대에게 맞게 속도와 효율성을 충족시키는 무인 매장의 방식이 잘 맞아떨어졌기 때문이다.

미래의 무인 매장은 지능형 고객 서비스로 개인 맞춤형 쇼핑 경험을 제공하며, 쇼핑의 편의성을 극대화하는 방향으로 발전할 것이다. AI와 로봇 기술의 도입으로 매장 데이터 분석, 재고 관리, 고객 응대 등이 자동화되고, 자율 주행 로봇이 배송을 비롯한 다양한 서비스를 지원하게 될 것이다. 이처럼 첨단기술을 등에 업은 무인 매장은 사람의 행동을 이해하고 자연스럽게 대응할 수 있는 방향으로 진화할 것이며, 이는 소비자들에게 더 혁신적이면서도 즐거운 쇼핑 경험을 제공하게 될 것이다.

“

무인 매장은 소비자들이 **직원의 개입 없이 자유로운 쇼핑 환경**을 누릴 수 있다는 장점이 있다. 이 과정 자체가 **새로운 경험**으로 받아들여지기 때문에 소비자들은 **무인 매장에 호응**하고 있는 것이다.

”

시니어빌리티 :

나는 계속 젊다

50대 이상 연령층의 압도적인 지지를 받고 있는 트로트 가수 임영웅의 콘서트 티케팅 경쟁은 뉴스가 될 정도로 치열하다. 콘서트에 가기를 희망하는 사람들이 주로 50~70대 시니어 세대다보니, '티케팅 전쟁'에는 팬들의 자녀들까지 가세한다. 그래서 임영웅의 콘서트 티케팅 날이면 누군가는 '불효자식'이 되기도, 누군가는 효심 충만한 딸·아들이 되기도 한다.

콘서트 당일에도 임영웅의 팬들은 10대 아이돌 팬덤 못지않은 팬심을 보여준다. 같은 컬러의 옷을 맞춰 입고 굿즈를 들고 삼삼오오 모여서 나름의 방식으로 콘서트를 즐기고 임영웅을 응원한다. 이에 보답이라도 하듯 임영웅은 자신의 팬덤 연령대를 고려하여 공연장 내 각종 안내 표시를 큼지막하게 만들어 시인성을 강화하고 사방에 대형 스크린을 설치하여 팬들이 자신을 더 잘 볼 수 있도록 했으며, 콘서트에 부모님을 모시고 오는 자녀를 위해 외부에 별도의 휴식 공간까지 마련했다고 한다.

임영웅이 시니어들의 잠재되어 있던 한때 놀아본 기억을 '영웅시대'★로 소환하면서 '시니어 팬덤(Senior Fandom)'은 유행이 되었다. 덕분에 시장은 시니어 세대의 활동성을 포착할 수 있었고 잠재력을 판단하기 시작했다. 그리고 '액티브 시니어(Active Senior)', 'YOLD(Young Old)' 등 시니어를 지칭하는 새로운 용어를 만들고 시니어 세대를 타깃으로 한 다양한 서비스를 출시하면서 시니어 세대에게 관심을 드러내고 있다.

©Freepik

★

영웅시대 트로트 가수 임영웅의 팬클럽 이름

시니어가 온다

초고령 사회로 진입하는 우리나라

국제연합(UN)은 전체 인구에서 65세 이상이 차지하는 비율인 고령자 인구 비율이 7% 이상이면 고령화 사회, 14% 이상이면 고령 사회, 20% 이상이면 초고령 사회로 분류하고 있다. 행정안전부의 발표에 따르면 우리나라의 경우 주민등록 인구 통계를 집계한 이래 2023년 처음으로 70대 이상 인구가 20대 인구를 앞지른 것으로 나타났으며, 2024년 7월에는 65세 이상 인구가 전체 인구의 19.5%를 차지하는 것으로 확인되었다. 이에 통계청은 2025년 전반기에 우리나라가 초고령 사회에 진입할 것이라고 예측했다. 이처럼 우리나라가 초고령 사회를 눈앞에 두고 있는 지금, 시니어 세대는 단순히 인구수가 많다는 점 외에도 소비 여력이 높다는 점, 과거의 시니어 세대와 달리 건강하고 능동적으로 트렌드를 받아들인다는 점에서 시장의 주목을 받고 있다.

고령자 인구 비율에 따른 사회 분류 (출처: 국제연합)

고령자 인구 비율	사회 분류
7% 이상	고령화 사회
14% 이상	고령 사회
20% 이상	초고령 사회

노인은 옛말

LG경영연구원이 2023년 발표한 「향후 30년간 확대될 액티브 시니어의 소비파워」에 따르면 2023년 55~69세의 인당 평균 소비는 25~39세의 85% 수준으로, 2019년에 75% 수준이었던 점을 고려하면 많이 증가했다. 연령대별 인구를 감안하여 전체 시장의 규모를 비교하더라도 55~69세 전체의 소비지출금액은 25~39세 전체가 소비하는 금액의 0.9배로, 15년 전 0.4배에서 2배 이상 성장했다.

요즘의 시니어 세대는 과거 대비 더 건강하다는 점도 시니어 세대에 대한 관심이 증가한 이유 중 하나다. 과거의 시니어는 나이가 들어 쇠약한 노인으로, 돌봄과 요양의 대상으로 인식되었다. 그러나 요즘의 시니어 세대는 사회 발전에 따라 건강 수준이 크게 향상되었고 그에 따라 사회에서 활동하는 기간도 연장되었다. 통계청이 발표한 「경제활동인구조사 고령층 부가조사 결과」에서는 2024년 55~79세의 시니어 중 69.4%가 향후 경제활동을 희망하고, 특히 현재 일을 하고 있는 사람 중 93.2%는 계속 일하기를 원하는 것으로 나타났다.

또한 지금의 시니어 세대는 디지털 친화적이며 새로운 문화나 트렌드를 받아들이는 것이 낯설지 않다. 2022년 〈동아일보〉에서 실시한 설문에 따르면 '골목상권 SNS 명소를 일부러 찾아간 적 있다'는 문항에 대해 50대의 50%, 60대의 56%가 '그렇다'고 응답했다. 이들은 직장과 사회의 주요 구성원으로 활동하던 때에 정보화 및 디지털화를 겪으면서 디지털 활용도도 높은 편이다. 실제로 앱·리테일 분석 서비스 와이즈앱·리테일·굿즈의 발표에 따르면 2024년 상반기 기준 60세 이상 시니어 세대에서 사용자수가 가장 많이 증가한 애플리케이션은 '쿠팡'

이며, 사용 시간을 기준으로 가장 많이 사용한 애플리케이션은 '유튜브'로 상반기 평균 2억 1,428만 시간을 기록한 것으로 나타났다. 이처럼 현재 시니어 세대는 요즘 젊은 세대 못지않게 온라인과 모바일 환경에 익숙하다.

시니어 세대 이해하기

시니어 세대의 과거

시니어 세대의 역사는 우리나라의 독립 이후부터 격동의 한국 현대사를 고스란히 포함한다. 오늘날의 70대가 태어난 1950년대는 전쟁 직후로 생존이 중요했다. 이어서 60대가 태어난 1960년대에는 전쟁으로 폐허가 된 나라를 재건하고 경제를 일으키는 것이 중요했다. 어느덧 50년대생이 스무 살이 되고, 오늘날의 50대가 태어난 1970년대의 우리나라는 군사정권이 들어서면서 삶의 많은 부분이 억압되었다. 그러나 60년대생이 성인이 되고 70년대생이 학창시절을 보낸 1980년대

시기별 대표 키워드와 연령대별 라이프 스테이지
(출처: 이노션 인사이트전략본부)

<table>
<tr><th>시기</th><th>대표 키워드</th><th>70대</th><th>60대</th><th>50대</th></tr>
<tr><td>1950년대</td><td>생존</td><td rowspan="2">10대 성장기</td><td></td><td rowspan="2"></td></tr>
<tr><td>1960년대</td><td>경제 발전</td><td rowspan="2">10대 성장기</td></tr>
<tr><td>1970년대</td><td>억압</td><td rowspan="2">20~30대 청년기</td><td rowspan="2">10대 성장기</td></tr>
<tr><td>1980년대</td><td>자유</td><td rowspan="2">20~30대 청년기</td></tr>
<tr><td>1990년대</td><td>문화, 여가</td><td rowspan="2">40~50대 중년기</td><td rowspan="2">20~30대 청년기</td></tr>
<tr><td>2000년대</td><td>정보화, 디지털화</td><td>40대 중년기</td></tr>
</table>

에는 문화가 차츰 개방되고 민주화가 되는 등 사회 전반적인 측면에서 자유화가 진행되었다. 1990년대가 되면서 50년대생은 사회 기득권으로 자리를 잡아갔고, 60년대생은 인생의 전성기를 보냈으며, 70년대생은 대학생이 되었다. 당시는 본격적으로 대중문화가 번성하고 국제화가 이루어졌으며 여가라는 개념이 생겨났다. 그리고 2000년대가 되면서 사회는 디지털화되기 시작했다. 50년대생은 이미 기득권층이 되었고 60년대생은 사회의 중추였으며 70년대생은 신입 사원 꼬리표를 떼어낸 직후였다.

이처럼 시니어 세대가 살아온 지난 과거는 시기별로 특징이 뚜렷하며, 시기마다 각 연령대가 위치한 라이프 스테이지도 분명하게 구분되기 때문에 해당 연령대에 미친 영향도 다르다. 그중에서도 연령대별로 특징을 구분하는 가장 의미 있는 기준은 세 가지, 즉 자유화, 문화 개방, 디지털화를 꼽을 수 있다.

시니어 세대와 자유, 문화, 디지털

자유화는 70대와 나머지 세대를 가르는 가장 큰 특징이다. 70대가 10~20대 시기를 보낸 1950~1970년대는 군사정권의 억압된 분위기와 제한된 자유 속에서 국가 발전을 위해 열심히 일하던 시절이었다. 국가가 요구하는 대로 나라의 이익을 위해 일했고 이러한 경험은 현재 70대의 보수적인 성향과 하향식 사고방식의 근간이 되었다. 60대 또한 억압된 사회에서 성장기를 보냈지만 그들이 20대가 된 1980년대는 문화 방면의 개방이 이루어지면서 억압적이었던 사회 분위기가 점차 자유로워졌고 1987년에는 드디어 민주화가 되었다. 가치관이 형성되는 시기에 획일화된 분위기와 자유로운 분위기를 모두 겪은 경험은 60대가 자유를 지향하면서도 한편으로는 자신의 방식을 고수하는 성향의 근간이 되었다. 반면, 50대는 교복 자율화 등 자유화가 진행된 시기에 학창시절을 보냈기 때문에 앞선 세대와 다르게 자유로운 분위기를 온전하게 체감하면서 성장했는데, 이는 현재 50대가 다른 세대와 달리 상대적으로 개인주의 성향을 강하게 보이는 이유라고 할 수 있다.

1980년대부터 진행된 문화 개방은 당시 성장기와 청년기를 보낸 60~70년대생에게 영향을 미쳤다. 문화가 개방되자 1970년대에는 금지되었던 미니스커트와 장발이 허용되었다. 사람들은 컬러TV를 보고, 이전에는 접하기 어려웠던 해외 문화를 경험할 수 있었으며 다양한 장르의 음악을 노래하고 즐겼다. 중고등학교 시기부터 문화를 즐기기 시작한 70년대생은 여러 문화를 접하면서 자신의 취향을 잘 알게 된 반면, 어른이 되어서 이러한 문화를 접한 60년대생은 자신의 취향에 서툴어도 '즐길 줄은 아는' 사람이 되었다. 이 과정에서 두 세대 공통으로 트렌드에 관심이 많은 성향을 띠게 되었다. 60~70년대생의 이와 같은 성향은 자녀 양육과 가정 부양이 삶에서 가장 큰 비중을 차지하는 시기를 지나는 동안 약화하는 것처럼 보였으나, 현재 양육과 부양의 현실적 의무가 종료된 60년대생의 경우 본래의 성향이 더 강한 형태로 다시 드러난다. 이는 그동안 의무를 다하느라 즐기지 못했던 지난날에 대한 아쉬움과 지금까지 쌓아온 충분한 경제력이 결합하면서 나타나는 결과로 보인다.

마지막으로 디지털화에 대해서는 오늘날의 50대, 60대, 70대 사이에 뚜렷한 차이가 나타난다. 1990년대 말부터 개인용 컴퓨터가 대중화되면서 2000년대에 본격적으로 정보화 시대가 열렸다. 당시 50년대생은 은퇴가 가깝거나 실무에서 멀어진 시기였기에 새로운 기술에 반드시 적응하지 않아도 되었다. 반대로 70년대생은 PC통신부터 익숙하게 경험해온 세대로, 컴퓨터로 대학교 과제도 하고 PC방에서 게임도 즐기는 등 정보화의 최전선에 서 있었다. 사회생활을 시작한 후에도 컴퓨터 환경이 낯설지 않았고 인터넷에도 금방 적응했다. 새로운 기술을 받아들이는 것이 어렵지 않았던 덕분에 오늘날 스마트폰까지 쉽게 적응했다. 60년대생은 왕성하게 사회활동을 해야 하는 세대로서 변화에 적응하고 살아남기 위해 컴퓨터를 배우고 스마트폰을 받아들였다. 그 결과 현재의 디지털 활용 능력을 비교해보면 50대는 요즘 젊은 세대 못지않게 매우 높은 수준이고, 60대는 디지털 활용이 어렵지 않은 기본적인 수준이며, 70대는 아직 어려운 부분이 많은 매우 낮은 수준이다.

시니어 산업 트렌드

달라진 시니어 세대를 위한 서비스·콘텐츠

기존의 시니어 산업은 돌봄과 요양 중심이었다. 하지만 문화를 즐길 줄 알고 트렌드에 관심이 많으며 디지털에 친숙한 지금의 50~60대를 중심으로 시니어 세대가 개편되면서 시니어 산업도 다양한 산업군으로 확장되는 추세다. 그중에서도 가장 눈에 띄는 것은 시니어 세대의 여가활동을 타깃으로 하는 서비스다. 지금까지는 현실에 치여 사느라 여가를 즐길 생각도 못 했지만 직장 은퇴, 자녀 부양 종료 등으로 이제는 여가를 즐길 수 있는 시간이 조금이라도 더 생긴 시니어를 위한 서비스인 셈이다. 다시 본격적으로 여가생활을 시작해보려는 시니어 세대는 젊은 시절에 놀아본 기억을 바탕으로 해보고 싶은 것이 많다. 하지만 많은 것이 바뀐 요즘 세상에서 과거의 방식이 더이상 유효하지 않기에, 어떻게 해야 할지 그 방법을 찾는 것은 어렵다. 시니어 세대의 여가활동을 메인 테마로 한 서비스들은 이러한 문제의식에서 출발하여 시니어 세대가 요즘 세대 못지않게 양질의 여가시간을 보낼 수 있도록 돕는다.

한 사례로, 시니어 취미 제공 플랫폼 '오뉴'가 있다. 오뉴는 시니어 세대를 대상으로 여가·취미 관련 프로그램과 커뮤니티를 제공한다. 시니어의 액티비티가 문화센터, 복지관, 주민센터 등 제한적인 시설에서만 주로 이루어지고 있다는 점에 착안하여 시니어 대상 액티비티를 제공하는 '오뉴하우스'라는 자체 시설을 운영하고 있다. 시설에는 영상 촬영·미술·교양·연기 수업 등 시니어를 위한 다양한 액티비티가 마련되어 있다. 만일 여가시간을 어떻게 보내야 할지 고민이 되는 사람이라도 취미를 찾고 있는 사람을 위한 '취미를 시작합니다' 프로그램도 운영되고 있기에 걱정할 필요가 없다. 두번째 사례로는 중장년층 대상의 취미 기반 소셜 플랫폼 '오이'가 있다. 오이는 '50대들의 이야기'라는 뜻으로 40~60대를 주로 타깃으로 하는, 체험, 캠핑, 낚시, 여행 등 취미 기반의 소모임 플랫폼이다. 온라인 채팅을 통한 만남이 익숙하지 않은 시니어 세대가 서로를 신뢰할 수 있도록 도와주는 '매너오이' 인증이 있고, 전화 통화처럼 음성 채팅을 할 수 있는 메타버스 공간도 있다.

시니어 취미 제공 플랫폼 '오뉴'
(출처: 오뉴 홈페이지)

시니어 취미 기반 소셜 플랫폼 '오이' 소개 이미지
(출처: 오이)

취미 클래스뿐 아니라 자기계발을 위한 상품도 출시되고 있다. 아이들을 대상으로 학습지 서비스를 제공하던 구몬학습은 2024년, 50대 이상 시니어의 자기계발을 위한 '구몬 액티브라이프' 상품을 론칭하였다. 이 상품에는 시니어의 눈높이에 맞춘 교재는 물론이고, 구몬 선생님이 가정에 직접 방문하여 수업을 하는 주 1회 방문 관리도 포함되어 있다. 학습할 수 있는 과목은 국어, 영어, 수학을 포함해 총 일곱 과목이며 학습 목표에 따라 원하는 대로 과목을 선택해 패키지를 구성할 수도 있다. 해당 상품은 론칭 한 달 만에 1만 건의 계약을 달성했는데, 주 1회 방문하는 구몬 선생님의 세심한 관리가 인기의 이유로 나타났다. 이 외에 시니어 세대를 위한 어학연수 프로그램도 생겨나고 있다. 교원라이프는 말레이시아 쿠알라룸푸르에서 한 달 동안 거주하면서 영어를 배울 수 있는 연수 프로그램을 출시했다. 프로그램은 오전에 영어 수업 3시간, 오후에 한국인 가이드와 현지 체험을 하며 영어를 사용해보는 실습 시간으로 구성되어 있다.

전통적인 유교적 가치관에서 벗어나 보다 개방적인 성향을 보이는 요즘 시니어 세대의 건강한 사랑과 연애를 위한 애플리케이션 및 콘텐츠도 있다. 2023년을 기준으로 25~34세 혼인 건수는 감소 추세인 것과 달리 60세 이상의 혼인 건수는 7,700건으로 증가 추세다. 또한 통계청의 「2022년 고령자 통계」에서 이혼을 하면 안 된다고 생각하는 비중은 10년 전 80.9%에서 25.3%p 감소한 55.6%로 나타났다. 과거의 시니어 세대는 전통적 사고방식에 근거하여 마음을 표현하고 사랑하는 것을 금기처럼 여겼으나, 자유롭고 개방적인 현대 사회의 분위기를

구몬 액티브라이프 소개 이미지
(출처: 구몬)

받아들인 지금의 시니어 세대는 연애와 사랑을 더이상 부끄럽고 숨겨야 하는 것으로 생각하지 않는 것이다. 이러한 시니어 세대의 가치관 변화에 힘입어 시니어의 연애를 응원하는 플랫폼과 콘텐츠가 등장하고 있다. 대표적으로 50대 이상이 가입할 수 있는 소셜 플랫폼 '시놀'과 '시럽'이 있다. 시놀은 '시니어 놀이터'의 줄임말로, 문화·여가·취미 활동을 함께할 동년배의 동네 친구를 만들 수 있는 플랫폼이고, 시럽은 '시니어 러브'를 의미하며 이혼이나 사별을 겪은 시니어 세대가 인생의 새로운 단짝을 찾을 수 있도록 도와주는 플랫폼이다. 두 플랫폼 모두 온라인에서 사람을 만나고 교류하는 것에 익숙하지 않은 시니어 세대를 위해 가입 연령 제한을 두고, 이용자가 가입 시 입력한 휴대폰 정보를 채팅에서 거짓으로 이야기하는 경우에는 알림을 보내는 등 시니어 세대가 온라인상에서 마음 편하고 편리하게 사람을 만날 수 있도록 플랫폼 환경을 구성했다. 시니어 세대의 이용 편의성을 높이고 우려 사항을 해소한 해당 애플리케이션은 출시 1년 만에 가입자 3만 명을 돌파했다.

시니어 대상 소셜 플랫폼 '시놀'과 '시럽' (출처: 시놀 홈페이지)

시니어 연애를 소재로 활용한 프로그램의 사례로는 60~70대를 대상으로 한 HCN충북방송의 〈홀로탈출〉이 있다. 〈홀로탈출〉의 시니어들은 여느 연애 프로그램과 다름없이 서로 마음을 표현하고 적극적으로 사랑을 찾아 나선다. 시니어 세대는 프로그램을 보면서 공감과 용기를 얻고 젊은 세대는 어른들의 직설적이고 통찰력 있는 연애 방식에 감탄하기도 한다. TV 최고 시청률 5.1%를 기록한 이 프로그램은 유튜브 채널 구독자수 약 3만 명, 누적 조회수 1,135만 회를 달성했다. 이 외에도 시니어의 연애를 주제로 한 프로그램에는 JTBC의 〈끝사랑〉, 유튜브 채널 스튜디오 나이아가라의 〈나의 반쪽〉 등이 있다.

HCN충북방송의 〈홀로탈출〉
(출처: HCN충북방송)

시니어 구독자를 넘어 크리에이터로

디지털에 익숙한 시니어들은 콘텐츠 소비자에 그치지 않고 콘텐츠 생산자로도 변화하고 있다. 여러 소셜미디어에서 시니어 크리에이터를 찾아볼 수 있는데 이들은 틱톡, 쇼츠 등 10~20대의 문화를 공부하고 자신만의 느낌으로 재해석하여 콘텐츠를 만들어내고 있다. 평균 나이 64.7세의 시니어 모델 그룹인 '아저씨즈'는 자영업자, 용접공, 보험사 직원 등 다양한 배경의 사람들이 모여서 모델 활동을 하고 있다. 이들의 틱톡 계정은 누적 조회수 1억 이상을 기록할 정도로 인기가 많다. 은퇴 후 삶과 여행 이야기를 담은 콘텐츠를 주로 업로드하는 유튜브 채널 수길따라는 2024년 8월 기준으로 구독자가 약 22만 명이나 된다. 수길따라는 요즘 유행하는 여행 스타일인 '한 달 살기'를 하거나 유명 여행 유튜버처럼 현지인들과 함께 어울려 지내는 모습을 보여준다. 또한 시니어 여행가로서 시니어들이 해외 자유여행에 대한 두려움을 없앨 수 있도록 항공, 숙박, 교통, 번역 애플리케이션 사용법도 알려준다. 비슷한 채널로는 여행복이 있다. 해당 채널은 여행지를 자세히 설명하는 것이 특징이며 스마트폰, 구글 등을 이용하여 자유여행을 하는 법에 대해서도 상세하게 설명해준다. 이러한 트렌드를 반영한 듯 서울시

유튜브 크리에이터 수길따라 (출처: 수길따라 유튜브)

에서는 2024년 처음으로 만 55세 이상 서울 시민을 대상으로 '영시니어 인플루언서'를 공개 모집하고 선발했다. 소셜미디어에 자신의 계정이 있고 활발하게 활동해야 한다는 조건이 있었음에도 4 대 1의 경쟁률을 기록했다고 한다.

나이는 숫자, 마음이 진짜

현재 시니어 산업의 트렌드는 시니어들이 마음껏 즐기고 놀 수 있는 환경을 제공하는 것이다. 오늘날의 시니어 세대는 즐기는 것에 있어 '내 나이에 이런 걸 해도 되나?'와 같이 나이로 인한 한계나 고정관념이 없고 개방적인 편이다. 다만 자녀를 양육하고 현실을 살아내느라 잠시 중단한 여가생활을 다시 시작하는 상황에서 여가생활을 즐기는 요즘 방식을 잘 알지 못하는 어려움이 있을 뿐이다. 이에 새롭게 등장하는 시니어 대상 서비스는, 높은 온라인 친숙도와 주도적인 여가 태도를 바탕으로 이들이 하고 싶은 것을 하면서 인생을 즐길 수 있도록 도와준다. 이러한 서비스들은 주입식으로 콘텐츠를 제공하기보다는 '어떻게 해야 하는지'를 쉽게 학습할 수 있도록 플랫폼을 디자인하고 있다. 취향에 맞는 콘텐츠를 스스로 찾고 활동할 수 있도록 시스템을 구성하여 여가활동의 지속가능성을 높인다. 또한 시니어 세대의 숨은 니즈를 발굴하고 그들이 잠재된 욕구를 표출할 수 있도록 환경을 조성하기도 한다. 따라서 향후 시니어 타깃 마케팅은 콘텐츠 측면에서는 세대를 구분하지 않고, 기술적 측면에서는 사용자 친화적인 시스템을 갖추는 것이 중요할 것으로 보인다.

사전에서 시니어(Senior)는 나이가 많은 사람을 의미하지만, 우리와 함께 살아가는 시니어는 우리 사회의 역사와 문화 발전의 길을 걸어온 살아 있는 기록이라고 할 수 있다. 트로트 가수 임영웅의 인기에서 시니어 세대의 열정과 활기를 확인할 수 있는 것처럼 이들은 새로운 도전을 두려워하지 않고 삶을 더 즐겁고 풍요롭게 만들기 위해 적극적으로 나서고 있다.

시니어 산업은 이러한 변화를 반영하며 시니어들이 주체적으로 여가를 즐기고 자기계발을 이어갈 수 있도록 돕고 있다. 예를 들어 시니어 소셜 플랫폼과 취미 제공 플랫폼은 시니어들이 활발하게 사회와 소통하고 새로운 취미를 찾을 수 있게 한다. 또한 자기계발을 위한 학습 프로그램과 어학연수는 시니어들의 지적 호기심을 충족시키고 있다.

이제 시니어 세대는 돌봄의 대상이 아니라 스스로 행복하게 삶을 즐길 수 있는 역량과 의지를 가진 사람들이다. 이에 시니어가 주체적으로 삶을 즐길 수 있도록 지원하는 다양한 서비스와 상품들은 계속해서 필요할 것으로 보인다. 따라서 시니어 세대를 바라보는 관점을 전환하고 연령별 특성을 이해한 마케팅 전략이 필요한 시기다.

“

오늘날의 시니어 세대는 즐기는 것에 있어
‘내 나이에 이런 걸 해도 되나?’와 같이
나이로 인한 한계나 고정관념이 없고
개방적인 편이다.

”

C커머스의 역습:

기세는 높게, 가격은 낮게

온라인 시장이 국경을 초월한 시대에 2023년 해외 직구 금액이 6조 원을 돌파하며 통계 작성 이래 최고치를 기록했다. 소비자들이 해외 직구를 선호하는 이유는 저렴한 가격, 다양한 제품, 쇼핑의 재미 등이 있다. 특히 현재 불경기 속에서 저렴한 가격이 해외 직구의 인기를 더욱 확산시키고 있다. 통계청 자료에 따르면, 평균 1% 내외였던 소비자 물가 상승률이 최근 3년간 3.7% 상승했다고 한다. 이러한 상승률은 이례적인 일이며 미디어에서도 고물가, 고금리, 고환율을 일컫는 '3고(高) 현상'을 연일 보도하고 있다. SNS에서도 '물가 상승 체감'에 관련한 게시물에 공감 댓글이 줄을 잇는다. 경기 침체를 체감하기 시작한 소비자들은 지출을 관리하기 위해 상품의 여러 요소를 따져보기 시작했고 가격 경쟁력이 있는 상품에 더욱 관심을 쏟기 시작했다. 소비 행태의 트렌드도 '가성비', '짠테크', '무지출 챌린지' 등으로 경제 상황에 맞추어 변화했다.

이런 상황에서 가성비를 넘은 초저가 전략을 내세우며 혜성처럼 등장한 중국 저가 플랫폼들이 현재의 시장 상황을 역으로 이용하여 엄청난 성장률을 이루고 있다. 300원짜리 양말, 1,500원짜리 휴지통, 9,000원짜리 가죽 지갑이 판매되고 있다. 가히 파격적인 조건이 아닐 수 없다. 이렇게 갑자기 등장한 중국 저가 플랫폼은 국내 e커머스 플랫폼인 쿠팡 다음으로 많이 쓰이는 플랫폼이 되었으며 이제는 소비 트렌드를 바꿔놓기에 이르렀다.

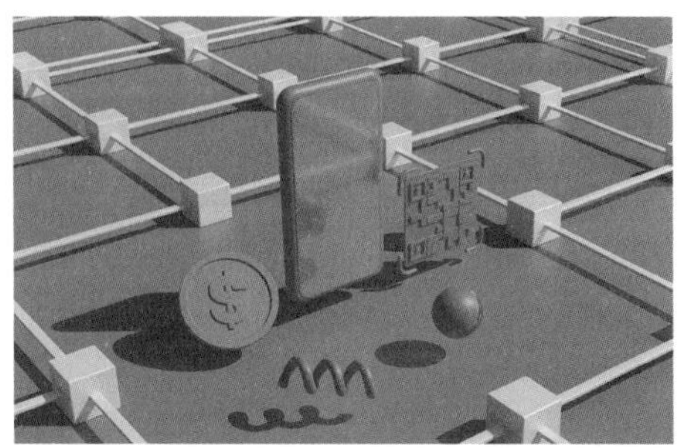

©Growtika, Unsplash

중국 저가 플랫폼의 등장

해외 직구의 새로운 강자

오랫동안 해외 직구(직접 구매) 시장에서 우위를 차지하는 국가는 항상 미국이었다. 2018년 미국 직구 점유율은 52.6%로 한국 내 직구 시장을 장악했다고 해도 과언이 아니었다. 같은 해, '알리바바 그룹'의 초저가 e커머스 플랫폼 '알리익스프레스'가 글로벌 진출의 테스트베드로 한국에 진출했다. 다른 국가의 직구 플랫폼과 비교할 수 없는 정도의 초저가 전략을 내세운 알리익스프레스는 성공적으로 한국에 안착했다.

해외 직접 구매액 국가별 점유율 (출처: 통계청)

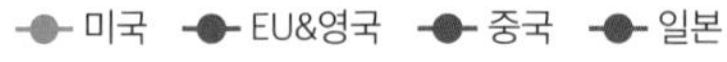

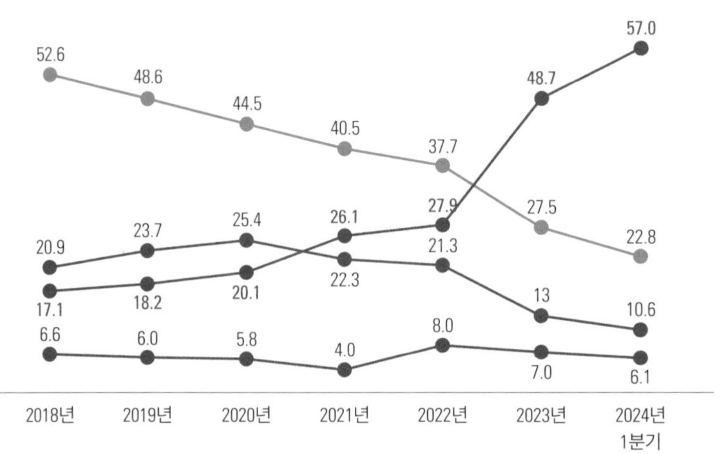

그리고 2023년을 기점으로 중국이 48.7%의 직구 점유율을 차지하여 미국을 크게 앞질렀다. 직구 대세가 미국에서 중국으로 이동한 배경에는 한국 내에서 본격적으로 몸집 불리기를 시작한 알리익스프레스와 더불어 후발 주자로 나선 '테무(Temu)'와 패스트 패션 브랜드 '쉬인(SHEIN)'이 큰 몫을 했다.

과거 미국과 유럽 위주로 빈번히 이루어졌던 해외 직구 시장의 대세가 이제는 중국이라고 해도 무방할 정도다. 2024년 7월 한국 내 e커머스 플랫폼의 '월간 활성 이용자수(MAU, Monthly Active Users)'를 살펴보면, 1위는 국내 e커머스업체인 쿠팡이 차지하고 있지만 2, 3위는 알리익스프레스와 테무가 차례로 차지하고 있어 중국발 e커머스가 국내 시장을 장악하려고 하는 움직임을 알 수 있다. 비교적 역사가 긴 국내 e커머스인 '11번가'와 'G마켓'은 중국 e커머스업체에 순위가 밀렸다. 쉬인은 4월부터 한국에 진출했음에도 불구하고, 66만 명이 넘는 월간 활성 이용자수를 기록했다.

2024년 7월 e커머스 플랫폼 월간 활성 이용자수 (출처: 와이즈앱·리테일·굿즈)

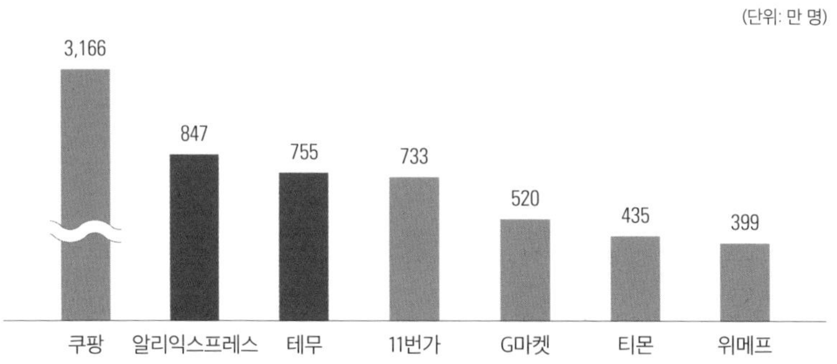

공격적인 마케팅

미국, 유럽 직구 플랫폼과 비교하면 중국 저가 플랫폼은 마치 반짝스타처럼 갑작스레 우리의 삶에 나타난 것처럼 느껴진다. 이들은 갑자기 나타나 국내 터줏대감 e커머스업체를 제치고 월간 활성 이용자수 2, 3위를 기록하는 플랫폼으로 자리잡았다. 이러한 성공의 배경에는 든든한 모기업이라는 뒷배가 있었다. 중국 저가 플랫폼은 모기업의 강력한 자금력을 내세워 한국에서 공격적으로 플랫폼을 운영하기에 충분한 환경을 만들었다. 알리익스프레스는 알리바바 그룹, 테무는 부동의 시가총액 1위였던 알리바바 그룹을 앞지른 '핀둬둬', 쉬인은 여성 의류와 라이프스타일 회사인 '로드겟 비즈니스'를 등에 업고 플랫폼을 론칭했다.

이 플랫폼들이 초저가 전략을 내세우며 한국 시장에서 성공적인 성과를 얻을 수 있었던 일등 공신은 공격적인 마케팅에 있었으며 그것이

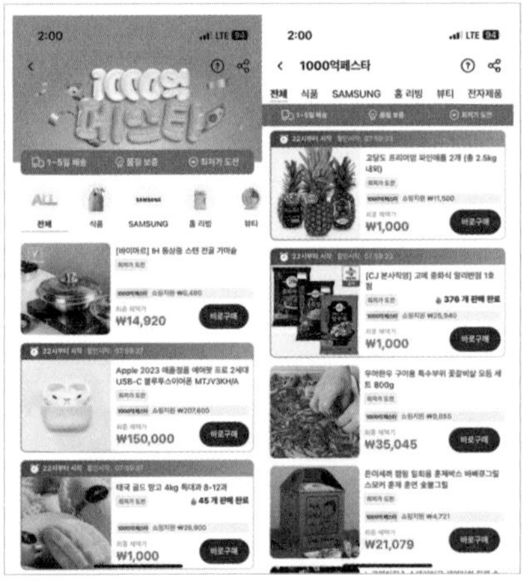

알리익스프레스의 1,000억 페스타 판매 상품
(출처: 알리익스프레스 홈페이지)

가능했던 이유 또한 모기업의 어마어마한 자금력이었다. 알리익스프레스는 한국 내 유명 배우 마동석과 탕웨이를 모델로 기용하여 창립 14주년 1,000억 페스타 광고를 송출했다. 1,000억 페스타는 총 1,000억 원 상당의 쇼핑 보조금을 지원하는 이벤트로 특정 시간 내 물건을 구입하면 파격적인 할인율을 제공받을 수 있는데, 인기 있는 상품은 무려 10초 만에 품절되는 기록을 세우기도 했다. 알리익스프레스는 이 이벤트로 기존 사용자의 구매 유도뿐 아니라 신규 가입자수를 대폭 늘리는 데 성공했다.

2024년 미국 프로 미식축구 리그(NFL) 결승전인 슈퍼볼에서 테무는 '억만장자처럼 쇼핑하기(Shop Like a Billionaire)' 광고를 다섯 번 송출했다. 슈퍼볼은 해마다 1억 명 이상의 시청자를 기록하는 명실상부 글로벌 메가 이벤트 중 하나로, 경기 중간에 삽입되는 광고는 천문학적 광고비와 그에 걸맞은 파급력으로 유명하다. 광고 송출비로만

테무의 슈퍼볼 광고
(출처: Temu 유튜브)

650만~700만 달러(한화 약 86억~93억 원)를 지출한 것으로 알려진 테무의 광고에서는 30초 내내 초저가 상품을 쇼핑하는 사람들의 모습이 나온다. 이러한 모습은 그동안 위축된 소비 심리를 자극했고 그 결과 테무의 엄청난 성장률을 이뤄냈다. 실제로 테무의 언급량을 살펴보면 슈퍼볼 광고가 송출된 2월 11일 이후 언급량이 130% 이상 늘었으며 1월 197억에 그쳤던 결제추정금액이 3월에는 463억으로 집계되었다.

2024년 7월 패션 플랫폼인 쉬인은 한국 본격 진출의 신호탄으로 MZ세대의 성지인 성수에 팝업스토어를 열었다. 초저가 전략을 내세운 만큼 타 팝업스토어 대비 가격 경쟁력 면에서 매우 우수했다. SNS를 활용한 이벤트도 진행하여, 방문객 록인(Lock-in)을 유도했다. 제품마다 부착된 QR 코드를 통해 제품 구매가 가능했을뿐더러 상세한 정보는 물론, 추후 코디에 참고할 수 있도록 해당 제품을 이용해 스타일링한 사진을 제공하여 온오프라인 쇼핑의 장점을 모두 챙겼다. 중국 저가 플랫폼 중에서는 팝업 매장을 오픈한 첫번째 브랜드로, 중국산 제품에 대한 불안감이 있는 한국 소비자들에게 가까워지려는 노력을 보여주었다.

슈퍼볼 이벤트 이후 '테무' 언급량 추이 (출처: 이노션 인사이트전략본부)

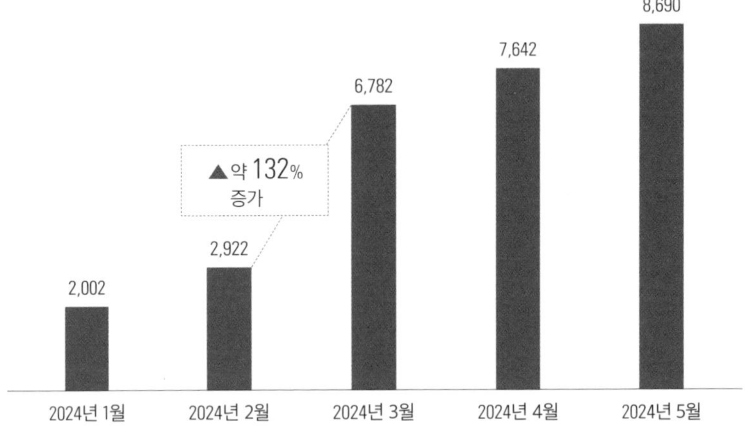

중국 저가 플랫폼의 인기 요인

극강의 초저가 전략

중국 저가 플랫폼이 한국에 성공적으로 안착할 수 있었던 가장 큰 이유는 극강의 초저가 전략이다. 치솟는 물가로 작은 소비도 망설이는 소비자들의 소비 욕구를 제대로 자극한 것이다. 실제 알리익스프레스, 테무, 쉬인의 홈페이지에 들어가보면, 다양한 카테고리의 많은 상품이 1만 원 이하의 매우 저렴한 가격에 판매되고 있다. 중국 저가 플랫폼에서 발견한 제품을 국내 e커머스 플랫폼을 이용하여 검색해보면 가격이 높게는 7~10배까지 차이가 난다. 테무의 경우 의류는 1,000~5,000원, 전자기기는 5,000~15,000원 선에서 판매되고 있어 국내 e커머스의 가격은 이에 견줄 바가 되지 않는 수준이다.

경이로울 만큼 저렴한 가격에 소비자들은 어떻게 이러한 가격에 제품을 판매하는 것이 가능한지 의문을 보이기도 하는데, 중국 저가 플랫폼의 초저가 전략이 가능한 이유는 그동안 국내 판매자가 해외에 있는 판매자에게 물건을 떼어 오면서 붙였던 중간 마진이 없어진 것이 크다. 테무의 경우, 완전 위탁 방식*을 도입해 중간 유통자 없이 직접 가격을 책정할 뿐 아니라 한국으로 직배송하는 방식을 택했다. 중국의 저렴한 노동비와 대량생산이 가능한 환경도 초저가를 가능케 했다.

★

완전 위탁 방식 판매자가 중국 내 물류센터에 상품을 배송하면, 플랫폼이 이후 가격 책정, 판매, 배송, AS를 전부 관리하는 판매 방식

또한, 100원짜리 물건을 구매하더라도 무료 배송을 제공하는 파격적인 행보를 보였다. 이는 호기심을 가지고 접근한 소비자들이 실패하더라도 큰 부담이 없는 가격 때문에 가벼운 마음으로 중국 저가 플랫폼을 경험할 수 있도록 심리적 허들을 낮춰주었다. 또한 결제 단계에서도 일반 결제 수단을 포함한 네이버페이, 카카오페이 등 한국 소비자를 위한 간편 결제 방식을 도입하여 결제 단계에서 소비자가 이탈하지 않고 매끄러운 경험을 할 수 있도록 했다.

게임화 요소의 도입

중국 저가 플랫폼은 소비자 대부분이 모바일 기기를 다루는 것에 익숙한 한국 시장에 맞춘 마케팅 전략을 시도했다. 특히 디지털 네이티브이며 재미를 추구하는 Z세대를 공략하기 위해 게임화* 요소를 활용했다. 알리익스프레스와 테무는 생필품을 보상으로 제공하거나 룰렛, 뽑기

목화솜을 키우면 수건을 보상으로 받을 수 있는 '띵띵농장'
(출처: 알리익스프레스 앱)

게임화(Gamification) 이용자의 관심이나 행동을 유도하기 위해 게임이 아닌 분야에 게임의 메커니즘, 사고방식, 디자인 요소 등을 적용해 재미와 보상을 제공하는 것

물고기를 키우면 무료 사은품을 받을 수 있는 '피쉬랜드'
(출처: 테무 앱)

등 상품 구매를 유도하는 식의 게임화 요소를 도입했다. 앱을 이용하여 재테크까지 할 수 있다는 점에서 고물가 시대를 살아가는 소비자들의 구미를 당기게 하기 충분했다.

알리익스프레스의 '띵띵농장'에서는 목화솜을 키워 재배하면 수건을 보상으로 받을 수 있고, 테무의 '피쉬랜드'에서는 물고기를 키워 무료 사은품 두 개를 받을 수 있다. 애플리케이션으로 게임에 접속하면 하루 중 어느 순간에 보상 획득을 위한 아이템을 얻을 수 있는데, 이러한 게임 요소는 소비자가 매일 애플리케이션에 접속하게끔 만들어 실제 구매로 이어지게 한다.

알리익스프레스가 애플리케이션 게임의 '일일 활성 사용자수(DAU, Daily Active Users)'를 분석한 결과, 한국에서 이 게임을 즐기는 활성 사용자수는 다른 국가 평균보다 2배 이상 많았으며, 하루 평균 체류 시간도 약 20분에 달했다. 이는 디지털화가 잘된 한국에서 게임화 전략이 매우 효과적이라는 사실을 보여주었다.

'○○깡'으로 유입되는 Z세대

요즘 소비자들이 상품을 구매할 때 가장 중요시하는 것은 후기라고 해도 과언이 아니다. 특히 Z세대는 시간을 들여 이것저것 비교하며 물건을 고르기보다는 좋아하는 인플루언서가 사용하는 제품을 그대로 따라 사는 경향이 있기에 유튜브 인플루언서, SNS 유저들의 실사용기가 구매를 유발하는 중요한 트리거가 된다. 알리, 테무, 쉬인(이하 알테쉬)은 중국 저가 플랫폼 언박싱 영상인 이른바 '알리깡'*, '테무깡', '쉬인깡' 등의 인기에 힘입어 구매를 촉진할 수 있었다.

언박싱 영상은 고가 명품을 구매한 후 박스 상태로 가져와 개봉하는 모습을 보여주며, 소비자들이 직접 구매하기 어려운 고가품을 간접적으로 경험하게 하면서 대리만족을 제공하는 형식으로 시작되었다. 중국 플랫폼들인 알테쉬가 국내의 이미 익숙한 e커머스에 비해 심리적 진입 장벽이 높아 소비자 입장에서 선뜻 구매 시도를 해볼 수 없다는 약점이 있지만, 한편으로는 초저가 전략으로 인해 마음만 먹으면 쉽게 구매로 이어질 수 있다는 것이 강점이다. 이러한 언박싱 영상은 중국 저가 플랫폼에서 물건을 구매하도록 유인하는 매개체가 되고, 이에 따라 중국 e커머스에 대한 경험이 확장되고 있다.

쉬인에서 구입한 물건을 언박싱하는 영상
(출처: 지하니 유튜브)

알리깡 알리익스프레스에서 초저가 물건을 대량 구매한 뒤 이를 언박싱하는 동영상 콘텐츠

유튜버 지하니의 채널은 알네쉬에서 산 제품을 언박싱하고 사용하는 모습을 보여주어 Z세대에게 큰 인기를 끌고 있다. 영상은 대량 구매한 제품을 언박싱 후 하나씩 사용하는 모습을 보여준다. 진흙 속의 진주처럼 구매에 성공한 제품을 추천해주기도 하지만 주로 저품질 제품으로 구매에 실패해 분노하는 모습이 더 큰 재미를 준다.

유튜브 침착맨 채널에서는 중국 저가 플랫폼에서 저렴하게 판매하는 신기한 옷을 대량 구매하여 게스트와 입어보며 패션쇼를 하는 콘텐츠를 기획했고, 하말넘많 채널에서는 알리에서 대량 구입한 물건들을 가지고 흰 장갑을 끼고 명품 언박싱하듯 콘텐츠를 진행하여 새로운 재미를 주었다.

테무에서 신기한 옷을
대량 구매한 후 입어보는 콘텐츠
(출처: 침착맨 유튜브)

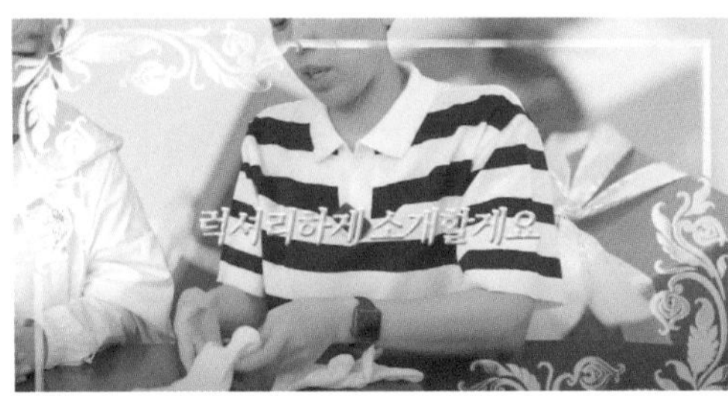

알리익스프레스에서 구매한 물건을
명품 언박싱처럼 알리깡하는 영상
(출처: 하말넘많 유튜브)

언박싱 영상의 인기는 단순한 트렌드를 넘어서 소비자들의 구매 패턴에 깊숙이 영향을 미치는 중요한 요소로 자리잡고 있다. 특히 중국 저가 플랫폼의 주요 소비자인 Z세대에게는 인플루언서의 언박싱 영상이 직접적인 구매 유도 수단이 될 수 있기에 이 언박싱 영상 자체가 마케팅 수단으로 활용되기도 한다. 쉬인은 인플루언서의 언박싱 영상에 제품을 홍보하고 가입 시 추가 할인이 제공되는 '추천인 코드'를 지급하고 있다. 인플루언서의 콘텐츠를 통해 신규 유입된 소비자들이 부담없는 가격으로 중국 저가 플랫폼에 대한 경험을 쌓을 수 있도록 유인한 것이다. 이처럼 중국 저가 플랫폼의 언박싱 영상은 초저가로 흥미롭고 다양한 제품을 접할 기회를 소비자에게 제공할뿐더러 새로운 소비문화를 형성하고 있다.

e커머스 시장의 판도 변화

국내 e커머스 기업의 대응

현재 국내 e커머스 시장은 중국 e커머스 플랫폼의 성행과 더불어 인플레이션이라는 악재까지 맞물린 설상가상의 상황이다. 몇몇 국내 e커머스 플랫폼은 몸집이 더 큰 글로벌 회사에 인수되거나 구조조정을 시작했다. 자금난이 심각한 경우 기업회생을 신청한 기업도 생겨났다. 하지만 국내 기업들이 중국 e커머스 플랫폼의 침투를 손놓고 보기만 하는 것은 아니다. 현실적으로 가격 경쟁에서 중국 저가 플랫폼과 경쟁이 힘든 국내 e커머스 플랫폼은 중국 플랫폼 제품이 제공하지 못하는 품질과 고객 서비스를 강화하고 어필하는 방법으로 고객 이탈을 막겠다는 의지를 보인다.

먼저, 국내 1위의 e커머스 기업 쿠팡은 수입관의 취급 브랜드를 300여 개로 늘렸을 뿐 아니라, 2024년 2월 온라인 럭셔리 패션 플랫폼 '파페치(Farfetch)'를 인수하면서 럭셔리 상품군을 강화하려는 움직임을 보였다. 저품질의 이미지를 가진 중국 저가 플랫폼과 차별화할 뿐 아니라, 쿠팡 자체의 취약점으로 꼽히던 패션과 명품 카테고리의 경쟁력을 강화하려는 것이다. 또한 쿠팡의 강점인 로켓 배송 서비스를 도서산간 지역과 소도시로 확대할 계획인 방침을 밝혀 중국 저가 플랫폼의 약점인 배송 속도에서 압도적 우위를 차지하려는 포부를 밝혔다.

G마켓은 위조품 필터링 시스템을 통해 판매 부적합 상품 판매를 예방하는 방침을 세웠다. 품질 보장이 되지 않아 배송 후 직접 물건의 상태를 확인해야 하는 소비자의 수고로움을 덜어주었는데 이는 가품과 저품질 논란이 끊이지 않는 중국 저가 플랫폼의 약점을 이용한 행보다.

SSG닷컴은 초저가 제품과의 경쟁 대신 특화 서비스를 택했다. 2024년 8월 라이프스타일 전문관 '스타일 아카이브'를 오픈하여, 20~30대가 선호하는 명품, 패션, 뷰티 브랜드, 디지털 기기를 큐레이션할 계획이라고 밝혔다. 모회사 신세계의 강점인 명품 카테고리를 더욱 강화하여 중국 저가 플랫폼의 공세에 대응하려는 것이다. 특화 서비스와 더불어 현재 중국 저가 플랫폼이 제공하지 못하는 공산품 중심의 익일배송 서비스 '쓱1DAY배송'도 확대해 고객 유치 방안을 모색할 방침이다.

시장 규모를 넓히는 중국 저가 플랫폼

이미 초저가 전략으로 한국 시장에 침투하는 것에 성공한 중국 저가 플랫폼은 서서히 그 규모를 넓혀가려고 시도하고 있다. 한국 소비자가 느낀 중국 저가 플랫폼의 취약점을 파악했고 이를 개선하려는 노력을 적극적으로 펼치고 있는 것이다.

알리익스프레스는 국내에 축구장 25개 규모인 통합 물류센터를 짓겠다고 발표했다. 국내 최대 규모가 될 이 물류센터가 완공되면 알리익스프레스가 판매하는 상품의 배송 기간이 훨씬 짧아져, 늦은 배송으로 불만을 느끼던 소비자의 원성을 해소할 수 있을 것으로 보인다. 그뿐 아니라 알리익스프레스는 2024년 7월 한국 내 첫번째 소비자 간담회를 개최하여 한국 소비자의 의견을 직접 듣는 기회를 만들었다. 고객의 우려 사항이 가장 컸던 품질, 배송, 교환, 환불 등과 관련한 질의응답을 진행했고 이를 바탕으로 서비스를 개선하여 한국 시장 내 시장 점유율 확대에 박차를 가하고 있다.

비교적 한국에 늦게 진출한 쉬인의 본격적인 성장세도 기대되는 바다. 비록 알리익스프레스나 테무에 비해 인지도가 떨어지지만, 한국에 진출한 지 2개월 만인 2024년 6월 국내 패션 플랫폼의 월간 활성 사용자수 순위에서 무신사, 에이블리, 지그재그에 이어 4위에 올랐다. 이미 국내 패션 플랫폼들인 '포스티'와 '브랜디'의 사용자수를 제친 기록이다. 패스트 패션의 정수는 얼마나 빨리 트렌드를 캐치해서 제품을 출시하느냐에 달려 있는데, 쉬인은 AI와 빅데이터 기반의 알고리즘으

2024년 6월 국내 패션 플랫폼 월간 활성 사용자수 (출처: 모바일인덱스)

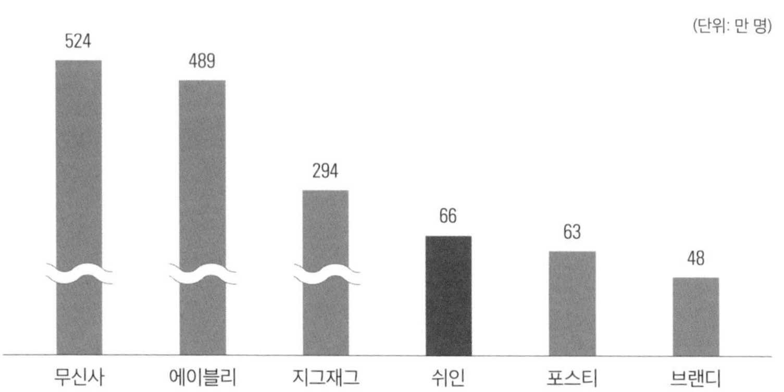

로 빠르게 신상 패션 디자인을 선정한다. 그리고 광저우에 위치한 수천 개의 공급업체와 약 200개의 협력업체와 협업하여 선정된 패션 디자인을 빠르게 생산하는 시스템을 구축했다. 초저가 전략과 빠른 제품 생산이 합쳐진다면 국내 SPA 브랜드인 탑텐이나 스파오, 현재까지는 선방중이던 국내 버티컬 플랫폼* 고객을 일부 확보할 수 있을 것으로 보인다.

2024년 7월 발생한 한국 e커머스 대혼란도 틈새시장의 기회로 보이는 상황이다. 한국 내 e커머스 월간 활성 사용자수 6위와 7위를 나란히 기록하던 티몬과 위메프(이하 티메프)가 기업회생절차를 밟으며 붕 떠버린 약 870만의 일명 '티메프족'이 어디로 유입될지 귀추가 주목되고 있기 때문이다. 이번 티메프 사태를 기반으로 소비자들은 재정적으로 안정적인 플랫폼으로 이동할 가능성이 높기 때문에, 기업 자금이 많으며 기존의 티메프처럼 할인과 공동구매가 주로 이루어지는 플랫폼을 시도해볼 경향이 높다는 전망이다. 또한 이 혼란은 고객 서비스 부문과 관련한 문제가 많은 중국 저가 플랫폼이 한국 인력 확보를 위해 노력하는 상황에서, 기업회생으로 일자리를 잃을 위기에 처한 e커머스 전문 인력을 보충할 수 있는 기회이기도 하다.

버티컬 플랫폼(Vertical Platform) 다양한 카테고리의 상품을 다루는 종합 e커머스와 달리 식품, 뷰티, 패션 등 특정 카테고리 제품을 깊이 있게 다루는 전문 플랫폼

지하철이나 버스를 기다리거나 길을 걸어갈 때 배너 광고 등으로 중국 저가 플랫폼의 마케팅을 심심찮게 볼 수 있는 요즘이다. 주변에서도 점점 알리익스프레스, 테무, 쉬인을 이용하는 사람이 늘어나고 있다. 일부는 잘 쓰고 있는 제품을 적극 추천해주기도 한다. 가랑비에 옷 젖듯 중국발 e커머스 플랫폼이 우리 일상에 천천히 스며들고 있다.

중국 저가 플랫폼은 초저가 전략과 공격적 마케팅으로 소비자의 유입 허들을 낮추었을 뿐 아니라, 중국 플랫폼에 대한 긍정적인 경험을 제공하고 있다. 고물가 시대에 소비자들의 지출 부담을 줄여주는 단비 같은 역할을 했으며, 대량 구매하더라도 부담이 없는 가격으로 위축된 소비 욕구를 잠시나마 해소하게 했다. Z세대에게는 중국 저가 플랫폼을 이용하는 경험 자체가 놀이문화의 일부가 되고 있으며, 중국 저가 플랫폼에서의 쇼핑이 '얼리어답터'적인 행태로 여겨지고 있다. 이러한 경험은 언박싱 영상과 같은 트렌디한 콘텐츠로 인해 확산되었으며, Z세대의 모방 소비 심리를 자극해 중국 저가 플랫폼의 인기를 더욱 높였다.

경제 침체가 계속되는 요즘, 가격 경쟁력이 소비자들의 구매 결정에 중요하게 작용할 것이다. 초저가라는 치트키를 가진 중국 저가 플랫폼은 그들의 취약점 또한 잘 인지하고 있고, 적극적으로 이에 대한 개선 의지를 보이며 국내 시장에서의 파이를 넓히려고 시도하고 있다. 플랫폼들이 우후죽순으로 생겨나고 사라지는 혼란의 장에서 다양한 선택지를 가진 소비자들을 어떻게 끌어들일 수 있을지 기대되는 바다.

Part 4 마케팅

비즈니스 현장의 마케팅 전문가들이 주목한
라이프스타일 인사이트

OH! 소리 나는 OOH:

옥외광고의 변신

1

옥외광고(OOH, Out-of-Home)는 가장 오랜 역사를 지닌 매체 중 하나로, 우리의 일상 속 깊숙이 자리잡고 있다. '아웃 오브 홈'이라는 말 그대로 우리는 집 밖을 나서는 순간부터 다양한 옥외광고와 마주한다. 아파트 엘리베이터의 스크린 광고, 지하철과 버스 내부의 포스터와 외부 래핑 광고, 도로 옆 광고판부터 건물의 전광판까지, 하루에도 셀 수 없을 정도로 많은 옥외광고에 노출된다.

우리에게 익숙하지만 존재감은 별로 없던 옥외광고가 최근 주목받기 시작했다. 그동안 옥외광고는 새로움과 효과성 측면에서 크게 관심받지 못하는 매체였다. 그러나 디지털 기술이 결합하면서 사람들의 눈길을 끌고 몰입감을 주는 옥외광고가 부상하고 있으며, 기존의 고정관념을 깨는 새로운 형태의 옥외광고도 등장하기 시작했다. 또한 빅데이터에 기반한 광고효과 측정 및 최적화된 광고 집행을 자동화할 수 있게 되면서 옥외광고에 대한 수요가 증가하고 있다.

집 밖의 경험에 대한 사람들의 관심이 보다 높아진 오늘날, 옥외광고는 기존의 모습과 방식을 넘어 혁신적인 기술을 접목한 가장 새로운 매체로 진화하여 사람들에게 다채로운 경험을 주고 있다. 이러한 변화 속에서 옥외광고가 과거와 어떻게 다르게 발전하고 있으며, 그 변화를 통해 사람들에게 어떤 새로운 가치와 경험을 주는지 심도 있게 살펴봐야 하는 시점이다.

©Eddie Bugajewski, Unsplash

새로운 옥외광고 시대의 도래

디지털로 진화한 OOH

산업 전반이 디지털로 전환되는 가운데 옥외광고 또한 디지털 트렌드를 따라 빠르게 변화하고 있다. 글로벌 리서치 기관 스태티스타(Statista)에 따르면 전 세계 '디지털 옥외광고(DOOH, Digital Out-of-Home)'의 광고비는 2023년에 약 133억 달러로 전체 옥외광고 시장의 37.2%를 차지한 것으로 발표되었으며, 이후 지속적으로 성장하여 2029년에는 약 298억 달러로 전체 옥외광고 시장의 44%를 차지할 것으로 전망되고 있다.

글로벌 OOH & DOOH 광고비 추이 (출처: 스태티스타)

■ 전통 옥외광고(OOH) ■ 디지털 옥외광고(DOOH)

(단위: 억 달러)

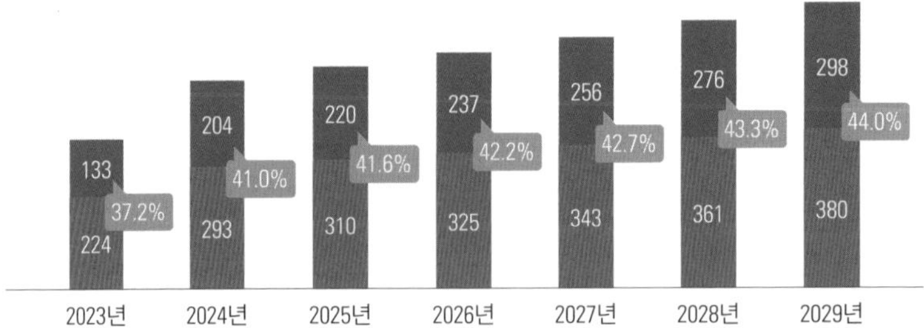

디지털 옥외광고는 디스플레이 기술과 콘텐츠 제작 기술의 발전으로 계속해서 진화하고 있다. 초기에는 기존의 아날로그 광고판을 디지털 디스플레이로만 교체하여 광고를 단순히 노출하는 수준이었다면, 현재는 3D, 인터랙티브 등 한층 더 새로워진 디지털 옥외광고들이 나오고 있다. 특히 3D 아나모픽* 기법을 활용한 광고가 많아지고 있다.

최근 이케아(IKEA)는 옥외광고 마케팅을 강화하고 있는데, 그 일환으로 2024년 7월 미국 뉴욕 타임스스퀘어에서 3D 빌보드 광고를 진행했다. 해당 광고는 15분 길이의 영상으로, 낮과 밤이 바뀌는 침실에서 하루를 보내는 사람의 모습을 현실감 있게 입체적으로 보여주었다. 이 디지털 옥외광고를 통해 이케아는 바쁘게 돌아가는 맨해튼이라는 도시 속에서 "모든 것에 휴식을 주세요(Give everything else a rest)"라는 메시지와 함께 침실을 평온한 안식처로 만들자는 내용을 전달했다.

이노션 또한 보다 생동감 있는 디지털 옥외광고를 선보이기 위해 2024년 7월 서울 강남대로에 대규모 LED 미디어월 '더 몬테 강남'을 새롭게 론칭했다. 해당 미디어월은 서울 주요 핵심 상권인 강남, 서초,

입체형 미디어월로 몰입감 높은 3D 광고가 가능한 더 몬테 강남
(출처: 이노션)

★

아나모픽(Anamorphic) 착시 효과를 통해 실제 사물이 튀어나오는 듯한 입체감 있는 3D를 구현하는 영상 제작 기법

여의도, 명동에서 이노션이 자체 운영하는 옥외매체 중 하나로, 기존의 평면형 전광판을 입체형으로 리뉴얼해 3D 아나모픽 광고에 최적화된 콘텐츠를 선보일 수 있다. 이노션은 너 몬테 강남을 통해 단순히 광고를 전달하는 것을 넘어 시각적으로 몰입감 있는 경험과 다양한 미디어 아트를 접목한 콘텐츠를 함께 선보이고 있다.

터치스크린, 모션 캡처, QR 코드, AR 기술 등을 접목해 소비자와 실시간으로 상호작용할 수 있는 디지털 옥외광고도 증가하고 있다. 다양한 인터랙티브 옥외광고를 선보이며 수많은 벤치마킹 사례를 만들어 온 코카콜라는 2024년 4월 뉴욕 타임스스퀘어 및 유럽 전역에서 인터랙티브 옥외광고를 진행했다. 타임스스퀘어에서는 '플레이어블 빌보드(Playable Billboard)'라는 이름의 디지털 옥외광고를 보여주었다. 해당 광고는 소비자들이 디지털 광고판을 보면서 탁구를 변형한 아케이드 게임인 '퐁'을 즐길 수 있도록 제작되었다. 두 명의 플레이어가 옥외광고판 앞에 비치된 소파에 앉아 게임을 하고 주변 사람들은 관전하게 한 이 옥외광고는 모두가 함께 즐길 수 있는 경험을 선사했다. 또한 스페인 마드리드, 이탈리아 밀라노 등 유럽에서는 '#CatchTheCoke'

새로운 디지털 옥외광고를 선보인 이케아와 코카콜라
(출처: DesignRush, LBBOnline)

디지털 옥외광고 캠페인을 선보였다. 소비자들이 파리의 에펠탑, 피사의 사탑, 런던의 빅벤과 같은 랜드마크를 손으로 잡는 것처럼 사진을 찍는 것에서 영감을 받은 캠페인으로, 광고판에서 빠르게 움직이는 코카콜라 병을 잡는 사진을 찍고 소셜미디어에 공유하면 무료 콜라를 증정하는 이벤트가 진행되었다.

브랜딩과 경험 공간으로 확장한 OOH

옥외광고는 대형 디지털 스크린 등의 단일 매체만이 아닌 복수의 매체를 활용하여 특정 지역을 하나의 브랜딩 공간처럼 만드는 방식으로도 진화하고 있다. '미디어 싱크(Media Sync)' 광고로도 불리는 디지털 옥외광고가 그 예다. 국내에서는 서울 삼성역 사거리 등 옥외매체들이 밀집해 있는 지역에서 동일한 광고 영상을 송출하여 해당 지역을 하나의 규모감 있는 브랜딩 존으로 만드는 옥외광고가 많아지고 있다. 더 나아가 모든 옥외매체에서 똑같은 광고를 노출하는 것이 아닌, 서로 연동되면서 각기 다른 영상을 보여주는 옥외광고도 등장했다. 폭스 코퍼레이션(Fox Corporation)은 2023년 슈퍼볼 시즌에 자사의 OTT 플랫폼 '투비(Tubi)'를 알리는 캠페인의 일환으로, 뉴욕 타임스스퀘어에서 두 개의 전광판이 서로 연결되어 상호작용하는 옥외광고를 선보였다. 해당 옥외광고는 두 마리의 토끼가 서로 떨어져 있는 옥외광고판에서 나와 지나가는 사람들을 쳐다보다가 한 마리의 토끼가 맞은편의 토끼가 있는 곳으로 이동하는 모습 등을 선보이며 사람들의 이목을 끌었다.

옥외광고가 광고판 자체가 아닌 하나의 경험 공간으로 확장한 사례들도 생기고 있다. 2024년 2월 오레오는 아일랜드 더블린의 쇼핑센터에서 유명 아케이드 게임 팩맨(Pac-Man)과 협업한 제품을 알리기 위한 옥외광고 캠페인을 진행했다. 오레오는 기존의 일반적인 옥외광고를 보여주는 것을 넘어, 쇼핑몰 엘리베이터 두 대를 활용하여 팩맨 게임처럼 소비자들이 엘리베이터를 타고 오레오를 먹기 위해 이동할 수 있게 하는 재미있는 경험을 선사했다. 20세기 스튜디오는 2024년 5월 공개된 영화 〈혹성탈출: 새로운 시대〉를 홍보하기 위해 인도네시아 자카르타에서 경험 공간이 접목된 옥외광고를 진행했다. 해당 광고는 자카르타 시내의 한 육교에서 집행되었는데 플래카드나 디지털 광고판을 설치하는 것을 넘어, 육교 전체를 영화의 주요 장면 속 공간처럼 재현하여 사람들이 마치 영화 세트장에 와 있는 것 같은 경험을 하도록 만들었다.

서로 연동되는 미디어 싱크 옥외광고를 선보인 투비
(출처: Shots.net)

경험 공간으로 확장된 옥외광고
(출처: Elements Brand Management 유튜브, 20세기 스튜디오 인도네시아 유튜브)

현실과 가상이 융합된 OOH

증강현실(AR, Augmented Reality) 기술은 오프라인의 옥외광고를 온라인으로 연결하는 중요한 역할을 해왔다. AR 기술을 활용한 옥외광고는 소비자가 광고판 내 QR 코드를 스캔하는 방식 등을 통해 스마트폰으로 관련 디지털 경험을 할 수 있게 해준다. 일본의 게임 회사 타이토(Taito)는 2023년 7월 자사의 유명 아케이드 게임 출시 45주년을 기념하며, 구글의 지도 기술을 접목해 만든 AR 게임 '스페이스 인베이더: 월드 디펜스(Space Invaders: World Defense)'를 전 세계 주요 도시에서 론칭하는 옥외광고 캠페인을 진행했다. 타이토와 구글은 각 도시의 광장과 쇼핑몰, 지하철 등 주요 밀집지에 설치된 디지털 옥외광고판이 마치 물리적 세계와 디지털 세계를 연결하는 포털인 것처럼 세계관을 만들었다. 소비자들은 광고 내 QR 코드를 통해 자신의 스마트폰에 앱을 설치하여 게임을 즐겼고 글로벌 참가자들과 점수 경쟁을 하며 옥외광고판에서 실시간 순위를 확인했다.

최근에는 기존의 AR에서 보다 발전된 컴퓨터그래픽 이미지 기술이 적용되어 현실과 구분하기 어려운 수준까지 발전된 페이크 옥외광고(FOOH, Fake Out-of-Home)가 또 하나의 새로운 트렌드로 부상했다. 영상 제작사 '오리지풀(Origiful)'의 대표인 이안 패덤이 2023년 2월 인스타그램에 올린 '보르도의 와인 기차(Bordeaux Metro)' 영상이 화제가 되었는데 해당 영상이 허구라는 것을 해명하는 과정에서 페이크 옥외광고라는 용어가 등장했다. 이를 계기로 명품 브랜드 자크뮈스(Jacquemus)가 페이크 옥외광고를 선보였고 이후 패션, 뷰티, 엔터테인먼트 등 국내외 다양한 분야의 브랜드가 활용하게 되면서 페이크 옥외광고는 빠르게 확산됐다.

실제 옥외광고와 페이크 옥외광고가 결합한 사례도 등장하기 시작했다. 유니레버의 아이스크림 브랜드 매그넘(Magnum)은 2024년 4월 런던의 피카딜리 서커스 광장에서 대형 전광판인 피카딜리 라이트로 3D 아나모픽 광고를 진행했는데, 동시에 해당 옥외광고를 배경으로 한 페이크 옥외광고를 선보이며 현실과 가상이 자연스럽게 연결되는 모습을 보여주었다. 이 캠페인은 디지털 옥외광고판의 스크린에서 아이스크림이 튀어나오는 듯한 착시 효과를 만들어내면서, 전광판에서 튀어나오는 아이스크림을 행인이 손으로 잡아서 먹는 듯한 모습을 연출하며 한 차원 진화된 페이크 옥외광고를 선보였다.

OOH와 FOOH를 함께 보여준 매그넘
(출처: 매그넘 유튜브 및 틱톡)

옥외광고가 뜨고 있는 이유

오프라인 경험과 함께 성장하는 옥외광고

2021년을 기점으로 글로벌 리오프닝이 시작되면서 오프라인 경험에 대한 관심은 과거보다 더 높아졌다. 이는 마케팅 커뮤니케이션 채널에도 영향을 미쳤다. 글로벌 리서치 기업 칸타(Kantar)의 2023년 미디어 반응 조사 결과에 따르면, 전 세계 소비자들이 가장 선호하는 광고 채널은 스폰서십 이벤트, 극장 광고, 옥외광고, 구매시점광고, 디지털 옥외광고 순서로 나타났으며 소비자 주목도가 높은 상위 3개의 광고채널은 극장 광고, 옥외광고, 디지털 옥외광고 순으로 나타났다. 과거와 달리 옥외광고가 상위권에 들면서 소비자들이 응답한 채널들은 모두 오프라인 채널이 되었다. 이는 마케팅 커뮤니케이션에서 오프라인 경험이 보다 중요해지고 있으며, 옥외광고가 오프라인 경험의 큰 비중을 차지하는 채널이 되었다는 점을 시사한다.

오프라인 경험이 중요해짐에 따라 옥외광고도 함께 부상하고 있음을 잘 보여주는 사례가 바로 팝업스토어 옥외광고다. 팝업스토어가 급성장하면서 서울 성수동과 더현대 서울은 팝업스토어의 성지가 되었으며, 수많은 브랜드가 새롭게 진화된 팝업스토어를 나날이 선보이고 있다. 이런 팝업스토어가 최근에는 옥외광고를 함께 진행하는 방식으로 발전했다. 팝업스토어를 시작하기 전부터 티저 광고처럼 해당 팝업스토어의 오픈을 미리 알리는 옥외광고를 진행하거나, 팝업스토어 오픈 기간에는 옥외광고를 함께 진행하여 인접 시역을 브랜드 존으로 만드는 사례도 늘어나고 있다. 프랑스 럭셔리 주얼리 브랜드 부쉐론(Boucheron)은 2024년 6월 성수동에서 콰트로 컬렉션 20주년을 기념하는 팝업 부티크를 오픈했다. 부쉐론은 팝업 부티크를 오픈하기 전 인스타그램 등 소셜미디어에 페이크 옥외광고를 올려 사람들의 관심을 불러일으켰다. 그 이후 팝업 부티크 오픈 기간에는 근처 주요 구역의 상가 건물 외벽을 매체로 활용하여 아트월 옥외광고를 진행했고 주변을 돌아다니는 LED 차량 옥외광고를 진행함으로써 팝업 부티크를 전방위적으로 홍보했다.

팝업 부티크 오픈 전 페이크 옥외광고를 선보인 부쉐론
(출처: 부쉐론 인스타그램)

모바일과의 연결성 및 바이럴 마케팅 효과 증대

옥외광고는 디지털화를 통해 모바일과의 연결성이 증대되었다. 미국 옥외광고 협회와 여론조사 기관 해리스폴(Harris Poll)이 발표한 2024년 5월 조사 결과에 따르면, 소비자가 해당 광고를 본 후 행동을 취할 가능성이 가장 높은 광고는 디지털 옥외광고인 것으로 나타났다. 그다음으로는 TV·스트리밍 영상 광고, 소셜미디어 광고가 뒤따랐다. 특히 디지털 옥외광고를 접한 후 모바일 행동을 취할 가능성은 74%로 나타났는데, 모바일 행동 중에서는 해당 광고주에 대한 검색이 44%로 가장 높게 나왔으며 웹사이트 방문은 38%, 소셜미디어 채널 방문은 30%, 앱 이용 또는 다운로드가 26%로 나타났다. 이는 디지털 옥외광고가 단순히 소비자의 시선을 끌 뿐 아니라, 실제 행동을 이끄는 최적의 마케팅 커뮤니케이션 채널이라는 점을 시사한다.

옥외광고는 본질적으로 특정 지역을 중심으로 노출될 수밖에 없는 한계를 지녔다. 하지만 이목을 끄는 이벤트와 결합해 소셜미디어를 통한 바이럴 마케팅을 유도함으로써 도달 범위를 확대하는 방향으로 발전하고 있다. 넷플릭스는 2024년 8월 1일 〈오징어 게임〉 시즌 2의 공개일을 전 세계 동시 발표했다. 이날 넷플릭스는 오전 10시경 영상을 업로드하여 공개일을 발표했는데, 이보다 조금 더 이른 오전 8시경인 출근 시간대에 서울 강남대로에서 옥외광고 퍼포먼스를 진행했다. 이색적인 옥외광고 퍼포먼스로 바이럴 마케팅을 잘하기로 유명한 넷플릭스는 〈오징어 게임〉에 등장하는 진행 요원과 동일한 복장을 한 사람들이 건물 외벽에 설치된 〈오징어 게임〉 시즌 2 옥외광고의 가림막을 제거하는 퍼포먼스를 선보였다. 해당 퍼포먼스를 본 사람들은 소셜미디어에 인증샷과 함께 목격담을 올렸고 X에서는 '오늘의 인기 트렌드'가 되기도 했다. 미국 옥외광고 협회 조사 결과에서도 소비자의 80%는 재미있고 창의적이거나 시각적으로 매력적인 옥외광고를 보면 소셜미디어 등에 공유할 가능성이 높으며, 이러한 특성은 Z세대로 갈수록 더 강해지는 것으로 나타났다.

옥외광고 퍼포먼스로 〈오징어 게임〉 시즌 2를 홍보한 넷플릭스
(출처: 넷플릭스 코리아 인스타그램)

옥외광고의 향후 발전 방향

생성형 AI 기반 OOH의 고도화

빅데이터와 머신러닝에 기반한 인공지능은 옥외광고 시장 또한 발전시키고 있다. 프로그래매틱* 디지털 옥외광고, 데이터 수집 및 분석을 통한 광고효과 측정 등 여러 영역에서 인공지능 기술이 옥외광고에 적용되고 있다.

최근 전 세계 모든 산업을 급격히 변화시킨 생성형 AI가 광고업계에 영향을 미치고 있으며, 옥외광고에서도 생성형 AI를 활용한 광고 집행 사례가 등장했다. 2022년 설립된 생성형 AI 에이전시 메종 메타(Maison Meta)는 미국 패션 플랫폼 '리볼브(Revolve)'의 20주년 기념 캠페인의 일환으로 2023년 4월 세계 최초로 생성형 AI가 만든 옥외광고를 선보였다. 해당 광고는 완성도 높은 생성형 AI 광고 이미지를 보여주며 '최고의 여행(Best Trip)'이라는 제목으로 리볼브가 세계적으로 인기 있는 패션 플랫폼 중 하나가 되기까지 20년 동안의 여정을 기념하는 메시지를 전달했다.

향후 생성형 AI에 기반한 옥외광고는 프로그래매틱 디지털 옥외광고 기술과 결합하여 보다 발전할 것이다. 옥외광고 디스플레이에 탑재

프로그래매틱(Programmatic) '소프트웨어 프로그램(Program)'과 '자동(Automatic)'의 합성어로 최적화된 광고 거래와 운영관리가 가능하도록 전 과정이 실시간으로 자동화되는 것을 의미

된 카메라를 통해 생성형 AI가 주변에 있는 사람들의 특성을 파악하고 위치, 날씨, 교통 등 상황에 맞춰 실시간으로 광고 콘텐츠를 자동 생성하는 등 지금보다 진화된 DCO* 옥외광고를 볼 수 있을 것이다. 더 나아가 생성형 AI가 옥외광고를 보고 있는 소비자와 직접 커뮤니케이션하여 원하는 광고 콘텐츠를 생성해주는 상호작용도 가능해질 것이다. 현재 디지털 사이니지 분야에서는 생성형 AI에 기반한 3D 아바타를 적극 개발하고 있다. 머지않아 옥외광고판 앞에서 소비자가 인공지능과 대화하며, 요청한 프롬프트에 맞춰 생성된 맞춤 광고 콘텐츠를 바로 볼 수 있는 날이 올 것으로 예상된다.

세계 최초로 생성형 AI가 만든, 리볼브의 옥외광고
(출처: 메종 메타 홈페이지)

DCO(Dynamic Creative Optimization) 다양한 변수에 따라 광고 소재의 요소를 변경하여 타깃에게 최적화된 맞춤형 광고를 자동으로 송출하는 기술

옥외매체의 다양화 및 대형화

옥외광고 기술이 발전하면서 관련 산업의 활성화를 위해 각종 규제가 완화되고 새로운 옥외광고 매체들이 등장하고 있다. 국내에서는 2024년부터 옥외광고물법 시행령 개정 및 다양한 실증특례* 시범 사업이 본격적으로 추진되면서 옥외광고 매체들이 다양화될 전망이다.

특히 모빌리티 옥외광고 매체 영역의 다양화가 활발하게 진행되고 있는데, 기본적인 차량 래핑 광고의 범위 확대를 넘어 실시간 데이터 수집 및 타깃 맞춤형 광고 등이 가능한 모빌리티 DOOH가 발전하고 있다. 이노션은 전기 화물차를 활용한 디지털 사이니지 광고를 2023년부터 시범적으로 운영해오고 있으며, 전기 화물차에 설치된 센서를 통해 광고효과를 측정하여 최적화된 광고를 송출하는 보다 고도화된 모빌리티 DOOH를 만들고 있다. 또한 광고 송출 및 리테일 서비스가 가능한 자율 주행 로봇 '모모(MOMO)'를 운영중이다. 모모는 쇼핑몰, 영화관 등 다양한 공간에서 이동하며 광고를 송출하는 새로운 옥외광고

모빌리티 DOOH 부착 차량 및 광고·콘텐츠 송출 로봇 '모모'
(출처: 이노션)

실증특례 새로운 제품, 서비스의 안정성 등을 검증하기 위해 제한된 구역·기간·규모 안에서 규제를 적용하지 않도록 해주는 제도

매체로, 디지털 디스플레이로 소비자에게 광고와 콘텐츠를 보여주고, 맞춤형 쿠폰 등 리테일 서비스를 제공할 수도 있다. 더 나아가 로봇 내 설치된 센서를 통해 실시간 데이터를 수집하면서 광고효과를 측정하거나 분석할 수 있다. 이 외에 택시와 버스에서도 기존의 아날로그 방식의 래핑 광고를 넘어 디지털 디스플레이가 적용된 매체가 시범적으로 운영되는 등 모빌리티 옥외광고 매체는 앞으로 더 발전할 것으로 보인다.

디지털 옥외광고가 성장하면서 전 세계 주요 도시에서 대형 전광판들이 증가하고 있는데, 향후에는 압도적인 규모감을 보여주는 초대형 옥외매체 또한 보다 많아질 것으로 예상된다. 2024년 9월 오픈 1주년을 맞이한 미국 라스베이거스의 'MSG 스피어(MSG Sphere)'가 대표적 사례다. 수많은 브랜드가 지상 최대의 광고판인 MSG 스피어의 외부 스크린 '엑소스피어(Exosphere)'를 통해 몰입도 높은 광고 캠페인을 선보여왔고, MSG 스피어는 라스베이거스의 새로운 랜드마크가 되었다. MSG 스피어를 운영하는 '메디스 스퀘어 가든 컴퍼니'는 현재 또

세계 최대의 옥외매체인 MSG 스피어
(출처: MSG 스피어 홈페이지)

다른 국가에 두번째 스피어를 짓는 것을 검토하고 있으며, MSG 스피어를 의식한 다른 기업들이 초대형 옥외매체가 될 수 있는 랜드마크를 건설하려고 추진중이라는 얘기도 나오고 있다. 국내에서도 뉴욕 타임스스퀘어나 런던 피카딜리 서커스와 같은 옥외광고 랜드마크를 만들기 위해 2016년 서울 삼성동 코엑스 일대가 제1기 자유표시구역*으로 지정된 이후, 2024년부터 명동스퀘어, 광화문스퀘어 등 제2기 자유표시구역 지정도 추진되고 있다. 자유표시구역은 크기 등에 대한 규제가 완화되기에 보다 대형화된 옥외매체가 등장할 것으로 기대해볼 수 있다.

자유표시구역 크기, 형태 등 규제를 완화해 다양한 옥외광고물을 설치할 수 있도록 한 시범 구역

새로운 옥외광고 시대가 도래했다. 오늘날의 옥외광고는 더이상 특정 지역의 불특정 다수에게 일방적으로 노출되는 광고판이 아니다. 옥외광고는 디지털화되어 보다 다채롭고 인터랙티브한 마케팅 커뮤니케이션 채널로 발전했으며, 브랜딩과 경험의 공간으로 확장하고 있다. 더 나아가 기존 옥외광고의 차원을 넘어 현실과 가상이 융합된 페이크 옥외광고도 등장했다.

향후 옥외광고는 생성형 AI를 기반으로 더욱 발전할 것이다. 생성형 AI가 실시간으로 주변 환경, 소비자의 행동, 기호 등을 분석해 상황 및 타깃에 최적화된 광고 콘텐츠를 자동으로 생성할 수 있을 것이다. 예를 들어, 광고판 앞을 지나가는 소비자가 관심을 보일 제품 정보를 AI가 즉각적으로 반응해 제공하거나, 소비자가 질문이나 요청을 하면 AI가 즉시 대응해 광고 콘텐츠를 생성해 주는 상황이 예상된다.

또한 전기차, 자율 주행 등 모빌리티가 보다 발전하면서 모빌리티 옥외광고 역시 혁신적인 변화를 맞이할 것이다. 차량 외부는 움직이는 디지털 광고판으로 활용될 수 있으며, 내부는 초개인화된 맞춤형 광고를 제공하는 플랫폼으로 변모할 수도 있다. 더 나아가 차량만이 아닌 전기차 충전소 등도 버스 정류장, 지하철역처럼 옥외광고를 경험할 수 있는 또 하나의 새로운 공간이 될 것이다. 앞으로 펼쳐질 혁신적인 옥외광고의 미래가 어떤 새로운 마케팅 커뮤니케이션의 모습을 보여줄지 기대된다.

“

옥외광고는 디지털화되어 보다 다채롭고 인터랙티브한 **마케팅 커뮤니케이션 채널**로 발전했으며, **브랜딩과 경험의 공간**으로 확장하고 있다.

”

포스트 커머스:

재밌어야 산다

본격적인 엔데믹 시대가 열리고 침체되었던 오프라인 시장이 활기를 되찾는 가운데, 온라인 쇼핑은 어떤 모습으로 자리잡았을까? 코로나19 팬데믹 동안 생겨난 온라인 쇼핑의 새로운 패러다임들은 지금까지도 이어져 기존의 시장과는 다른 모습으로 고객과 만나고 있다.

대표적으로 '라이브 커머스'는 실시간 방송과 e커머스를 결합한 혁신적인 커머스 모델로, 비대면 쇼핑의 대세로 자리잡았다. 종합 쇼핑몰을 비롯하여 버티컬 커머스★, 심지어는 전통 홈쇼핑 채널까지 대부분 라이브 커머스를 도입하고 있다.

또한 유튜브, 인스타그램, 틱톡 등 SNS 콘텐츠 플랫폼에서 커머스로 직접 연결되는 콘텐츠 커머스가 부상하고 있다. 유튜브는 콘텐츠와 연동되어 제품이 노출되는 스토어 기능, 인스타그램은 릴스와 연동된 숍(Shop) 기능이 있고 틱톡에서는 크리에이터 계정 프로필에 생성된 쇼핑백 아이콘을 통해 쇼핑이 가능하다. 이처럼 플랫폼들은 자체적으로 다양한 커머스 방식을 발전시키고 있다.

미디어 커머스 영역의 확장이 가속화하면서, 미디어와 쇼핑 플랫폼의 경계가 허물어지고 있다. 브랜드들은 이제 단순히 인기 연예인을 모델로 내세우거나 광고 비용을 지출하는 것만으로는 부족하다는 것을 깨닫고, 쉬지 않고 매일 콘텐츠를 접하는 소비자를 공략하고자 다양한 미디어 속으로 뛰어들고 있다. '시청자'를 '소비자'로 전환하기 위해 매력적인 콘텐츠를 기획하고 그 속에서 자연스럽게 브랜드가 돋보일 수 있는 전략을 취한다.

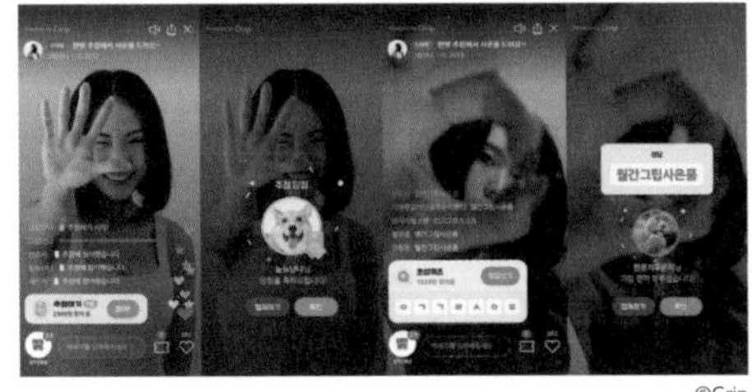
©Grip

버티컬 커머스 수직을 뜻하는 '버티컬(Vertical)'과 상거래를 뜻하는 '커머스(Commerce)'의 합성어로 특정 분야의 상품이나 서비스를 전문적으로 제공하는 쇼핑 플랫폼을 의미하며, 그 예로 신선식품 분야의 컬리, 패션 분야의 무신사 등이 있음

라이브 커머스 시대의 개막

라이브 커머스 개념과 시장 규모

라이브 커머스는 생방송을 뜻하는 '라이브 스트리밍(Live Streaming)'과 전자 상거래를 뜻하는 'e커머스(E-commerce)'의 합성어로, 호스트가 온라인에서 실시간으로 방송하며 상품을 판매하는 것을 의미한다. 방송중에 소비자들과 실시간으로 소통하고 방송중에만 주어지는 혜택 등으로 차별을 두는 것이 특징으로 기존 e커머스 대비 구매 전환

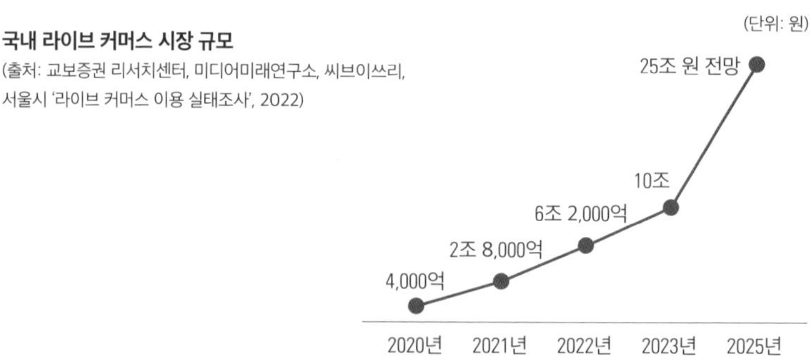

라이브 커머스 이용 경험률

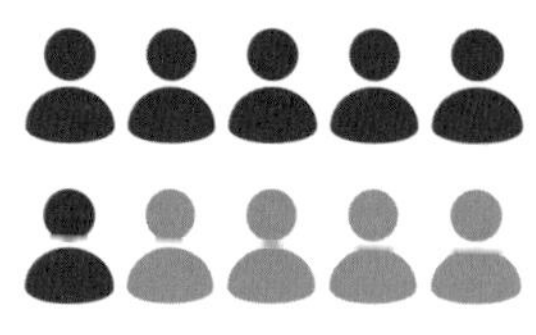

10명 중 6명
"라이브 커머스 이용 경험 있다"

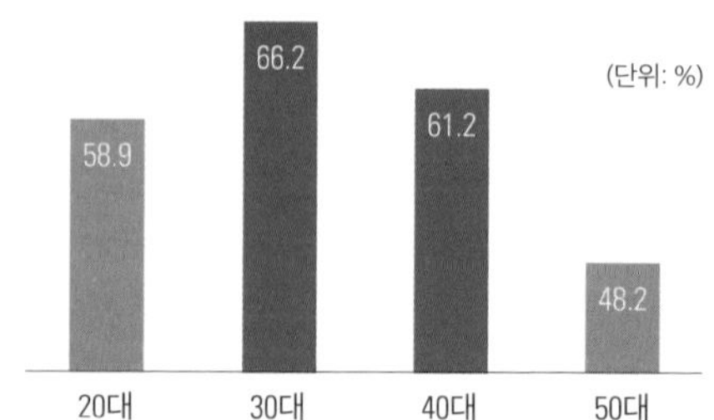

율이 높아 브랜드나 판매자 입장에서 매우 매력적인 커머스로 평가받는다. 이베스트투자증권에 따르면 e커머스 구매 전환율이 0.3~1%임에 반해, 라이브 커머스의 구매 전환율은 5~8%로 집계됐다.

국내 라이브 커머스 시장 규모는 엔데믹 이후 지속적으로 성장하여 2023년 10조 원에 이르렀고 2025년까지 최대 25조 원까지 확대될 전망이라고 한다. 2022년 서울시가 서울시전자상거래센터를 통해 20~50대 소비자 4,000명을 대상으로 진행한 온라인 조사 결과에 따르면, 소비자 약 60%가 라이브 커머스 이용 경험이 있다고 답했는데, 이는 2020년 대비 2배 가까이 증가한 수치다. 이용자층이 고르다는 것도 특징이다. 성별은 남성이 57.9%, 여성이 58.2%로 비슷한 분포를 보였으며 연령대는 20대 58.9%, 30대 66.2%, 40대 61.2%, 50대 48.2%로 나타났다. 전통적인 TV 홈쇼핑의 경우, 라이브 커머스와 판매 형태는 비슷하지만 40~50대 이상 여성 이용률이 높다.

실시간 소통과 새로운 쇼핑 경험의 혁명

라이브 커머스는 언뜻 보면 홈쇼핑과 비슷해 보이지만 큰 차이점이 있다. 바로 '소통 방식'이다. 홈쇼핑 방송이 쇼호스트의 일방적인 제품 안내로 진행되기에 소비자는 제품에 대한 궁금증을 즉시 해소하기 어렵다. 소비자가 취할 수 있는 행동은 전화나 문자로 '구매'하는 것뿐이다. 반면 라이브 커머스는 실시간으로 판매자와 소비자가 양방향으로 소통할 수 있어 궁금한 점들을 바로 묻고 답할 수 있다. 소비자가 질문을 던지고 호스트가 이를 즉각적으로 답변하는 과정에서 제품에 대한 이

해도가 높아질 수 있다. 또한 시청자 반응에 따라 호스트가 추가 정보를 제공할 수도 있어, 적극적으로 참여하는 소비자들은 개인화된 경험을 느낄 수 있다. 전문 쇼호스트가 아니너라도 관련 분야의 인플루언서가 출연하기도 하고, 때로는 연예인이 출연하기도 하면서 라이브 방송은 직접 소통이 가능하다는 점에서 하나의 팬 이벤트로 작용하기도 한다.

코로나19로 인한 사회적 거리두기와 이동 제한 조치로 오프라인 쇼핑이 어려워지면서, 소비자들은 단순히 제품을 구매하는 것을 넘어 쇼핑 과정에서 재미와 소통을 경험하고자 했다. 이러한 요구에 딱 들어맞는 것이 바로 라이브 커머스였다. 라이브 커머스는 실시간 방송으로 진행되기 때문에 특정 시간대에만 참여할 수 있다는 점에서 오프라인

29CM '29라이브' 아카이브앱크 실시간 방송
(출처: 29CM 앱)

쇼핑의 특성을 지니고 있다. 이러한 시간적 제약은 오히려 소비자들에게 특별한 쇼핑 경험을 제공하는 요소로 작용한다. 백화점 식품 코너에서 볼 수 있는 마감 전 특가 상품 판매, 팝업스토어의 한정판 제품 판매와 같이 라이브 커머스도 방송이 진행되는 동안에만 특별한 할인이나 혜택을 제공하여 소비자의 즉각적인 구매를 유도한다. 이는 소비자들에게 긴박감을 주어 구매 결정을 빠르게 하도록 유도하는 효과도 있다. 온라인 쇼핑의 진화가 오프라인의 시공간적 한계성의 특징을 반영하고 있다는 점이 흥미롭다.

29CM '29라이브' 아식스 실시간 방송
(출처: 29CM 앱)

새로운 기회를 품은 크리에이터

누구나 시작할 수 있는 유연한 플랫폼

라이브 커머스는 고객에게만 좋은 것이 아니다. 판매자에게도 많은 장점이 있다. 라이브 커머스는 수수료나 제작비용이 저렴해 진입 장벽이 낮으므로 중소상공인을 포함한 누구나 판매자가 될 수 있다. 또한 홈쇼핑은 엄격한 방송 심의 규정을 따르지만, 라이브 커머스는 온라인 서비스 특성상 규제에 자유로워 다양한 콘텐츠를 시도할 수 있다.

방송사가 기획을 주도하는 홈쇼핑과 달리 라이브 커머스에서는 인플루언서, 소상공인, 기업 등 다양한 주체가 방송을 이끌 수 있다. 홈쇼핑처럼 제품 선정 과정이 엄격하지도 않고, 방송을 시작하기 위해 특별한 전문성이 요구되지 않기 때문에 누구나 쉽게 방송을 시작할 수 있다. 주로 TV 방송으로 진행하는 홈쇼핑과 달리, 라이브 커머스는 모바일 앱이나 웹에서 이뤄진다는 점도 다르다. 방송 시간과 방식 면에서도 차이가 있다. 홈쇼핑은 정해진 편성 시간에 맞춰 비교적 전문적인 방식으로 진행된다면 라이브 커머스는 24시간 언제든 판매자가 원할 때 방송하고 캐주얼한 스타일로 진행된다. 판매 가격 역시 실시간으로 바뀔 수 있어서, 보다 유연하고 즉각적인 쇼핑 경험을 제공한다는 점에서 홈쇼핑과 다르다. 제품을 얼마나 매력적으로 어필하느냐에 따라 매출이 결정되므로, 이러한 판매 방식은 소상공인에게도 긍정적이다. 예를 들어 식품을 판매하는 소상공인은 새벽부터 빵이나 떡을 만드는 과정을 라이브로 보여줄 수 있고, 청과물 시장의 상인은 청과물의 당도를 측정하는 모습을 실시간으로 방송할 수 있다. 특별한 연출 기술이나 편집 비용을 들이지 않아도 제품을 효과적으로 홍보할 수 있는 것이다.

또한 판매자가 개인적 경험과 신뢰를 기반으로 제품을 추천하기에 일반 광고보다 호소력이 있다. 구매 경험이 있는 다른 소비자들이 실시간 댓글로 제품에 대한 경험을 공유하기 때문에 잠재 고객도 강력히 설득할 수 있다. 이를 위해 특별한 비용이 들지 않는다는 점도 장점이다. 이러한 점은 기존 홈쇼핑 채널과 비슷한 특성이지만, 라이브 커머스는 실시간 상호작용을 통해 소비자의 망설임을 해소하며 적극적인 구매 참여를 끌어낼 수 있다는 점에서 다르다. 판매자로서는 할인 등의 혜택을 제한된 시간 내에 구매자 다수에게 제공할 수 있다. 할인된 가격이나 혜택이 타 플랫폼에 노출될 확률도 적어 부담이 적고 특정 기간에만 판촉 활동을 하기에도 유리하다.

글로벌 트렌드로 자리잡은 라이브 커머스

라이브 커머스는 한국뿐 아니라 전 세계적으로 확산하고 있는 글로벌 트렌드다. 특히 중국은 팬데믹 이전부터 라이브 방송이 활성화된 선두주자인데, 중국 시장을 겨냥한 글로벌 브랜드들은 라이브 방송을 적극적으로 활용하고 있다.

예를 들어, 글로벌 팝 아이콘 리애나(Rihanna)는 자신의 화장품 브랜드인 펜티 뷰티(Fenty Beauty)를 홍보하기 위해 중국판 틱톡인 '더우인(Douyin)'에서 라이브 스트리밍을 진행했다. 즉 중국의 독특한 디지털 생태계와 문화적 맥락을 잘 이해하고 인플루언서들과 협력하며 라이브 커머스의 잠재력을 적극 활용한 것이다. 리애나는 펜티 뷰티 공식 채널뿐 아니라 인기 뷰티 인플루언서 채널에도 출연해 글로스 밤 립스틱, 다이아몬드 밤 베일 등 다양한 제품을 소개했다. 해당 라이브 스트리밍에는 총 7만 명의 시청자가 몰렸으며 이 라이브 커머스 행사로 브랜드 인지도가 크게 높아졌다. 그 결과, 진입 장벽이 높은 중국 뷰티 시장에서 해외 브랜드가 큰 주목을 받으며 성공적으로 안착할 수 있었다.

펜티 뷰티의 더우인 라이브 방송
(출처: 리애나, 펜티 뷰티 인스타그램)

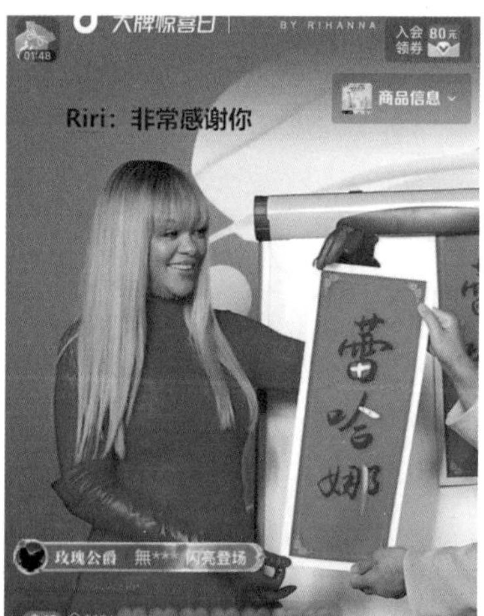

판매자들을 끌어들이려는 플랫폼들의 차별화 전략

라이브 커머스가 주목받는 또 하나의 배경

최근 온라인 광고업계에서는 서드파티* 쿠키 제공 중단 논의가 있었다. 서드파티 쿠키를 이용한 리타기팅 광고는 소비자의 웹사이트 이용 기록을 바탕으로 관련 상품을 추천해 효율적인 광고를 가능하게 했으나, 사생활 침해 문제로 논란이 있었다. 구글은 2020년 서드파티 쿠키 제공을 중단하겠다고 발표했지만, 2024년 7월 이를 철회한 바 있다. 이러한 예측 불가능한 상황 속에서 판매자들은 리타기팅 광고의 효과와 시장 규모 감소, 광고 효율 하락을 우려하며 대체 채널로 라이브 커머스를 주목했다. 라이브 커머스는 소비자가 관심 있는 방송에 직접 알림을 신청하고 시청하도록 유도하는 오퍼월 마케팅*을 활용하면서 사생활 침해 이슈에서 비교적 자유롭게 소비자에게 도달할 수 있다.

플랫폼들이 각각의 고유한 서비스를 내놓으면서 라이브 커머스도 덩달아 활기를 띠며 발전해왔다. 홈쇼핑업계를 비롯한 국내에서는 네이버, 카카오 등이 선발 주자로 라이브 커머스에 뛰어들었고 올리브영, 무신사, 29CM, 컬리와 같은 버티컬 플랫폼도 자체적으로 라이브 커머스를 구현하면서 시장이 커지고 있어 앞으로의 성장도 기대된다.

서드파티(Third Party) 사전적 정의로 '제삼자'를 뜻하며, IT업계에서는 어떤 분야의 기술을 처음 개발한 자가 아닌, 원천기술과 호환되는 상품을 출시하거나 해당 기술을 이용한 파생상품을 생산하는 기업을 주로 지칭

오퍼월(Offerwall) 마케팅 사용자가 특정 작업을 수행함으로써 보상(Offer)을 획득하게 하는 형태의 마케팅

기술을 통해 더 진화하는 라이브 쇼핑

국내 라이브 커머스 점유율 1위인 네이버는 AI를 활용하여 서비스 전반에서 판매자 록인* 효과를 노리고 있다. 2023년 7월, 네이버는 쇼핑라이브 대본의 초안을 작성해주는 'AI 큐시트 헬퍼' 서비스를 출시했다. "이 원형 접시는 가벼우면서 단단한 내구성을 가진 제품이어서 저도 자주 사용하는데요. 가격도 저렴해서 좋은 가성비로 추천드리는 제품입니다." AI 큐시트 헬퍼가 만들어낸 대본이다. AI 큐시트 헬퍼는 오프닝과 클로징 멘트는 물론 상품 정보, 타깃 고객, 상품 활용 방법을 문장으로 제공하는데 판매자는 이 초안을 참고해 자신만의 대본을 작성할 수 있다. 이 서비스는 라이브 방송에 익숙하지 않은 판매자들의 진입 장벽을 크게 낮췄고 빠르게 성장하는 라이브 커머스 시장에서 네이버 쇼핑라이브가 중소상공인들의 주요 마케팅 플랫폼으로 자리잡는데 기여했다.

카카오는 '카카오쇼핑라이브'와 '카카오톡 톡채널'을 연동하여 접근성을 높이고 있다. 방송중 카카오톡 채팅을 통해 호스트와 소비자 간의 긴밀하고 빠른 소통을 지원한다. 또한 카카오는 소셜미디어 영향력 분석 스타트업 '피처링'과 협업하여 AI로 유효 팔로워수, 성장성, 전환 예상수를 분석하고 이를 바탕으로 라이브 커머스를 진행할 인플루언서를 선별하고 있다. 선별된 인플루언서로는 주방·요리 분야의 유진이랑과 살림·생활 분야의 살림팝이 있다.

홈쇼핑업계도 변화에 발맞춰 체질 개선을 시도한다. 신세계라이브쇼핑은 2024년 하반기부터 쇼핑 AI 서비스를 제공하고 있다. 이 서비스는 고객이 원하는 정보를 문의하면 채팅창을 통해 상품 정보뿐 아니라

록인(Lock-in) 소비자가 특정 제품이나 서비스를 한 번 구매하거나 이용하면 다른 대안으로 전환하기 어려워 기존 제품, 서비스를 계속 이용하게 되는 현상

상품 리뷰를 필터링해서 날씨와 유행 등 세부적인 정보까지 제공한다. 해당 기술 도입 이후 앱 체류 시간이 늘어나는 효과를 보았다.

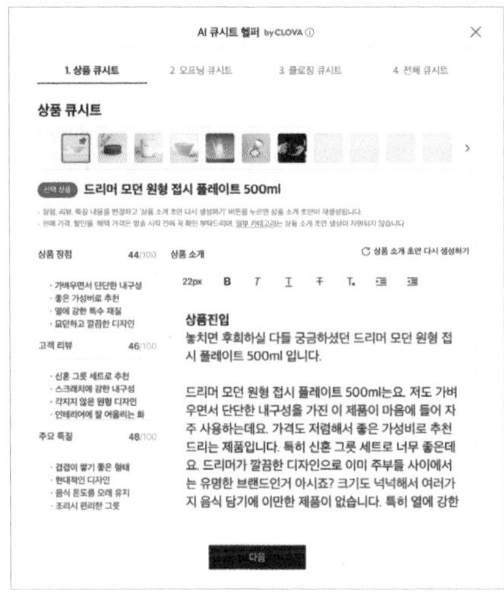

네이버 ‘AI 큐시트 헬퍼’ 서비스
(출처: 네이버)

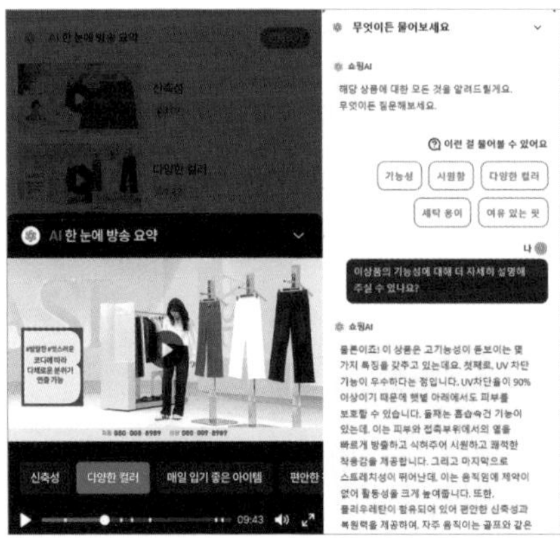

신세계라이브쇼핑 ‘AI 한눈에 방송 요약’ 서비스
(출처: 신세계그룹)

콘텐츠로 연결된 일상 속 쇼핑 혁명

유연한 외연 확장을 통한 라이브 커머스의 미래

라이브 커머스는 '방송'이라는 효율적인 도구로 소비자의 반응을 즉각적으로 살피고 그들에게 정보를 다각적으로 전달하여 이익을 내는 서비스다. 이는 새로운 커머스의 패러다임을 만들어낼 수 있는데, 기존 방송 채널과 달리 인공지능 및 최신 기술과 결합하여 즉각적인 데이터를 확보하고 이를 반영해 상품 거래의 전략을 바꾸는 유연한 행위가 가능하기 때문이다. 라이브 커머스는 MZ세대의 디지털 친화적 성향과 유연성을 바탕으로 새로운 소비문화를 형성하고 있다. 라이브 커머스는 단순한 판매 채널을 넘어, 브랜드와 소비자 간의 강력한 연결 고리가 될 것이다.

라이브 커머스는 국경을 넘어 글로벌 소비자와 직접 소통할 수 있는 강력한 도구로 성장할 전망이다. 디지털 플랫폼을 통해 지리적 제약 없이 진행되며, 곧 해외 라이브 방송에 실시간 자막이 달리는 상황도 가능해질 것이다. 이로 인해 다국적 브랜드는 물론, 중소기업도 큰 기회를 맞이할 수 있다. 다양한 브랜드가 세계 각국의 소비자와 직접 소통하는 시대에는 각 지역의 문화적 특성과 소비자 요구를 이해하고 현지화된 마케팅 전략을 세우는 것이 중요해질 것이다.

재미와 상품을 동시에 파는 커머스

라이브 커머스는 방송의 형태를 갖추고 있는데, '방송'은 판매를 위한 도구일 뿐이다. 라이브 방송이 끝나고 나면 그 방송이 별도의 가치를 갖는다고 보기는 어렵다. 그렇다면 현재 유튜브를 필두로 한 다양한 콘텐츠나 방송에 커머스를 결합한 방식은 없을까? 자연스럽고 다양한 형식의 콘텐츠에 제품을 소개하며 구매를 유도하는 방식의 '콘텐츠 커머스'도 떠오르고 있다.

전 세계에서 압도적인 점유율을 기록하고 있는 유튜브는 2023년 7월, 한국에서 처음으로 '유튜브 쇼핑'을 론칭하며 본격적으로 e커머스 시장에 진출했다. 스트리밍 서비스를 지원하는 유튜브에서 크리에이터들이 다양한 기업의 제품을 판매할 수 있는 것은 물론, 영상 소개글에 제품 링크를 배치하여 자사몰이나 전자상거래 플랫폼으로 쉽게 연동되도록 설계했다. 제품을 강조하여 별도로 표시할 수 있으며, 시청자들은 이를 통해 제품을 간편하게 주문할 수도 있다. 유튜브는 이제 개별 라이브 쇼핑 대신, 유튜브 공식 채널로 제품을 소개하고 클릭 한 번으로 구매할 수 있는 시스템을 제공중이다. 미래에셋증권의 연구 결과에 따르면 유튜브 쇼핑은 2025년부터 본격 성장하여 2028년에는 국내 총거래액이 6조 7,000억 원에 이를 것이라고 한다. 또한 국내 라이브 커머스 점유율이 2028년에 28%까지 증가해 업계 선두인 네이버를 위협할 것이라고 전망했다.

유튜브는 타 쇼핑 플랫폼과 연동되는 수평적인 시장도 확장했다. 2024년 6월 '쇼핑 제휴 프로그램'을 출시하여 크리에이터들이 콘텐츠에 태그한 쿠팡 제품이 구매로 이어질 경우 수수료를 받을 수 있도록

했다. 또한 '카페24'와 협력해 유튜브 쇼핑 전용 스토어를 개설하여 유튜브 내에서 직접 주문 및 결제가 가능하게 했다. 이로 인해 카페24의 2024년 2분기 영업이익은 전년 같은 기간보다 289.3% 증가한 90억 원을 기록했다.

티톡 '틱톡숍' 서비스 소개
(출처: 틱톡 홈페이지)

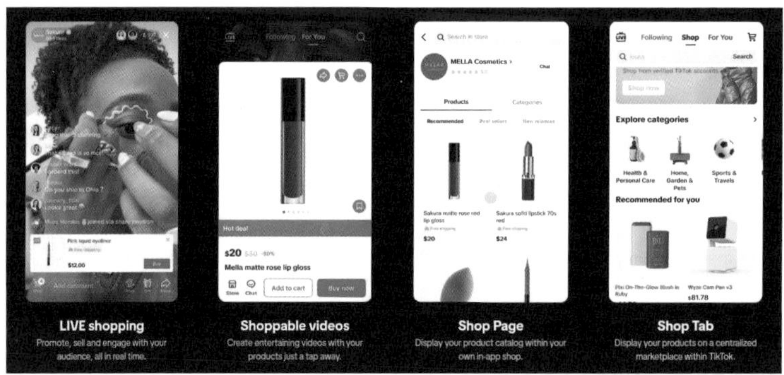

틱톡 내 '티르티르' 관련 콘텐츠
(출처: 틱톡 앱)

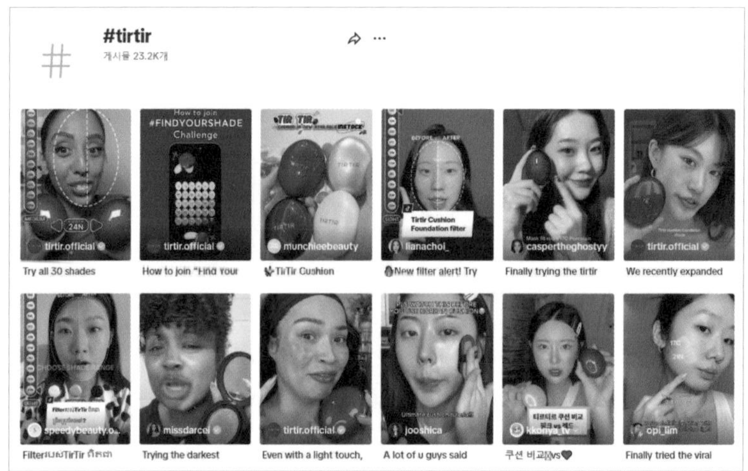

글로벌 숏폼 시장의 선두 주자인 틱톡은 '틱톡숍'을 통해 숏폼 콘텐츠와 쇼핑을 결합한 플랫폼을 운영하고 있다. 소비자들은 틱톡에서 짧은 동영상을 보며 제품을 바로 구매할 수 있으며, 틱톡은 인플루언서의 영향력을 활용해 판매를 촉진하고 있다. 2021년 인도네시아에서 시작된 틱톡숍은 2023년까지 동남아 5개국, 미국, 영국 등으로 확장하며 빠르게 성장했다. 한국 출시 계획은 아직 없으나, 진출 시 주요 타깃인 10~20대에게 큰 영향을 미칠 것으로 예상된다. 국내 기업들은 틱톡숍을 글로벌 시장 진출의 교두보로 활용할 수 있다. 대표적인 사례인 한국 화장품 브랜드 '티르티르(TIRTIR)'는 모든 인종을 아우르는 30가지 색상의 '마스크 핏 레드 쿠션'을 출시하고, 사용자가 자신의 피부 톤에 맞는 색상을 고를 수 있도록 전용 틱톡 필터를 개발했다. 이 제품은 미국 뷰티 인플루언서들 사이에서 큰 호응을 얻었으며, 2024년 6월 기준 글로벌 누적 판매량 1,704만 개를 기록했다.

짧은 순간에 자연스럽게 소비자를 사로잡는 매력

라이브 커머스와 콘텐츠 커머스는 상호 보완하며 커머스 시장을 확대해나갈 가능성이 커 보인다. 콘텐츠 커머스는 콘텐츠 가치를 유지하면서도 상품 판매를 유도할 수 있고, 콘텐츠 속에서 상품 활용 사례를 보여주어 잠재 구매자의 관심을 끌 수 있다. 콘텐츠 커머스의 대표적인 예인 틱톡은 화장품, 패션 아이템, 식품 등 트렌드에 민감한 상품 카테고리에서 큰 인기를 끌고 있지만, 가전제품이나 가구같이 더욱 상세한 설명과 질의응답이 필요한 소비재의 경우, 직접 소통할 수 있는 것은 물론 가격 할인 등의 혜택을 제공할 수 있는 라이브 커머스가 더 효과적일 수 있다.

앞으로의 커머스 시장은 흥미를 자극하고 일상에 자연스럽게 스며드는 직관적인 콘텐츠를 통해 강력한 소비자 기반을 확보할 가능성이 높아 보인다. 짧은 영상으로 대중의 마음을 사로잡은 숏폼도 최근 커머스에 적용되며 '숏핑'이라는 용어까지 탄생했다. '숏폼'과 '쇼핑'의 합성어인 숏핑은 짧은 시간에 제품의 핵심 가치를 효과적으로 전달할 수 있어 숏폼의 인기와 함께 커머스업계를 파고들고 있다. 이처럼 소비자들은 더욱 재미있고 일상과 밀접한 콘텐츠를 선호하며, 이러한 접근 방식이 시장에서 더욱 두각을 나타낼 것이다. 결국 커머스 시장은 단순한 판매를 넘어 소비자와 깊이 연결되며 성장할 것으로 예상된다.

라이브 커머스는 새로운 쇼핑 문화를 형성하며 e커머스의 판도를 바꾸고 있다. 소비자와의 실시간 소통, 맞춤형 경험 제공, 글로벌 확장 가능성 덕분에 라이브 커머스는 MZ세대와 다국적 브랜드들 사이에서 강력한 인기를 얻고 있다. 기술과 콘텐츠의 융합으로 소비자 경험을 강화하는 라이브 커머스는 이제 미래의 쇼핑 방식으로 자리잡고 있으며, 브랜드와 소비자 간의 깊은 유대감을 형성하는 중요한 매개체가 되고 있다. 이처럼 빠르게 변화하는 쇼핑 환경 속에서 라이브 커머스와 콘텐츠 커머스 같은 새로운 쇼핑 패러다임을 적극 활용하는 기업들이 미래의 성공을 이끌어갈 것이다.

첨단기술의 발전으로 인해 실시간으로 풍부한 정보를 제공해주는 몰입감 있는 쇼핑 경험을 추구하는 소비자들이 늘고 있다. 미래의 커머스는 이러한 요구를 충족시키며, 직접 만져보지 않아도 생생한 제품 체험을 가능하게 할 것이다. 향후 AI가 단순한 구매 과정을 대체할 가능성이 있더라도, 소비자들은 여전히 더 재미있고 몰입감 있는 쇼핑 경험을 원할 것이다. 따라서 커머스는 단순한 거래를 넘어서 감각적이고 참여적인 경험을 제공하는 방향으로 발전해 나갈 것이다. 판매자는 이러한 트렌드를 인지하고, 라이브 커머스를 활용하여 소비자들에게 더욱 풍부한 몰입의 경험을 제공할 전략을 세우는 것이 중요하다.

웰컴키즈 마케팅:

취향 공유 가족

MZ세대라는 용어가 등장한 지 10년쯤 되었다. 온갖 미디어에서 베이비붐세대, X세대와는 전혀 다른 '요즘 것들'이 등장했다며 열심히 MZ세대의 특성을 분석해온 지도 벌써 10여 년이 된 것이다. 그리고 이제는 그중 밀레니얼세대의 상당수가 부모라는 라이프 스테이지에 들어섰다. 1980~1994년생으로 2024년 기준 만 30~44세인 밀레니얼세대는 이제 2010년 이후 출생한 알파세대 자녀를 두게 되었다.

이전 세대보다 상대적으로 풍요로운 환경에서 성장한 밀레니얼세대는 개인의 취향을 중시하고 문화 소비를 즐기며, 자신에게 가치가 있다고 생각하면 주저 없이 소비한다. 이러한 특성은 이들이 부모가 된 후의 소비에도 고스란히 반영되었다. 이들은 자녀를 적게 낳아 아낌없이 투자해주려는 성향을 보이며, 이는 물질적인 것뿐 아니라 다양한 문화생활에도 적용된다. 키즈 명품을 넘어 키즈 카페, 키즈 대상 체험학습 등의 성행과 나날이 증가하는 키즈 산업 규모가 이를 잘 보여준다.

최근 들어 이런 밀레니얼세대 부모를 타깃으로 한 非키즈 브랜드의 가족 친화 마케팅이 확산되고 있다. 키즈 브랜드가 아닌데도 키즈 친화적인 마케팅으로 밀레니얼세대 부모의 관심과 소비를 이끌어내고 있는 것이다. 이들의 공통적인 특징은 밀레니얼세대 부모가 자신의 취향을 알파세대 자녀와 공유하며 함께 즐거운 시간을 보낼 수 있게 해준다는 점이다.

©Ketut Subiyanto, Pexels

밀레니얼세대 부모의 특성

자녀를 위한 투자에 진심

밀레니얼세대 부모는 결혼과 출산이 더이상 필수가 아니게 된 시대에 자녀가 있는 삶을 신중하게 선택한 사람들이다. 심사숙고한 출산인 만큼 이들은 자녀에게 가장 좋은 것을 제공하기 위해 최선을 다하며, 아이에게 관심과 자원을 집중하는 성향을 보인다. 또한 밀레니얼세대 부모의 높은 맞벌이 비중은 자녀에 대한 투자를 더욱 활발하게 한다. 2023년 기준 기혼 가구 맞벌이 비중은 30대 59%, 40대 58%로 밀레니얼세대가 타 연령 대비 높았다.

밀레니얼세대 부모가 자녀에게 투자를 아끼지 않는다는 특징은 양육비에서 잘 나타난다. 보건복지부의 「2021년 전국보육실태조사」에 따르면 자녀 1명당 월평균 양육비는 97만 6,000원으로 전체 평균 가구소득의 19%, 가구지출의 30%에 달했다. 2023년 기준 합계 출생률이 0.72명에 불과한 요즘, 밀레니얼세대 부모는 자녀를 하나만 낳아 할 수 있는 최고의 투자를 해주겠다는 의지가 강하다. 이에 따라 국내 키즈 산업은 매년 고성장세를 유지하고 있다. 한국콘텐츠진흥원은 국내 키즈 산업 시장 규모가 2002년 8조 원에서 2023년 50조 원으로 성장했다고 밝혔으며, 글로벌 컨설팅업체 맥킨지는 2025년에 한국 키즈 산업이 58조 원 규모의 시장이 될 것이라고 전망했다.

최상의 물질적 지원

베이비 디올, 톰브라운 키즈 등 키즈 명품 브랜드들이 한국에 신규 론칭하거나 매장을 늘려나가며 고가 라인을 확장하고 있고, 이 브랜드들의 매출은 연일 증가세다. 신세계백화점의 2023년 몽클레르 앙팡, 버버리칠드런 등의 키즈 명품 의류 매출은 전년 대비 15% 증가했으며, 스토케 등 프리미엄 키즈 용품 매출 또한 15% 증가했다. 베이비 디올의 경우 인기가 워낙 높아 2024년 2월에는 신세계백화점 강남점에 선물 전용 매장도 추가 오픈했다. 영유아용 의류뿐 아니라 스킨케어, 향수 같은 용품도 취급하여 출산 선물을 한 번에 둘러볼 수 있다.

이러한 키즈 명품의 강세는 지난 몇 년간 지속된 현상이지만, 2024년 들어서는 렌털까지 확산되고 있다. 키즈 명품 의류 렌털업체 테오(THEO)는 2023년에 오픈한 뒤 높은 인기에 힘입어 2024년 2월에는 렌털 제품을 착용하고 스튜디오 촬영을 할 수 있는 키즈 화보 서비스도 론칭했다.

버버리칠드런, 펜디 키즈 렌털 제품을 입고 찍은 테오 화보
(출처: THEO 인스타그램)

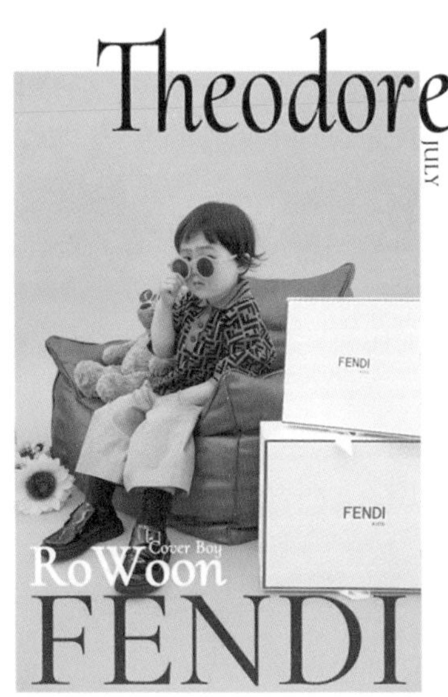

이처럼 자신에게 가치가 있는 것이라면 주저 없이 소비하는 밀레니얼세대의 특성이 부모로서의 소비에도 나타나고 있다. 자녀에게 아낌없이 투자하고 싶은 마음은 최고의 물실적 시원을 해주고자 하는 니즈가 되었고, 누군가는 사치스럽다고 생각할 수 있는 60만 원대 유아용 원피스나 130만 원대 유아용 우주복이 이런 이들에게는 의미 있는 소비가 된다. 그렇기 때문에 매장 구매를 넘어 렌털까지 키즈 명품 시장이 확장되고 있는 것이다.

다양한 문화 체험

어린이 놀이문화의 대표 격인 키즈 카페의 성행은 자녀에게 놀이문화 체험을 제공해주려는 밀레니얼세대 부모의 강력한 의지를 잘 보여준다. 정부의 놀이 시설 통계 중 키즈 카페 대부분이 포함된 기타유원시설업의 수는 10여 년 만에 약 37배 증가해 2022년 2,280개가 되었을 정도로 키즈 카페는 인기가 높다. 서울시에서도 2022년 첫 공공 키즈 카페를 론칭했고, 2023년 말까지 총 이용객이 10만 2,000여 명에 달할 정도로 인기를 끌어 2024년 1분기 기준 49개소까지 지점을 증설했다.

키즈 체험 프로그램의 인기도 나날이 높아지고 있다. 키즈 체험과 관련된 버즈량은 꾸준히 증가하여 2024년 1분기 버즈량은 8만 5,591건으로 2020년 1분기의 4만 5,769건 대비 87%나 증가했다. 키즈 전용 놀이, 체험 프로그램, 전시회 등을 소개하고 연결해주는 애플리케이션 서비스인 '놀이의발견'의 2023년 연간 거래액은 245억 원에 달했다.

호텔업계는 키즈 캐릭터를 연계한 호캉스 패키지를 넘어 체험 프로그램까지 론칭하고 있다. 더블트리 바이 힐튼 서울 판교는 2024년 7월 인기 어린이 애니메이션 〈캐치! 티니핑〉과 협업한 호캉스 패키지를 출시했으며, 이 패키지에는 호텔 곳곳에서 스탬프 미션을 수행할 수 있는 체험 프로그램이 포함되었다. 메이필드호텔 서울은 2024년 7월 유명 댄스 스튜디오와 협업하여 K팝 댄스 수업과 숏폼 콘텐츠 촬영을 체험할 수 있는 패키지를 운영했으며, 켄싱턴호텔 평창은 2024년 8월, 호텔과 리조트 총 4곳에서 당근 수확이나 동물 먹이 주기 등의 체험 콘텐츠를 운영했다.

'키즈 체험' 버즈량 추이
(출처: 이노션 인사이트전략본부)

(단위: 건)

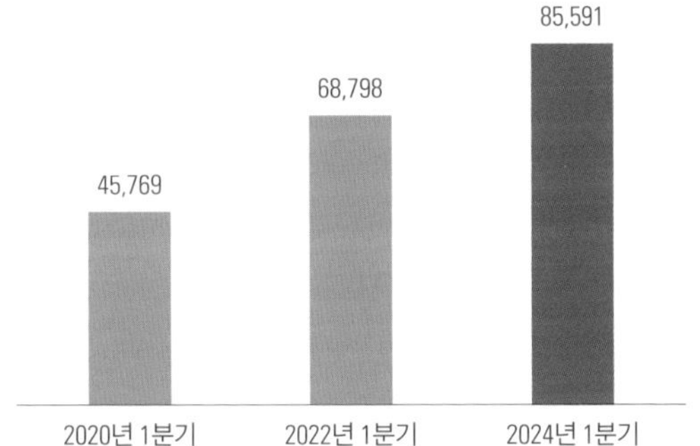

켄싱턴호텔 평창의 동물 먹이 주기 체험
(출처: 켄싱턴호텔앤리조트)

자녀가 다양한 문화 체험을 할 수 있게 해주려는 노력은 국내에서 그치지 않는다. 관광지식정보시스템에 따르면 0~10세의 해외 출국 인원수는 2024년 6월 11만 8,433명에 달했으며, 이는 10년 전인 2014년 6월 대비 112% 증가한 수치다. 알파세대 자녀와 함께하는 해외여행은 그 수만 늘어난 것이 아니다. 여행 테마 또한 휴양에서 문화 체험으로 확장되고 있다. 네이버에서 운영하는 여행플러스 블로그는 2018년까지만 하더라도 아이와 함께하는 해외여행 콘텐츠로 베트남 냐짱, 말레이시아 코타키나발루 등 휴양지를 다루었지만, 2024년에는 영국 요크, 덴마크 오덴세, 룩셈부르크의 어린이 고고학 체험 센터와 국립자연사박물관의 어린이 워크숍과 같은 문화 체험 요소를 소개하고 있다.

非키즈 브랜드의 가족 친화 마케팅

어느 세대나 부모라면 자녀에게 가장 좋은 것을 주고 싶어한다. 하지만 밀레니얼세대 부모는 그 '좋은 것'의 양상이 이전 세대와 조금 다르다. 경제적 부담에도 명품 의류나 용품 등 물질적으로 최고의 지원을 해주고 싶어하며, 정서적으로는 체험 프로그램이나 해외여행 등 다양한 문화 경험을 제공해주려 한다. 취향과 경험을 중시하는 밀레니얼세대의 특성이 부모로서의 소비에도 고스란히 반영된 결과다. 키즈 관련 업계는 이러한 밀레니얼세대 부모의 특성에 맞춰 프리미엄 마케팅이나 체험 마케팅을 펼쳐왔다. 그런데 최근에는 非키즈 브랜드에서도 밀레니얼세대 부모를 타깃으로 마케팅을 전개하고 있다. 키즈 브랜드는 아니지만 밀레니얼세대 부모가 자신의 취향을 알파세대 자녀와 함께 즐길 수 있도록 하는 방식의 가족 친화 마케팅이다.

MZ 인기 브랜드의 키즈 패션 확장

최근 마르디 메크르디, 마리떼 프랑소와 저버 같은 MZ 인기 패션 브랜드들이 키즈 패션으로 영역을 확장하여 밀레니얼세대 부모가 자신의 패션 취향을 알파세대 자녀와 공유할 수 있도록 하고 있다. 마르디 메크르디는 2021년 일부 시그니처 제품을 아동 사이즈로 출시한 것에서 출발하여 '마르디 메크르디 레쁘띠'라는 키즈 라인을 정식으로 론칭했다. 2023년 11월에는 한남동 플래그십 스토어에 단독 쇼룸을 오픈했으며, 인기에 힘입어 2024년 3월에는 잠실 롯데월드몰에 두번째 매장을 오픈했다. 마르디 메크르디 레쁘띠의 홈페이지 내 키즈 모델은 전부 여아다. 모브랜드인 마르디 메크르디가 여성복 브랜드인 점을 감안하면 엄마와 딸이 미니미룩을 연출하기 좋은 구조다. 마르디 메크르디를 전개하는 피스피스스튜디오의 서승완 각자대표는 지난 2023년 7월 테넌트 뉴스와의 단독 인터뷰에서 '아빠와 아들이 함께 입는 패션 브랜드도 론칭할 전망'이라고 밝혔었다. 추가 브랜드가 론칭되고 나면 가족 전체의 패밀리룩 구현도 가능해질 것이다.

마르디 메크르디(좌)와 마르디 메크르디 레쁘띠(우)의 시그니처 꽃 그래픽 티셔츠
(출처: 마르디 메크르디 홈페이지)

로고 티셔츠가 시그니처 제품인 마리떼 프랑소와 저버 또한 2023년 5월 키즈 라인 '마리떼 앙팡'을 론칭했다. 신세계백화점 강남점의 팝업 스토어는 2024년 3월 오픈해 한 달 남짓 동안 1억 5,000만 원의 매출을 올렸으며, 2024년 연매출 목표는 70억에 달했다. 마리떼 앙팡의 주력 제품도 모브랜드의 시그니처 제품인 로고 티셔츠다. 모브랜드와 마리떼 앙팡 모두 남성, 남아도 대상으로 하기 때문에 온 가족의 패밀리룩 연출이 가능하다.

이 사례들의 공통점은 밀레니얼세대 부모가 미니미룩, 패밀리룩을 통해 자신의 취향을 자녀에게도 적용할 수 있게 했다는 점이다. 패밀리룩은 부모가 좋아하는 패션을 자녀와 함께 즐길 수 있을 뿐 아니라, SNS를 통해 다른 이들에게 보여주기에도 좋다. 마리떼 앙팡이 2024년 5월 패션 인플루언서 김나영과 그의 두 자녀를 모델로 패밀리 화보 마

마리떼 프랑소와 저버와
마리떼 앙팡의 로고 티셔츠로
패밀리룩을 연출한 김나영 화보
(출처: 마리떼 프랑소와 저버 홈페이지)

케팅을 펼친 것이나, 인스타그램의 '패밀리룩' 해시태그 건수가 2024년 7월 기준 39만 2,000건에 달하는 것이 이를 잘 보여준다. MZ세대의 인기 패션 브랜드들은 취향을 중시하고 SNS로 소통하는 밀레니얼세대의 특성을 잘 응용해 밀레니얼세대 부모에게 성공적으로 소구했다.

키즈 친화적 팝업스토어

밀레니얼세대에게 팝업스토어 체험은 주요한 여가생활 중 하나이며, 매주 팝업스토어 운영 정보를 정리해 알려주는 인스타그램 계정이 등장할 정도로 요즘은 팝업스토어 전국시대다. 다양한 키즈 브랜드에서 팝업스토어를 운영하지만, 최근 들어 非키즈 브랜드에서도 팝업스토어를 키즈 친화적으로 구성하고 있다. 밀레니얼세대 부모들에게 이처럼 어린이용이나 어른용으로 나뉘지 않는, 가족이 함께 즐길 수 있는 팝업스토어는 문화 체험의 새로운 장이 되고 있다.

중고차 거래 플랫폼인 헤이딜러는 2024년 2~3월 스타필드 하남에서 '헤이리틀: 생애 첫 내차팔기' 팝업스토어를 운영하며 어린이 장난감 자동차 중고 거래, 장난감 자동차 드라이빙 체험 등의 서비스를 제공했다. 쇼핑몰 내에서 운영했기 때문에 어린 자녀를 데리고 방문하기 좋은 환경이었으며, 내부 체험 또한 자녀 맞춤형이었다. 헤이딜러는 분명 성인을 타깃으로 하는 중고차 거래 플랫폼이지만 알파세대 자녀에게 맞춘 팝업스토어를 운영한 것이다. 온라인에 올라온 여러 후기들은 드라이빙 체험을 하고, 새로운 장난감 자동차로 바꿔주니 아이가 너무 좋아했다며 헤이딜러 브랜드에 긍정적인 반응을 보였다. 실제 차량이 아닌 장난감 차량이었지만, 자녀가 즐거워하는 모습을 보고 브랜드에 대한 친숙도가 상승하는 효과가 있었던 것이다. 헤이딜러 팝업스토어는 평일에는 약 300명, 주말에는 약 400명이 드라이빙 체험을 할 정도로 인기였고, 브랜드 버즈량은 46% 증가했다.

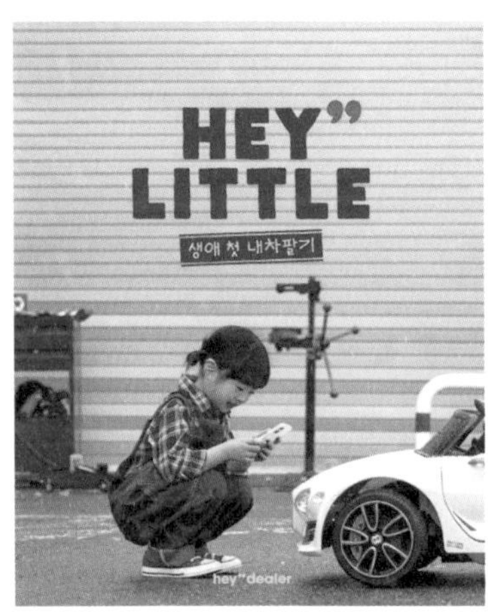

헤이리틀 홍보 이미지
(출처: 헤이딜러 인스타그램)

헤이리틀 팝업스토어 모습 (출처: 헤이딜러 인스타그램)

팝업스토어 전경

장난감 자동차 드라이빙 체험

화장품 브랜드 '마녀공장'은 2024년 7월, 가족 영화 〈슈퍼배드 4〉 개봉을 맞아 캐릭터 미니언즈와 컬래버레이션을 진행하며 스타필드 코엑스몰과 스타필드 수원점에서 팝업스토어를 운영했다. 헤이딜러와 마찬가지로 밀레니얼세대 부모가 어린 자녀와 방문하기 좋은 쇼핑몰에서 진행했으며, 캡슐 뽑기, 셀피 부스 등 알파세대 자녀도 충분히 즐길 수 있는 체험을 제공했다. 특히 캡슐 뽑기 게임은 난도가 낮아 누구나 즐기기 좋았다는 후기가 주를 이룬다. 그 덕분인지 평일과 주말 모두 팝업스토어 입장을 기다리는 대기 줄의 절반은 유아차나 어린이를 동반한 밀레니얼세대 부모였다. 마녀공장 또한 성인을 타깃으로 하는 화장품 브랜드다. 더군다나 컬래버레이션 제품은 클렌징 오일, 클렌징 밤, 앰플 등 알파세대 자녀가 사용할 만한 제품이 아니었다. 키즈 브랜드도 아니고 키즈와 함께 사용할 만한 제품을 판매하는 것도 아니지만, 부모가 된 밀레니얼세대를 타깃으로 가족 친화적인 마케팅을 펼친 것이다.

마녀공장×미니언즈 팝업스토어 홍보 이미지
(출처: 마녀공장 인스타그램)

마녀공장×미니언즈 팝업스토어의 캡슐 뽑기존

이러한 양상은 올리브영의 팝업스토어에서도 이어졌다. 2024년 7월, 올리브영은 잠실 롯데월드몰에서 목욕탕 콘셉트의 '올영장: 올스킨 올케어' 팝업스토어를 운영했다. 얼굴뿐 아니라 두피와 몸도 피부 타입별로 관리하는 트렌드를 반영한 제품을 소개하는 팝업스토어로, 마녀공장과 마찬가지로 키즈를 위한 것이 아니다. 그러나 올리브영도 자녀 동반 고객의 접근성이 높은 쇼핑몰에서 팝업스토어를 열었으며, 내부 체험 또한 쉬운 게임과 포토존으로 구성했다. 특히 공중목욕탕의 탈의실에 온 것처럼 목욕 가운을 입고 사진을 찍을 수 있는 포토존에는 어린 자녀와 가족 셀카를 즐기는 밀레니얼세대 부모가 많이 보였다.

카누의 팝업스토어도 마찬가지다. 2024년 8월, 카누는 스타필드 하남점에서 호캉스 콘셉트의 팝업스토어를 운영했는데, 키즈와는 관련 없는 인스턴트 원두커피 브랜드임에도 어린 자녀를 동반한 밀레니얼세대 부모 방문객이 많았다. 알파세대 자녀들이 즐기기 좋은 미니 골프

올영장 팝업스토어 홍보 이미지
(출처: 올리브영 인스타그램)

올영장의 캐비닛 포토존
(출처: ANTIEGG 홈페이지)

체험존이 있었으며, 시음존에서는 아메리카노, 라떼 등 커피 음료 외에도 자녀용으로 준비된 초콜릿 우유가 메뉴판에 '어린이용'으로 따로 표기되어 있었다.

이러한 팝업스토어들은 밀레니얼세대 부모들에게 내가 좋아하는 브랜드와 제품, 즉 내 취향을 자녀와 공유하면서 자녀 눈높이에 맞는 다양한 체험을 즐길 수 있는 기회를 제공한다. 밀레니얼세대 부모는 키즈 카페, 체험 프로그램, 해외여행 등 자녀에게 다양한 경험을 주는 데 관심이 많기 때문에 여가로서의 체험에 대한 반응이 매우 긍정적이다. 또한 非키즈 브랜드의 이런 가족 친화적 팝업스토어는 밀레니얼세대 부모의 취향이 알파세대 자녀에게 대물림되는 장이기도 하다. 장기적 관점에서는 미래 고객인 알파세대를 선제적으로 공략하는 효과도 얻을 수 있는 것이다.

카누 팝업스토어의 미니 골프존
(출처: 카누 커피 페이스북)

경험 공유 매개체가 되는 카페 브랜드

밀레니얼세대 부모가 자녀와 취향을 공유할 수 있게 하는 가족 친화 마케팅은 카페에서도 이어진다. 키즈 카페가 아니더라도 카페는 자녀 동반이 자연스러운 공간이지만, 이제는 단순 동반을 넘어 자녀도 즐거운 경험을 할 수 있도록 하는 마케팅이 나타나고 있다.

도넛으로 유명한 MZ 인기 디저트 전문점 '노티드'는 2024년 5월 잠실 롯데월드몰 매장에서 여아들의 인기 애니메이션 〈시크릿쥬쥬〉와 컬래버레이션을 전개했다. 홀케이크, 컵케이크 등의 제품을 출시했고, 넓은 매장 면적을 활용해 60여 종의 굿즈를 팝업스토어처럼 전시했으며, 다양한 포토존과 포토부스를 제공했다. 밀레니얼세대 부모가 좋아하는 디저트 카페와 자녀가 좋아하는 캐릭터가 결합되어 가족 모두가 즐거운 브랜드 경험을 할 수 있도록 한 것이다.

노티드×시크릿쥬쥬 매장 내 굿즈 전시 공간과 포토존
(출처: 노티드 인스타그램)

굿즈 60여 종을 전시한 공간

시크릿쥬쥬 캐릭터와 사진을 찍을 수 있는 포토존

커피 전문점 이디야커피도 2024년 6월 인기 애니메이션 〈캐치! 티니핑〉과 컬래버레이션을 진행하여 드링킹 요거트, 사워젤리 등의 제품을 출시하고 랜덤 피규어 마그넷, 간식 접시, DIY 키즈 우산 등의 굿즈를 제작했다. 특히 키즈 우산 굿즈는 어린이 안전을 고려한 투명 우산에 다양한 〈캐치! 티니핑〉 캐릭터 스티커를 직접 붙여 꾸밀 수 있는 DIY 형태여서, 블로그, 카페, 유튜브 등 온라인에 밀레니얼세대 부모가 자녀와 함께 투명 우산을 스티커로 꾸미며 즐거운 시간을 보낸 후기가 가득했다.

키즈용 완제 음료를 판매하거나, 매장 레이아웃을 유아차가 지나다니기 쉽게 구성하는 등 카페는 기존에도 키즈 친화적인 업계였다. 하지만 이 사례들은 단순히 아이가 좋아하는 것이나 아이의 편의를 제공하는 것을 넘어, 밀레니얼세대 부모의 취향을 자녀도 재미있게 즐길 수 있게 했다는 점에서 새롭다. 가족 내에서 이루어지는 세대 간 취향의 공유와 대물림이 이러한 가족 친화 마케팅의 핵심이다.

이디야×〈캐치! 티니핑〉 컬래버레이션 굿즈
(출처: 이디야커피)

컬래버레이션 굿즈 홍보 이미지

DIY 키즈 우산 굿즈

2010년 이후 출생하여 2024년 기준으로 만 14세까지인 알파세대는 아직 스스로의 경제력은 없지만 곧 중학생, 고등학생이 될 것이고 그때에는 지금의 Z세대처럼 가족 소비에 있어 주요한 영향력을 행사하게 될 것이다. 또한 알파세대는 앞으로 가족 소비뿐 아니라 사회 전반 트렌드에도 영향을 미치는 세대로 성장할 것이며, 그런 만큼 브랜드에는 중요한 미래 고객층이라 할 수 있다. 현재 중학생에서 20대까지를 아우르는 Z세대가 각종 최신 트렌드의 근원이듯이, 알파세대가 20대에 진입하는 2030년에 이르면 이들이 곧 새로운 트렌드 생성 그룹이 될 것이다. 지난 10년간 마케팅의 화두가 MZ세대였고 그들이 주요한 타깃이었다면, 앞으로는 알파세대로 관심이 이동할 차례가 된 것이다.

이런 점을 고려했을 때, 밀레니얼세대 부모가 자신의 취향을 알파세대 자녀와 공유하고 함께 즐길 수 있게 하는 가족 친화 마케팅은 장기적 관점에서 브랜드가 알파세대를 선점하는 효과적인 방안이 될 수 있다. 특히나 非키즈 브랜드의 경우, 이러한 취향의 대물림을 통해 밀레니얼세대 부모층을 공략함과 동시에 그들의 자녀인 알파세대도 얻는 일거양득을 이룰 수 있다. 앞으로는 패션, 팝업스토어, 카페 외에도 다양한 업종에서 이러한 가족 친화 마케팅 양상이 확산될 것이다. 따라서 단기적으로는 알파세대, 현재의 키즈세대와 무관한 브랜드라 하더라도 밀레니얼세대 부모와 알파세대 자녀를 위한 가족 친화적인 요소를 고려한 마케팅을 전개하는 경우가 더욱 늘어날 것으로 보인다.

서치 인사이트:

검색 마케팅의 진화

우리는 하루에도 수십 번씩 검색을 한다. 새로 나온 스마트폰 성능이 궁금할 때, 맛집을 찾아갈 때, 옷을 사기 전 리뷰를 볼 때 등 이제 검색은 숨쉬는 것처럼 자연스러운 일상의 한 부분이 되었다. 손안에 세상을 쥐고 있는 듯한 그 편리함에 검색 없는 세상을 상상하기 힘들 정도다.

하지만 검색의 세계도 빠르게 진화하고 있다. 단순히 키워드를 입력하면 관련 정보를 찾아주는 것을 넘어, 이제 검색은 우리의 니즈를 예측하고 맞춤형 정보를 제공하는 방향으로 나아가고 있다. 여기에 생성형 AI라는 새로운 기술이 들어오면서 검색은 더욱 파격적으로 변모하기 시작했다. 마치 똑똑한 비서와 대화하는 것 같은 경험을 제공하는 AI와 접목된 검색은 정보 제공을 뛰어넘어 우리의 일상 속 든든한 파트너로 거듭나려 한다.

이런 급격한 변화의 소용돌이 속에서 기업들도 검색의 중요성을 새롭게 깨닫고 있다. 어느새 검색 데이터는 단순한 수치를 넘어 소비자의 마음을 읽는 핵심 열쇠가 되었다. 사람들이 무엇을 궁금해하는지만 살펴봐도 트렌드 예측, 제품 개발, 마케팅 전략 등 비즈니스 전반의 아이디어를 얻을 수 있기 때문이다.

검색은 이제 그 자체로 거대한 생태계를 이룬다. 브랜드엔 새로운 마케팅 무대가 되었고, 우리에겐 일상의 필수품이 되었다. 여기에 생성형 AI까지 더해져 우리의 작은 궁금증 하나하나가 새로운 발견과 경험으로 이어지는 신선한 모험이 시작되고 있다.

©DALL-E

검색, 소비자 마음의 거울이 되다

검색에 숨겨진 소비자의 진짜 욕망

매일 우리가 입력하는 검색어들은 단순한 질문이 아니다. 일상적 고민부터 삶의 중대한 결정까지 그 속에는 다양한 층위의 욕구가 담겨 있다. 검색 데이터는 소비자가 무엇을 원하는지, 어떤 고민을 하는지, 어떤 트렌드에 관심을 두는지 있는 그대로 보여준다. 소비자들이 필요에 따라 자발적으로 남긴 흔적 같아서 그 가치가 더욱 주목받고 있다. 일상에 녹아든 검색 행위들이 빅데이터로 축적되면서 기업에는 핵심 자산이 되고 있다. 네이버나 구글 같은 검색 플랫폼에 쌓인 방대한 검색 데이터야말로 소비자들의 욕망과 니즈가 응축된 보고나 다름없다. 검색은 이제 단순히 정보를 찾는 행위를 넘어 소비자의 마음을 들여다보는 거울이 되었다.

검색 데이터의 유용성은 다른 어떤 데이터와 비교해도 손색없다. 설문조사나 인터뷰와 달리 검색은 소비자의 가장 솔직한 목소리를 담고 있기 때문이다. 사람들은 검색창 앞에서 자신의 진짜 고민과 욕구를 드러낸다. 이런 특징 덕분에 검색 데이터는 소비자의 숨은 니즈를 발견하고 시장의 흐름을 예측하는 데 그 어떤 도구보다 강력하다. 소비자들이 특정 제품이나 서비스를 검색한다는 것은 그 대상에 대한 관심과 구매 욕구가 있다는 명확한 신호다. 예를 들어 최근 다른 명품 브랜드들에 비해 '셀린느'의 검색량이 증가했다면, 셀린느에 대한 관심이 커졌으며 잠재 수요 또한 늘어났다고 볼 수 있다. 마찬가지로 다양한 여행지와 함께 '일본 여행'의 검색량 변화 추이를 살펴보면 해외여행 트렌드를 예측할 수 있다. 이처럼 소비자들의 검색 행위는 그들의 관심사와 욕구를 여과 없이 드러낸다. 기업 입장에서는 검색 데이터의 힘을 간과할 수 없는 노릇이다.

또한 검색 데이터는 소비자를 심층적으로 통찰할 수 있게 한다. 단순히 '뭘 검색했나'를 넘어서 '어떻게, 왜 검색했나'까지 들여다볼 수

해외여행 검색량 추이 (출처: 이노션 인사이트전략본부)

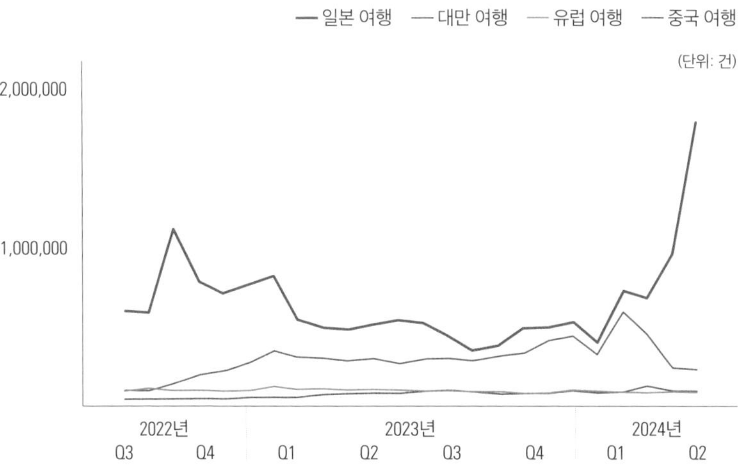

있기 때문이다. '캐스퍼 일렉트릭'이라는 키워드와 함께 검색하는 '가격', '주행 거리', '공간' 등 구체적 연관 검색어를 통해 선호 요인을 파악할 수 있다. 나아가 '레이 EV'와 비교하여 검색 추이를 살펴보면 경쟁 구도까지 한눈에 알 수 있다. 이렇듯 다차원적인 검색 데이터 분석은 단순한 수치만으로는 포착할 수 없었던 깊이 있는 소비자 인사이트를 제공한다.

특히 검색 데이터는 잠재 니즈 발굴에 효과적이다. 소비자 자신도 자각하지 못한 욕구를 검색 행태에서 읽어낼 수 있기 때문이다. 실례로 코로나19 팬데믹 이후 '혼술'이 트렌드로 자리잡은 지 오래됐지만, 최근에 그 행태에서 변화가 감지되고 있다. 집에서 하는 혼술에 대한 관심은 줄어든 반면 '혼술 장소'에 대한 검색은 늘어났다. 이는 혼술 문

'혼술 장소'와 '다찌석' 검색량 추이 (출처: 이노션 인사이트전략본부)

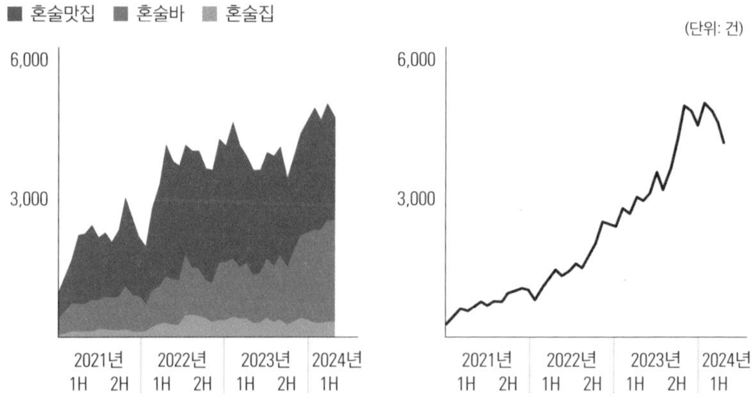

화가 집에서 벗어나 밖으로 나오는 추세임을 보여준다. 이러한 변화를 상징적으로 보여주는 검색 키워드가 '다찌석'*이다. 혼자만의 특별한 경험을 추구하는 새로운 주류 문화가 검색을 통해 드러난 것이다. 브랜드들은 이런 신선한 트렌드의 움직임을 민첩하게 포착해 신제품 개발의 영감으로 삼거나 마케팅 전략의 방향타로 활용할 수 있다.

시장 경쟁력의 새로운 지표, 검색 점유율

검색은 브랜드의 성공을 가늠하는 중요한 척도가 되고 있다. 과거 마케팅의 핵심이 브랜드 인지도 제고였다면 디지털 시대인 지금은 검색이 그 중심에 자리잡았다. 구매 여정에서 검색 한 번으로 고려 대상 브랜드가 바뀌고, 최종 구매가 달라지기 때문이다. 이처럼 검색 데이터는 실제 구매 행동과 직접적으로 연결돼서 브랜드 경쟁력의 근간이 되고, 기업이 실시간 소비자 행동 변화와 시장 동향을 빠르게 파악하고 대응할 수 있게 한다.

그 핵심 지표가 바로 '검색 점유율(Share of Search)'이다. 브랜드 검색 점유율은 특정 카테고리 내에서 브랜드가 차지하는 검색량의 비중을 나타낸다. 쉽게 말해 '특정 시장에서 얼마나 많은 사람이 우리 브랜드를 찾고 있는가'이다. 높은 브랜드 검색 점유율은 소비자들 사이에서 해당 브랜드에 대한 자발적인 인지도가 높고 관심이 많다는 것을 의미한다.

그렇다면 왜 브랜드 검색 점유율이 시장 지배력에 직결되는 걸까? 그 해답은 검색이 구매의 선행 지표라는 것에서 찾을 수 있다. 업계 조사

다찌석 술집이나 식당에서 혼자 술이나 식사를 즐길 수 있도록 마련된 1인용 좌석

결과, 다양한 카테고리에서 브랜드 검색 점유율은 시장 점유율과 강한 상관관계를 보이며 향후 시장 점유율 변화 예측에도 도움이 되는 것으로 나타났다. 예를 들어 검색 점유율로, 휴대폰 카테고리에서 약 6개월 후의 시장 점유율을, 자동차 카테고리에서 약 9~12개월 후의 시장 점유율을 선행해서 예측할 수 있었다. 소비자들은 제품 구매 전에 브랜드 검색으로 다양한 정보를 탐색하는데 이는 구매 전환율 상승과 매출 증가로 이어진다.

이제는 전통적인 인식에 기반한 퍼널*만으로는 디지털 시대 소비자를 설명할 수 없다. 오늘날의 구매는 검색과 공유의 무한 반복 과정에서 이뤄지기 때문이다. 디지털 시대 마케팅의 핵심은 단순한 인지도 상승이나 이미지 개선이 아닌, 소비자들의 검색 활동에 깊숙이 관여해 브랜드의 구매 가능성을 높이는 데 있다. 즉, 마케팅의 초점을 '인식'에서 '행동'으로 전환하여 구매에 직접적으로 영향을 줄 수 있도록 마케팅 프로그램을 더욱 정교하게 재설계해야 한다.

안과 및 청각 관련 의료 서비스 브랜드인 스펙세이버스(Specsavers)의 '잘못 들은 버전(The Misheard Version)' 캠페인은 자발적 검색을 유도하는 새로운 시도로 주목받았다. '잘못 들은 가사'라는 모두가 공감하는 보편적 경험을 활용해 사람들의 호기심을 자극하고 이를 자연스럽게 검색으로 연결했다. 1980년대 팝스타 릭 애스틀리(Rick Astley)의 히트곡 〈Never Gonna Give You Up〉을 사람들이 잘못 들을 법한 가사로 재녹음한 이 캠페인은, 릭 애스틀리의 개인 SNS로 음원 티저를 공개하는 마케팅을 시작으로 다양한 소셜미디어와 전통 매체를 아우르는 통합 마케팅으로 폭발적인 반응을 얻었다. 그 결과 '난청(Hearing Loss)' 관련 검색량이 138% 증가했고, '청각 건강'은 영국 내

퍼널(Funnel) 소비자의 구매 과정을 인지, 관심, 선호, 구매 단계로 단순화하여 설명하는 모델. 상위 단계에서 하위 단계로 순차적으로 이동하며, 각 단계마다 잠재 고객의 수가 줄어들면서 최종적으로 구매에 이르는 과정으로 설명

최다 검색 토픽이 되었다. 더불어 스펙세이버스의 청력 검사 예약 건도 66% 증가하는 실질적 성과도 거뒀다. 소비자의 자발적 검색을 만들어내는 남다른 접근 방식이 주효한 것이다. 무거운 주제인 난청을 유머러스하게 일상의 영역으로 끌어들인 이 창의적인 캠페인은 2024년 칸 라이온스(Cannes Lions)의 오디오 & 라디오(Audio & Radio) 부문과 PR 부문에서 그랑프리를 수상하며 그 가치를 인정받았다.

핵심 메시지를 중심으로 검색을 직접적으로 자극할 수도 있다. 트립닷컴의 '지금이야, 지금' 캠페인은 자사의 강점인 항공권 구매를 전면에 내세워 소비자들의 자발적인 검색과 구매를 유도했다. 흥미로운 건 5년 전에 제작했지만 코로나19로 빛을 보지 못했던 광고 영상을 역발상으로 재활용한 점이다. 이를 통해 '지금'이라는 메시지를 더욱 설득력 있게 전달했다. 항공권 비주얼과 함께, 다음 기회가 아니라 지금 구

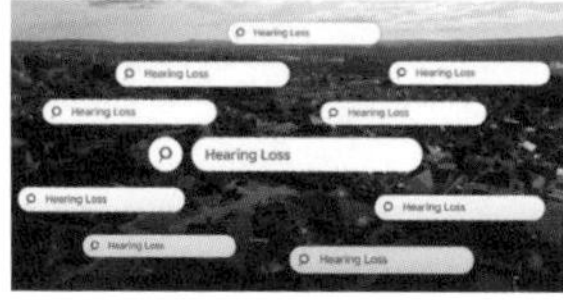

스펙세이버스 '잘못 들은 버전' 캠페인
(출처: LBB온라인 홈페이지, Golin 홈페이지, 컨테이저스 유튜브)

매해야 더 저렴하다는 메시지로 소비자의 즉각적인 행동을 유도했다. 그 결과 네이버 검색량이 79% 증가했고, 여행 카테고리에서 앱 다운로드 순위 1위를 차지했다. 사이트 방문자수는 47% 증가했으며, 실제 주문 건수도 88% 상승하는 등 모든 지표에서 눈에 띄는 성과를 거두었다. 소비자가 자발적으로 브랜드를 검색하게 하고 그 검색량을 높이는 것은 쉬운 일이 아니다. 특히 경쟁이 치열한 시장에서는 더욱 그렇다. 기업 브랜드는 단순히 검색량을 늘리는 것에 집중하기보다는 검색의 질을 높이고 실제 구매로 이어지는 의미 있는 검색을 유도하는 데 주력해야 한다.

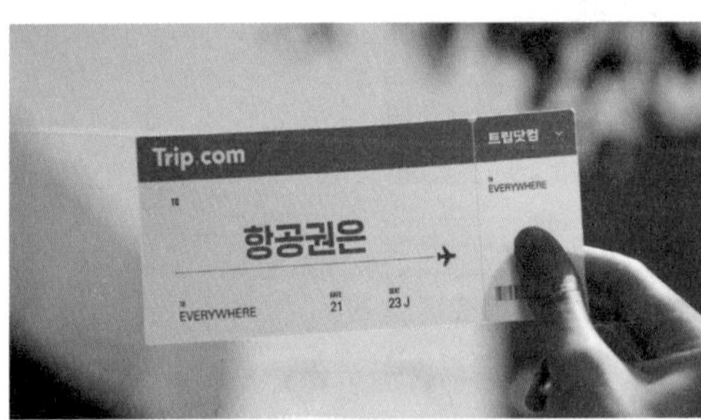

트립닷컴 '지금이야, 지금' 캠페인
(출처: 이노션)

Search 2.0: 달라진 검색의 풍경

정보를 얻기 위해 포털의 검색 서비스만 이용하던 시대는 옛날이 된 지 오래다. 네이버가 여전히 국민 포털의 자리를 지키고 있지만 이제 검색은 상황과 목적에 따라 다양한 플랫폼으로 다변화하고 있다. 오픈서베이에서 2023년 발간한 검색 트렌드 보고서에 따르면 지식 습득, 뉴스·이슈, 생활 정보 검색은 여전히 네이버, 구글, 다음 등 포털이 주도하고 있다. 반면 장소, 쇼핑, 콘텐츠 관련 정보 검색에서는 유튜브와 인스타그램이 새로운 강자로 떠올랐다. 소비자들은 유튜브 동영상으로 상품을 상세히 살펴보고 인스타그램에서 '핫플레이스'를 찾는다. 이들 플랫폼을 선호하는 이유는 상업적 홍보·광고가 상대적으로 적고 다른 소비자들의 생생한 반응을 직접 확인할 수 있기 때문이다.

검색 상황·목적별 제공 서비스와 중요 고려 요소 (출처: 오픈서베이)

(Base: n=1,000, 순위형 응답(1~3순위))

	지식 습득 (482)	장소 (458)	쇼핑 (427)	뉴스/이슈 (415)	업무/학습 (376)	생활 (341)	콘텐츠 (288)
제공 서비스	구글	인스타그램	유튜브	다음	구글	네이버	유튜브
	나무위키/위키백과	X	인스타그램	네이트	나무위키/위키백과	다음	인스타그램
	ChatGPT (챗GPT)		카카오톡 (#검색)		ChatGPT (챗GPT)	네이트	페이스북 틱톡
중요 고려 요소 1순위	결과를 믿을 수 있는지	홍보·광고가 적은지 타 사용자의 반응을 함께 제공하는지	홍보·광고가 적은지 타 사용자의 반응을 함께 제공하는지	결과를 믿을 수 있는지	기재한 결과를 정확히 제공하는지	결과를 믿을 수 있는지 자동으로 요약하거나 묶어서 제공하는지	타 사용자의 반응을 함께 제공하는지

언제 어디서나: 모바일 중심 검색의 시대

검색하는 방식도 바뀌었다. 모바일이 일상을 지배하면서 소비자들은 언제 어디서나 원하는 것을 검색하고 쇼핑하고 구매할 수 있게 되었다. 이른바 '모바일 퍼스트' 시대가 도래한 것이다. 이제 모바일 검색은 구매 여정의 출발점이자 종착지다. 과거 정보 탐색 단계에 머물렀던 검색이 구매 결정의 순간까지 실시간으로 이뤄진다. 매장에서 제품을 보면서 동시에 온라인 가격을 비교하고 리뷰를 찾아보는 것이 일상이 됐다. 구글의 조사 결과는 이런 변화를 여실히 보여준다. 소비자의 82%가 오프라인 매장에서 제품을 구매하기 전 모바일로 해당 제품 정보를 검색한다고 한다. 대부분의 구매 여정이 모바일 검색에서 시작하는 셈이다. 이런 흐름은 쇼루밍(Showrooming)과 웹루밍(Webrooming)이라는 새로운 소비 행태를 낳았다. 쇼루밍은 오프라인 매장에서 제품을 보고 만져본 뒤 실제 구매는 온라인에서 하는 것을 말하고, 웹루밍은 그 반대로 온라인에서 정보를 검색한 뒤 오프라인 매장에서 구매하는 것을 의미한다. 두 행태 모두 모바일 검색이 핵심적인 역할을 한다.

이에 브랜드들은 '맥락 기반 검색(Context-based Search)'에 주목하고 있다. 단순히 '어떤' 키워드를 많이 검색했는지를 넘어, '왜' 그 키워드를 검색했는지 상황과 맥락에 집중하는 것이다. 예를 들어 '파스타 레시피'와 '내 주변 파스타 맛집'은 전혀 다른 맥락의 검색이다. 전자는 집에서 요리하는 상황, 후자는 외식하는 상황이다. 맥락에 따라 마케터의 접근법도 달라져야 한다. 검색 마케팅에서 맥락이란 단순 검색어가 아닌 검색이 일어나는 상황에 방점이 찍힌다.

찰나를 잡아라: 마이크로 모먼트의 부상

구글은 이러한 소비자 행동 변화에 주목하며 '마이크로 모먼트(Micro-Moments)'라는 개념을 제시했다. 마이크로 모먼트란 소비자가 특정 욕구를 느끼는 순간을 일컫는 말로 검색과 밀접하게 연관되어 있다. 크게 '알고 싶은 순간(I-want-to-know moments)', '가고 싶은 순간(I-want-to-go moments)', '하고 싶은 순간(I-want-to-do moments)', '사고 싶은 순간(I-want-to-buy moments)'의 4가지로 구분한다. 잠깐의 틈새 시간에도 소비자들은 스마트폰으로 정보를 찾고 상품을 비교하며 구매를 결정한다. 브랜드는 소비자들이 이런 순간에 무엇을 원하는지, 어떤 의도로 검색하는지 읽어내야 한다. 소비자의 일상 곳곳에서 숨어 있는 다양한 마이크로 모먼트를 포착하고 그 맥락에 딱 맞는 정보와 경험을 제공할 수 있어야 한다.

마이크로 모먼트 (출처: 씽크 위드 구글)

Micro-Moments	상세 설명
I-want-to-know moments (알고 싶은 순간)	새로운 아이디어, 트렌드, 제품에 대한 궁금증을 즉각적으로 검색해서 해소하는 순간
I-want-to-go moments (가고 싶은 순간)	내 주변에서 원하는 장소나 서비스를 신속하고 편리하게 찾아내려고 하는 순간
I-want-to-do moments (하고 싶은 순간)	일상에서 즐기고 싶은 일이 있거나 업무에서 문제를 해결하기 위해 관련 정보와 콘텐츠를 검색하는 순간
I-want-to-buy moments (사고 싶은 순간)	제품을 꼼꼼히 평가하고 구매하는 시점에 고려중인 제품에 대해 마지막으로 정보를 확인하고 비교하는 순간

구글은 블랙 프라이데이(Black Friday)라는 맥락을 창의적으로 재해석해 '블랙온드 프라이데이(Black-owned Friday)' 캠페인을 선보였다. 블랙 프라이데이 세일 시즌에 '블랙'이라는 키워드의 연관성을 활용해서 흑인 운영 상점의 구매를 장려하는 검색 마케팅을 펼친 것이다. 2020년부터 시작된 이 캠페인은 해를 거듭하며 진화해왔다. 2023년 캠페인은 쇼퍼블 비디오 기술을 활용한 인터랙티브 뮤직비디오를 선보여 화제의 중심이 되었다. 뮤직비디오에 등장한 흑인 운영 상점에 상징적인 배지를 부여하여 구글 검색과 구글 지도 검색을 유도했다. 소비자들의 '사고 싶은 순간'을 정확히 포착해 근처 흑인 운영 상점을 효과적으로 노출하는 방식이다. 예를 들어 '내 근처에 흑인이 운영하는 카페(Black-owned café near me)'와 같은 맞춤 검색 추천을 통해 소비자와 흑인 상점을 자연스럽게 연결했다. 이 캠페인은 단순한 마케팅을 넘어 사회적 가치를 실현하는 의미 있는 시도로 주목받았다.

'블랙온드 프라이데이' 캠페인 (출처: 구글 마이크로사이트)

스타벅스는 아침과 점심의 바쁜 시간대를 겨냥한 '나우 브루잉(NOW Brewing)' 서비스를 출시했다. 이 서비스는 충성도 높은 골드 회원들을 위한 특별한 혜택으로, 사이렌 오더 내 나우 브루잉 배너를 통해 즉시 제조 가능한 음료를 주문할 수 있다. 주목할 점은 이 서비스의 섬세한 시간 설정이다. 전일 운영이 아니라 주문이 집중되는 출근 시간대와 점심시간에만 이용할 수 있게 해, 일상의 바쁜 순간이라는 마이크로 모먼트를 정확히 포착했다. 나우 브루잉의 진가는 모바일 검색의 즉시성과 위치 기반 서비스를 결합한 점에 있다. 사용자의 현재 위치를 기반으로 가장 가까운 스타벅스 매장을 찾아주고, 붐비는 시간대에도 기다림 없이 음료를 받을 수 있게 해준다. 브랜드들은 이처럼 고객의 일상에서 미세한 순간들을 포착하고 그에 맞는 실질적인 혜택과 가치 있는 경험으로 전환할 방법에 초점을 맞춰야 할 때다.

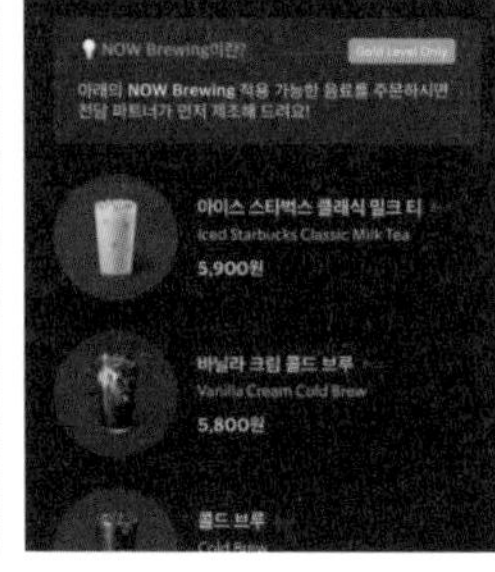

스타벅스 나우 브루잉 서비스 화면
(출처: 스타벅스 앱)

Search 3.0: 생성형 AI가 여는 검색의 새 지평

대화형 검색의 시작

지난 25년 동안 검색은 발전을 거듭했지만 정작 우리가 검색을 하는 방식은 크게 변하지 않았다. '성수 맛집 추천'처럼 짧은 키워드를 입력하는 게 전부였다. 하지만 생성형 AI의 등장으로 이런 패러다임이 완전히 바뀌고 있다. 이제 우리는 일상어로 질문하고 답변을 얻으며 후속 질문까지 할 수 있다. 예를 들어 "오늘 저녁에 친구들과 저녁 먹으려고 하는데, 성수에서 뜨는 맛집이 어디야?"라고 자연스럽게 물어볼 수 있다. 그러면 링크 목록이 아닌 실제 답변을 받고, 거기에 "주차 편

기존 검색과 대화형 검색 비교

	기존 검색	대화형 검색
질의어	짧은 키워드로 질문	긴 문장의 일상어로 질문
정보 제시 형식	키워드에 매칭되는 웹페이지를 순위에 따라 나열	질문에 대한 직접적인 답변을 제시하고, 관련 링크를 함께 제공
결과 산출 방식	사용자가 입력한 키워드를 그대로 인식하여 매칭	사용자의 검색 의도와 맥락을 파악하여 최적의 결과를 제공
상호작용 방식	사용자가 검색어를 입력하고 결과를 클릭하는 단방향적 상호작용	사용자와 대화하며 검색 결과를 제공하는 쌍방향적 상호작용
개인화 수준	모든 사용자에게 동일한 결과를 제공하는 일괄적 접근	개인의 관심사, 행동 패턴 등을 분석하여 개인화된 검색 결과 제공
사용자 반응	방대한 정보 속에서 사용자가 원하는 정보를 찾아내야 하는 번거로움	질문과 후속 질문에 대한 직접적이고 최적화된 답변으로 검색 경험과 만족도 향상

한 곳으로 추천해줘"라고 추가 요청까지 할 수 있다. 마치 똑똑한 비서와 대화하는 듯한 경험을 제공하는 것이다. 그야말로 검색 행동을 재정의하는 혁명이다. 검색 자체가 하나의 경험이 되는 것이다. AI와 대화하며 지식을 얻고 문제를 해결해나가는 과정 자체가 흥미롭고 유익한 경험이 될 수 있다. 이제 우리는 검색창에 키워드를 입력하는 대신 일상 대화를 하듯 정보를 얻게 될 것이다.

짧아진 소비자 구매 여정

대화형 검색의 등장으로 소비자의 구매 여정이 근본적으로 변화할 전망이다. 기존의 '문제 인식 → 정보 탐색 → 대안 평가 → 구매 → 구매 후 행동' 단계가 대폭 간소화되어, 한 번의 대화로 제품의 성능, 혜택, 가격 등 모든 필요한 정보를 얻을 수 있다. 이로 인해 정보 탐색과 대안 평가에 드는 시간과 노력이 크게 줄어들면서, 소비자의 니즈 발생부터 대화를 통한 구매까지의 의사결정 과정이 더욱 빠르고 효율적으로 진화할 것이다.

더 나아가 소비자들은 단순한 정보 탐색을 넘어 자신의 문제를 직접 해결하는 데 집중할 것이다. 예를 들어 '다이어트'를 검색하는 소비자는 관련 제품 정보 수집에 그치지 않고 자신에게 딱 맞는 식단 관리 앱이나 운동 루틴 등 실질적인 해법을 찾는다. '어떤 제품이 좋은지'보다는 '내 문제를 어떻게 해결할 수 있을지'에 초점을 맞추는 셈이다. 대화형 인터페이스는 이런 변화에 날개를 달아준다. 소비자는 자연어로 질문하고 답변을 받을 수 있어 더 능동적이고 실질적인 정보 탐색이 가능해졌다. 기존의 키워드 기반 검색이 정보 발견에 치중했다면, 대화형 검색은 정보의 생성과 조합에 주력한다. 이를 통해 소비자에게 딱 맞는 최적의 답변을 제공한다.

이런 변화 속에서 대화형 검색은 구매 전(全) 과정에 걸쳐 AI가 소비자에게 맞춤형 해결책을 제시하는 '대화 기반 큐레이션'의 역할을 맡는다. 방대한 데이터를 분석해 개별 소비자의 고민과 니즈를 정확히 감지하고 그에 딱 맞는 제품, 서비스, 콘텐츠 등을 검토하고 추천한다. 나아가 소비자와 실시간으로 소통하며 문제 해결을 위한 가이드를 제

AI 기반 대화형 검색에 따른 구매의사결정 과정 변화

공한다. 개인화된 추천과 맞춤형 정보 제공은 소비자 만족도를 높이고 구매 가능성을 키울 수 있다. 구매 이후에는 고객 사용 데이터를 축적하고 브랜드와 고객 이해를 심화하여 소비자의 세분화된 니즈를 포착한다. 이는 새로운 사업 기회와 틈새시장을 발굴할 기회를 만들 것이다.

대화형 검색에 대처하는 우리의 자세

실제로 대화형 검색은 이미 우리 곁에 성큼 다가와 있다. 마이크로소프트가 GPT 기반으로 선보인 '코파일럿(Copilot)'이 그 신호탄이다. 마이크로소프트에 따르면 코파일럿은 출시 첫해 50억 건의 채팅을 기록했고 분기마다 사용자 인터랙션이 두 배씩 증가했다. 주목할 점은 코파일럿과 일반 검색을 함께 사용하는 소비자의 클릭률이 일반 검색만 사용하는 이용자의 클릭률보다 30% 더 높다는 것이다. 이는 대화형 검색이 기존 검색 서비스와 시너지 효과를 내고 있음을 시사한다. 구글도 이 흐름에 뛰어들었다. 자사 생성형 AI 제미나이(Gemini)를 기반으로 생성형 검색 경험(SGE: Search Generative Experience) 서비스를 공개한 것이다. 구글의 전략은 흥미롭다. 대화형 검색을 기존 검색의 대체재가 아닌 보완재로 접근한다는 점이다. 제미나이의 요약 답변과 함께 기존의 웹페이지 링크를 동시에 제공해 구글은 트래픽 광고와 수익화의 선순환을 노린다. 최근에는 챗GPT를 개발한 오픈AI도 직접 '서치GPT'를 출시하며 AI 검색 경쟁에 가세했다. 이로써 대화형 검색 시장은 구글, 마이크로소프트, 오픈AI 등 빅테크 기업들의 각축장이 되고 있다.

대화형 검색의 확산은 새로운 광고 기회도 창출할 것으로 보인다. 극도로 개인화된 타깃 광고가 가능해진 것이다. 마이크로소프트는 소비자들이 자주 하는 상품 비교 질문에 광고를 연동하는 방식으로 대화형 광고(Compare and Decide Ads)를 테스트하고 있다. 구글은 'AI 오버뷰'에서 전용 광고 슬롯을 중심으로 대화형 검색 연동 광고 상품을 준비중이다. 국내에서도 이러한 변화의 움직임이 감지된다. 네이버가

마이크로소프트 상품 비교 질문연동
대화형 광고 (출처: 애드위크 홈페이지)

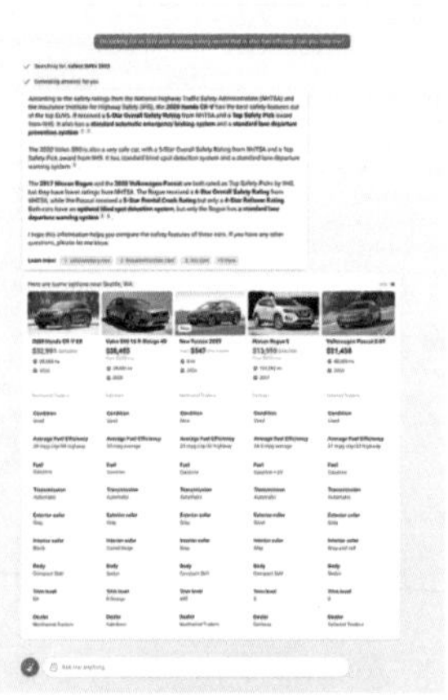

구글 AI 오버뷰 전용 광고
(출처: 구글 홈페이지)

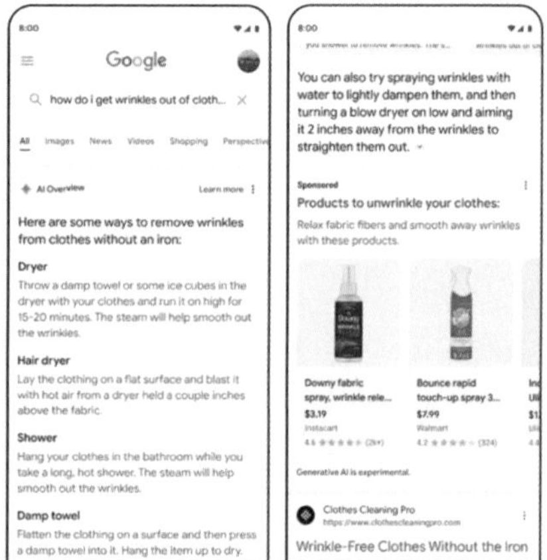

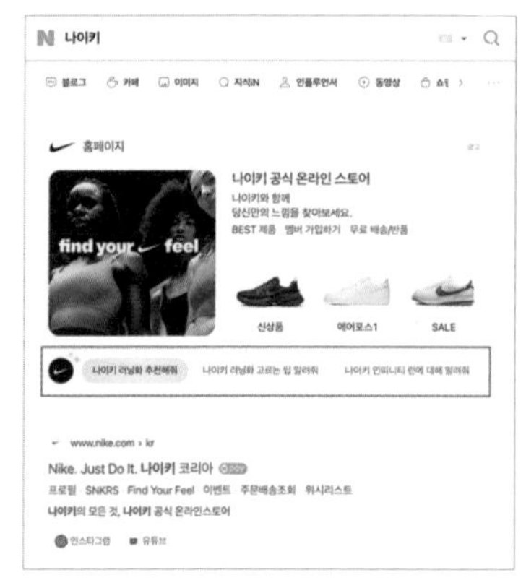

클로바 포 애드 나이키 대화형 검색 전용 광고
(출처: 네이버 홈페이지)

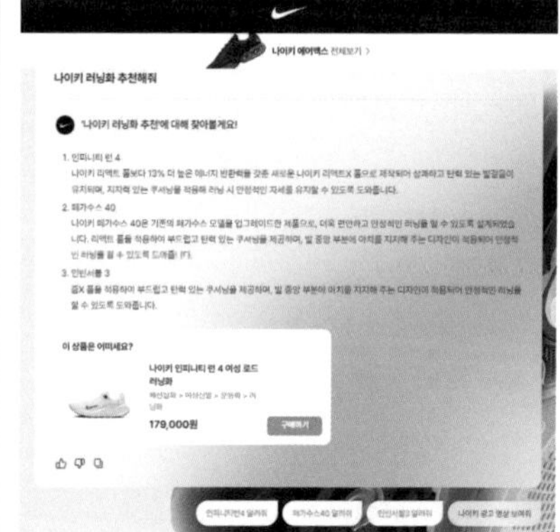

'클로바 포 애드'라는 상품으로 나이키와 대화형 검색 전용 광고를 테스트하고 있다. 소비자가 나이키를 검색하면 검색 결과에 브랜드챗 버튼이 나타나고, 이를 클릭해 구체적인 질문을 하면 AI가 그에 딱 맞는 상품을 추천하는 식이다.

큰 반향을 일으키다 열기가 식었던 챗봇도 생성형 AI를 만나 새로운 전성기를 맞이하고 있다. 단순한 정보 제공을 넘어 고객 맞춤형 제안이 가능해졌기 때문이다. 이제는 AI 챗봇이 방대한 정보를 학습하여 개인화된 답변으로 고객들의 선택을 돕는다. 글로벌 화장품 리더 로레알의 사례가 대표적이다. 2024년 국제가전제품박람회(CES)에서 선보인 '뷰티 지니어스(Beauty Genius)' 챗봇은 '장거리 비행 후 지친 얼굴을 어떻게 관리할 수 있을까?'와 같은 질문에 사용자의 사진을 분석해 맞춤형 답변을 제공한다. 사용자의 상황과 피부 톤에 꼭 맞는 제품을 추천해주는 이 챗봇은 전문 뷰티 어드바이저와 대화하는 듯한 경험을 선사한다.

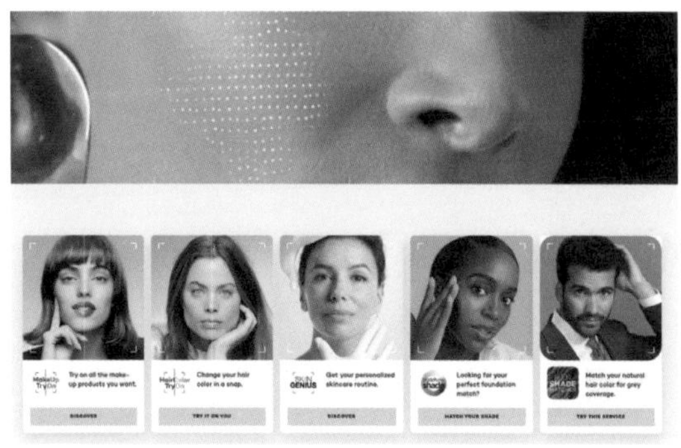

로레알 뷰티 지니어스 프로그램
(출처: 로레알 미국 홈페이지)

이러한 변화는 마케터에게 새로운 과제를 제시한다. '대화형 검색 최적화'라는 새로운 전략이 필요해진 것이다. 검색이 단순히 정보를 찾는 행위에서 문제를 해결하는 경험으로 진화하는 만큼 브랜드도 일방적 메시지 전달자에서 소비자와 소통하는 조력자로 거듭나야 한다. 하지만 검색의 본질은 변함없다. 소비자에게 가장 적절한 답을 제공하는 것, 그것이 검색이 추구하는 궁극의 가치다. 생성형 AI라는 새 패러다임 속에서 그 본질에 충실할 때 브랜드는 검색 시장의 변화를 기회로 삼을 수 있다. 이제 브랜드는 소비자의 실제 질문에 깊이 있는 답변을 제공해야 한다. 소비자의 심리와 경험을 섬세하게 읽고 그들의 니즈와 고민에 공감하며 실질적인 해법을 담은 콘텐츠가 필요한 시점이다. 이를 위해 더욱 통합적인 접근이 필요하다. 브랜드는 검색 최적화, 콘텐츠 마케팅, 브랜드 스토리텔링을 유기적으로 연계해 일관된 메시지와 경험을 제공해야 한다. 이는 단순한 검색 순위 경쟁을 넘어, 콘텐츠 자체가 대화형 검색에 답이 되는 브랜드 스토리텔링과 경험 디자인으로 검색 최적화의 지평을 넓히는 계기가 될 것이다.

검색은 더이상 단순한 정보 찾기가 아니다. 우리의 일상이자 비즈니스의 미래다. 브랜드 경쟁력을 좌우하는 검색 데이터, 나만을 위한 맞춤 검색 경험, 이 모든 것을 아우르는 대화형 검색으로의 진화까지 검색을 둘러싼 환경이 빠르게 변하고 있다. 브랜드와 소비자와의 관계도 180도 달라져야 한다. 브랜드는 더이상 일방적으로 제품 정보를 전달하는 것이 아니라, 소비자의 목소리에 귀 기울이고 그들의 고민에 공감하며 실질적인 해법을 제시하는 조력자 역할을 수행해야 한다.

대화형 검색 시대에 브랜드는 AI가 정보를 수집하고 처리하는 방식을 이해하고 그 안에서 브랜드를 효과적으로 포지셔닝하는 전략을 세워야 한다. 이는 단순히 키워드 최적화를 넘어, AI의 맥락 이해 능력에 맞춰 브랜드의 가치와 메시지를 재구성하는 작업을 의미한다. AI 기술은 어디까지나 수단일 뿐 핵심은 검색 이면의 맥락, 즉 고객의 니즈와 행동 패턴을 깊이 있게 이해하는 일이다. 고객이 무엇을 검색하고 왜 검색하는지, 대화형 검색을 통해 어떤 문제를 해결하고 싶어하는지를 파악해야 한다. 이를 바탕으로 고객의 전체적인 검색 여정을 다시 설계해야 한다. 고객의 질문에 적절한 콘텐츠로 고객과 교감하며 브랜드의 일관된 가치를 자연스럽게 연결하는 것, 이것이 바로 검색 3.0 시대를 주도할 브랜드의 생존 전략이다.

스페셜 리포트

비즈니스 현장의 마케팅 전문가들이 주목한
라이프스타일 인사이트

So Far So Cool 2025:

쿨함에 대하여

현대 사회에서 '쿨(Cool)'이라는 단어는 다양한 의미로 사용되고 있다. '차가운'이라는 물리적 속성을 표현하는 형용사에서 출발하였지만, 시간이 흐르면서 멋지고 세련된 느낌을 표현하거나 때로는 차분하고 느긋한 상태를 나타내는 등 여러 가지 뜻과 쓰임새를 가진 단어로 확장되었다. 사회적·문화적 배경에 따라 다양한 맥락에서 사용되기 때문에 쿨이라는 단어를 한마디로 정의하기는 어렵다. 사람마다 또는 상황에 따라 주관적으로 해석되지만, 쿨은 기본적으로 긍정적인 의미를 담고 있다.

이노션은 2020년부터 5년째 쿨에 대한 사람들의 인식을 알아보는 조사를 진행했다. 그동안의 연구 결과에 따르면 '쿨'은 사회적 인정이나 존경을 의미하는 평판과도 밀접한 관계성을 띠어, 트렌드를 반영하는 지표로서의 가치를 지니고 있는 것을 알 수 있었다. 이번 조사에서도 쿨과 연관된 다양한 속성을 점검하고 이를 대변하는 브랜드나 페르소나를 파악함으로써 쿨에 대한 이해도를 높이고자 하였다. 또한 시대의 흐름과 상황에 따라 유연하게 변화하는 쿨이라는 단어가 사람들에게 어떻게 인식되어왔고 어떤 맥락의 변화가 있었는지 살펴봄으로써, 쿨의 의미와 가치가 무엇인지 확인해보았다.

©Gunnar Ridderstrom, Unsplash

'쿨하다'는 것은 어떤 의미일까?

'쿨하다'의 의미 탐색

2024년 현재를 사는 사람들은 쿨하다는 말을 어떻게 생각하고 있으며, 지난 5년 동안 사람들의 인식에는 어떤 변화가 있었을까? 만 15~49세 남녀 1,211명을 대상으로 설문조사를 진행한 결과, 전년보다 다소 줄어든 약 78%의 응답자들이 '쿨하다'라는 단어를 잘 알고 있다고 답했다. 연령대별로 살펴보면 1970년대생은 80.1%, 1980년대생은 78.6%, 1990년대생은 78.1% 2000년대생은 76.7%로 연령대가 높을수록 쿨하다는 단어에 대한 인지도가 상대적으로 조금 더 높은 것으로 나타났다.

'쿨하다'라는 단어를 알고 계십니까?

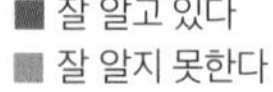

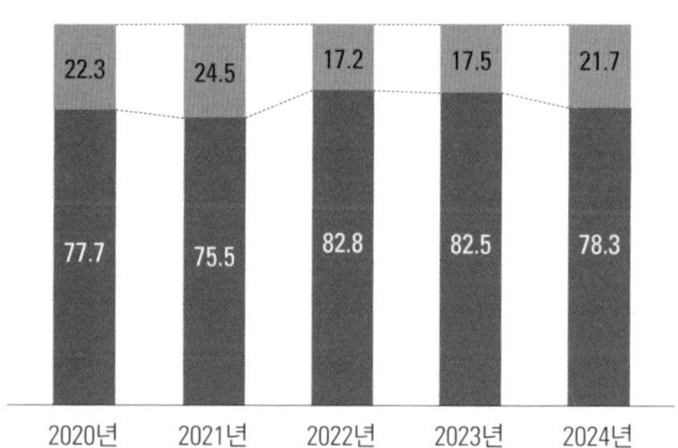

[n=1,211, 단수응답, 단위: %]

그렇다면 사람들은 '쿨하다'라는 단어를 어떤 의미로 인식하고 있을까? 다양한 연관 이미지 중 '솔직한', '자유로운', '신선한'은 지난 5년 내내 쿨함을 표현하는 대표적인 이미지로 손꼽혔다. 그 뒤를 이어, '가식 없는', '개성적인', '감각 있는', '자신 있는'이 꾸준히 높은 응답을 보이고 있다. 지난 5년간의 응답을 종합하여 볼 때, 가식 없이 솔직하고 자유로우며, 새롭고 감각 있는 개성을 자신 있게 드러내는 것을 현시대의 쿨함으로 정의할 수 있다.

다음 중 '쿨하다'의 의미에 포함되어 있다고 생각하시는 것을 모두 선택해주세요.

[n=1,211, 복수응답, 단위: %]

	2020		2021		2022		2023		2024		Gap
	%	순위	%	순위	%	순위	%	순위	%	순위	(24-23)
솔직한	50.0	2	48.7	1	47.6	2	50.5	1	43.8	1	–
자유로운	47.6	3	48.3	2	47.9	1	47.2	2	42.9	2	–
신선한	50.4	1	47.3	3	47.1	3	46.4	3	41.9	3	–
가식 없는	45.2	4	44.6	4	44.2	4	42.5	5	39.4	4	▲1
개성적인	43.2	5	42.1	5	40.7	5	43.7	4	37.6	5	▼1
감각 있는	41.5	7	37.7	8	37.1	7	39.4	7	37.2	6	▲1
자신 있는	42.5	6	41.5	6	39.7	6	42.2	6	36.0	7	▼1
센스 있는	38.8	8	35.7	10	35.3	9	38.2	8	33.7	8	–
트렌디한	37.7	9	38.1	7	33.8	11	38.2	9	32.7	9	–
여유 있는	37.7	9	33.4	13	34.4	10	35.0	12	31.3	10	▲2

연령대별로 살펴보면, 전 세대 공통적으로 솔직함, 자유로움, 신선함을 '쿨'과 연관 지어 떠올리는 것으로 나타났다. 하지만 1990~2000년대생은 다른 세대에 비해 '트렌디한', '감각 있는', '여유 있는'을 쿨과 밀접하게 생각하고 있고 그 강도가 연령대가 낮을수록 더 뚜렷하게 나타나고 있어, Z세대의 쿨함은 트렌디한 감각을 보여주면서도 여유를 잃지 않는 태도를 의미하는 것으로도 해석할 수 있다.

연령대별 '쿨하다'의 의미 TOP10

[n=1,211, 복수응답]

순위(TOP10)	1970년대생	1980년대생	1990년대생	2000년대생
1	솔직한	솔직한	자유로운	트렌디한
2	신선한	자유로운	신선한	자유로운
3	자유로운	신선한	감각 있는	감각 있는
4	가식 없는	가식 없는	가식 없는	솔직한
5	소신 있는	개성적인	솔직한	여유 있는
6	개성적인	감각 있는	개성적인	개성적인
7	포용적인	자신 있는	자신 있는	신선한
8	자신 있는	활기 있는	트렌디한	가식 없는
9	감각 있는	센스 있는	센스 있는	자신 있는
10	고정관념이 없는	고정관념이 없는	여유 있는	세련된

가장 쿨한 유명인

추상적으로 가늠되는 '쿨'에 대한 이미지를 조금 더 현실적으로 구체화하기 위해 사람들이 생각하는 쿨한 유명인이 누구인지 물어보았다. 이번 조사의 응답자들은 가장 쿨한 아이콘으로 누구를 떠올렸을까?

2024년 조사에서는 손흥민이 1위를 차지하였다. 손흥민은 2021년 조사부터 꾸준히 상위권에 랭크되었으나, 2024년 처음으로 가장 쿨한 유명인으로 응답자들의 선택을 받았다. 2015년 토트넘 홋스퍼 FC로 이적한 손흥민은 2023~2024 시즌 토트넘 커리어 통산 160골을 성공시키며 구단 역대 최다 득점 5위에 올랐고, 비유럽 선수 최초로 토트넘 400경기 출전 클럽에 가입했다. 그는 소속팀 주장인 동시에 한국 국가대표팀의 주장을 맡으며 부드럽지만 강한 리더십을 보여주고 있다. 2024년 2월 카타르 아시안컵 대회 중 드러난 대표팀 내부 갈등이 전국민적인 논란이 되었을 당시, 후배들을 보듬고 갈등 상황을 해결하는 리더십을 보여줌으로써 대중에게 그의 쿨한 이미지를 더욱 각인시켰다. 한국을 넘어 세계적인 축구 선수로서의 입지를 굳건히 다진 동시에 카리스마를 가진 그가 2024년 최고의 쿨 아이콘으로 뽑힌 것은 당연한 일이다.

지난 2년 동안 1위를 차지했던 이효리는 2024년 조사에서 2위에 선정되었다. 2012년 공익 광고를 제외한 모든 상업 광고 출연 중단을 선언한 이후 2023년 7월 상업 광고 복귀 의사를 밝힌 그녀에게 많은 광고주가 러브콜을 보내는 등 식지 않는 그녀의 인기와 파급력을 확인할 수 있었다. 특히 풀무원식품의 식물성 브랜드 '풀무원 지구식단'은 많은 관심을 모았다. 결혼 후 제주로 거처를 옮겨 지속가능한 라이프스타일을 추구하며 살던 이효리와 풀무원 지구식단의 만남은 모델과 브랜드의 가치관이 잘 어울린다는 호평을 받았다. 풀무원식품은 풀무원 지구식단의 2024년 상반기 매출이 전년 동기 대비 약 74% 증가했다고 밝혀, '이효리 효과'를 제대로 본 것으로 나타났다. 최근 제주 생활을 청산하고, 서울 복귀와 개인 유튜브 채널 개설을 검토중이라는 계획을 밝힌 이효리의 쿨한 행보가 더욱 기대를 모으고 있다.

3위는 공중파와 케이블, OTT, 유튜브 등 다양한 채널에서 왕성한 활동을 펼치고 있는 유재석이 차지했다. SBS 〈런닝맨〉, tvN 〈유 퀴즈 온 더 블럭〉, 디즈니플러스 〈더 존: 버텨야 산다〉에 이어 유튜브 채널 뜬뜬을 통해 유튜브까지 점령하였다. 유튜브 채널 뜬뜬의 코너 〈핑계고〉는 특정 주제나 포맷 없이 유재석과 게스트들이 편안하게 수다를 떠는 콘텐츠로, 유재석이 가진 장점을 십분 살렸다는 평가를 받으며 인기를 끌고 있다. 2024년 9월 기준 구독자 213만 명을 돌파하였고, 가장 많은 조회수를 차지한 〈설 연휴는 핑계고〉는 조회수 1,286만 회를 기록하고 있어, 유튜브까지 쿨하게 접수한 유재석을 많은 사람이 쿨한 인물로 바라보고 있다.

이 뒤를 이어 김연아, 박명수, 김연경 순으로 많이 언급되었고, 2000년대생 사이에서 뉴진스가 쿨한 인물 4위로 새롭게 등장한 점이 눈길을 끌었다.

'쿨한' 유명인(연예인, 스포츠 스타, 유튜버 등)이라고 하면 누가 떠오르십니까?

[n=1,211, 복수응답, 단위: %]

8.1%	7.8%	5.0%
손흥민	이효리	유재석

EPL 토트넘에서 활약중인 손흥민
(출처: 손흥민 인스타그램)

식물성 브랜드 '풀무원 지구식단' 모델, 이효리
(출처: 이노션)

유튜브 진출에 성공한 유재석
(출처: 뜬뜬 유튜브)

쿨한 브랜드는 무엇이며, 어떤 특징이 있을까?

올해의 쿨한 산업

가장 쿨한 산업은 5년 연속으로 패션업계가 차지했다. 트렌드를 이끄는 패션업계는 팝업스토어, 컬래버레이션 등의 마케팅 활동을 통해 소비자들과 소통하며 쿨한 산업으로 인식되고 있다. 2024년 패션업계에서 가장 화제가 된 컬래버레이션은 브랜드와 올림픽의 만남일 것이다. 프랑스를 대표하는 글로벌 럭셔리 패션 그룹인 LVMH(루이비통 모엣헤네시)가 2024 파리 올림픽의 공식 후원사로 나서며, 올림픽 행사장 곳곳에서 LVMH의 브랜드 헤리티지와 올림픽 정신이 쿨하게 어우러진 모습을 확인할 수 있었다. LVMH 산하 브랜드인 쇼메가 올림픽 메달을 디자인했고, 루이비통은 메달 수여식에 사용되는 메달 트레이

다음 각 분야들 중에서 '쿨하다'고 평가할 수 있는 분야를 모두 선택해주세요.

[n=1,211, 복수응답]

순위(TOP10)	2020	2021	2022	2023	2024
1	패션	패션	패션	패션	패션
2	모바일 기기	모바일 기기	엔터테인먼트	엔터테인먼트	스포츠
3	IT 산업	IT 산업	모바일 기기	스포츠	엔터테인먼트
4	자동차	엔터테인먼트	스포츠	자동차	모바일 기기
5	엔터테인먼트	자동차	자동차	모바일 기기	자동차
6	가전제품	스포츠	IT 산업	IT 산업	IT 산업
7	방송	가전제품	가전제품	가전제품	가전제품
8	인테리어	인테리어	인테리어	방송	AI 산업*
9	스포츠	화장품	방송	인테리어	방송
10	화장품	방송	화장품	식품 음료	화장품

*AI 산업은 2024년 조사에 신규 추가

와 자원봉사자들이 입는 의상을 제작하였다. 루이비통은 특히 자원봉사자들의 의상을 100년 전 열린 1924년 파리 올림픽에 경의를 표하는 의미를 담아 제작했다고 밝혔다. 시간을 뛰어넘는 파리의 역사와 올림픽 정신이 패션으로 쿨하게 연결된 것이다.

LVMH 이외에도 패션업계의 다양한 브랜드들이 올림픽 에디션을 선보였다. 뉴욕의 편집숍이자 패션 브랜드인 키스(KITH)는 2024 파리 올림픽 개최일에 맞춰 올림픽 헤리티지 에디션을 공개했다. 1896년 아테네 올림픽부터 2024년 파리 올림픽까지, 올림픽 128년의 헤리티지를 키스만의 감성으로 재해석하여 디자인한 제품들을 선보였다. 일부 제품들은 리셀러 사이트에서 프리미엄까지 붙으며 거래될 정도로 인기를 끌어, 과거에 비해 시들해진 올림픽에 대한 대중의 관심에 쿨한 입김을 불어넣어주었다.

올림픽과 루이비통의 만남
(출처: 루이비통)

키스에서 선보인 올림픽 헤리티지 에디션 제품들
(출처: Kith 인스타그램)

2020년 9위에 머물렀던 스포츠는 꾸준히 순위가 올라 2024년 쿨한 산업 2위에 안착했다. 앞서 쿨한 유명인에서 손흥민, 김연아, 김연경이 상위권을 차지한 것에서 미리 엿보았듯이, 스포츠가 본격적으로 쿨한 산업으로 인식되고 있는 것으로 나타났다. 세계 각국의 스포츠 경기가 실시간으로 중계되고 소셜미디어를 통해 선수와 팬이 직접 소통할 수 있게 되면서, 스포츠에 대한 관심을 더욱 높이는 결과를 불러왔다. 또, 전통 스포츠 외에도 e스포츠, 익스트림 스포츠 같은 새로운 형태의 스포츠가 등장하여, 다양한 취향을 가진 사람들이 자신에게 맞는 스포츠에 열광할 수 있는 기회를 얻게 되었다. 마니아층의 관심과 지지를 받던 스포츠 종목 선수들이 세계적인 대회에서 좋은 성과를 거두면서, 해당 종목에 대한 관심이 일반 대중으로 확산된 사례도 있다. 2023년 9월에 열린 항저우 아시안게임에서 '페이커' 이상혁이 이끄는 T1이 리그 오브 레전드(LoL) 종목에서 금메달을 따낸 데 이어, 같은 해 11월 LoL 월드 챔피언십까지 제패하며 기존 e스포츠 팬들은 물론 대중의 많은 관심을 끌었다.

스포츠는 선수들의 도전과 역경, 팀워크와 우정이 담긴 이야기를 통해 팬들에게 깊은 감동을 전달하여 사람들이 스포츠에 더 열광하게 한다. JTBC 〈최강야구〉는 은퇴한 전설의 야구 선수들과 유망주들이 뭉쳐 '최강 몬스터즈'를 결성하고 승률 7할을 지켜야만 팀을 유지할 수 있다는 콘셉트의 야구 예능 프로그램이다. 2022년 첫 방송을 시작으로 탄탄한 마니아층의 지지를 받으며 2024년 4월 시즌 3가 방영되었으며, 이들의 경기를 직관하기 위한 티켓은 예매 오픈 때마다 수만 명이 동시에 몰려 '피케팅(피가 튀길 정도의 치열한 티케팅)' 대란이 반복되었다. 〈최강야구〉에 대한 팬들의 열기는 팝업스토어에서도 확인할 수 있었다. 팝업스토어의 성지라고 불리는 더현대 서울에서 하이트진로 테라와 함께 '여의도 직관데이'라는 타이틀의 팝업스토어를 열고 다양한 이벤트와 한정판 굿즈 등을 판매하여 많은 팬을 끌어모았다. 〈최강야구〉의 인기는 프로야구에 대한 관심으로 연결되어, 한국 프로야구 2024 시즌에 한 시즌 누적 최다 관중인 1,000만 명이 야구장을 찾는 기록을 최초로 세우는 데 기여했다는 평을 받고 있다.

반면, 2020~2021년 패션에 이어 쿨한 산업 각각 2위, 3위 자리를 지키던 모바일 기기와 IT 산업은 순위가 하락하여, 2024년에는 각각 4위와 6위에 그쳤다. 특히 IT 산업의 경우 국내 IT 대표 기업인 네이버와

〈최강야구〉 시즌 3 공식 포스터
(출처: JTBC)

〈최강야구〉 팝업스토어 '여의도 직관데이' 포스터
(출처: 하이트진로)

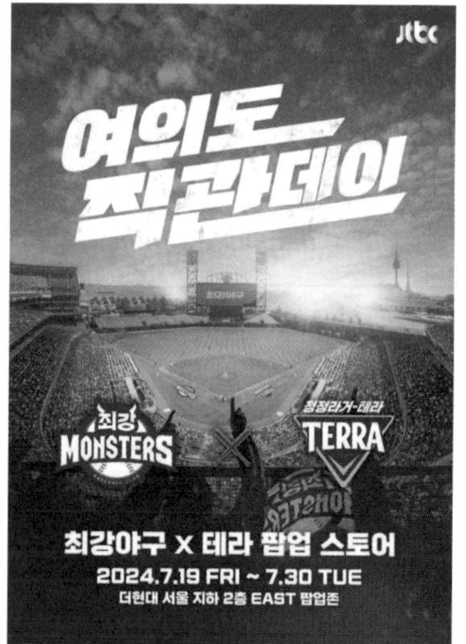

카카오의 부진이 2022년부터 이어진 것과 동일한 양상을 띠고 있는 것으로 나타나, 쿨한 산업에 대한 대중의 인식이 실제 시장 상황을 온전히 반영하고 있는 것으로 보인다.

그 밖에도, 2024년 조사에 새롭게 추가된 AI(인공지능) 산업이 8위에 오른 것이 눈에 띈다. 인공지능에 대한 개념이나 연관 비즈니스는 꽤 오래전부터 존재했다. 하지만 2022년 11월 공개된 챗GPT를 필두로 생성형 AI가 큰 화제를 불러일으키며, AI 산업은 최근 1~2년 사이에 급부상하였다. 산업의 급성장과 함께 다양한 이슈와 논란이 오가고 있지만, AI 산업에 대한 관심과 열기는 점점 더 커질 것으로 예상된다.

쿨 브랜드의 기본 조건

쿨 브랜드로 자리잡기 위해 브랜드는 어떤 이미지를 소비자들에게 전달해야 할까? 조사 결과, 브랜드가 가진 고유의 색깔, 자신감, 전문성을 보여주는 것이 쿨 브랜드의 핵심으로 나타났다. 이 세 가지 속성은 5년간의 조사에서 내내 상위권을 차지하여, 쿨 브랜드가 갖춰야 할 가장 중요하고 근본적인 요건이라고 할 수 있다. 그 뒤를 이어 '업계를 대표하는', '개성을 가진', '트렌드에 맞게 변화할 줄 아는' 등의 속성이 꾸준히 높은 응답률을 보이고 있다. 이를 종합해볼 때, 쿨 브랜드는 업계 대표 브랜드라는 지위에 정체되지 않고 시대의 변화에 민감하게 반응하여 지속적으로 변화하고 발전하는 모습을 대중에게 보여주는 브랜드라고 정의할 수 있다. 한때 글로벌 휴대폰 시장을 장악했던 노키아가 변화보다는 안일하게 기존의 방식을 고수했던 것으로 인해 결국 스스로 시장에서 사라진 사례에서도, 변화에 민감하지 않으면 언제든 쿨한 브랜드의 지위에서 밀려날 수도 있다는 교훈을 얻을 수 있다.

다음 표현을 보시고 동의하는 정도를 점수로 표시해주십시오.

"내가 생각하는 Cool한 브랜드 ___는 ○○하다"

[n=1,211, 단수응답, 단위: TOP2%]

	2022		2023		2024		Gap
	%	순위	%	순위	%	순위	(24-23)
자기만의 색깔이 있는 브랜드다.	83.0	1	80.8	1	81.8	1	–
자신감을 가지고 있는 브랜드다.	80.7	2	80.1	2	79.9	2	–
전문성을 갖춘 브랜드다.	80.7	2	79.8	3	79.0	3	–
업계를 대표하는 브랜드다.	79.1	4	78.7	4	77.9	4	–
특별한 개성을 가진 브랜드다.	76.1	5	76.0	5	76.7	5	–
트렌드에 맞게 변화할 줄 아는 브랜드다.	75.2	6	75.3	6	75.6	6	–
창의적인 생각을 가진 브랜드다.	74.0	10	74.3	9	74.2	7	▲2
소신 있는 브랜드다.	74.6	9	73.3	10	74.1	8	▲2
새로운 트렌드를 이끄는 브랜드다.	75.2	6	74.6	8	73.5	9	▼1
자유로움이 느껴지는 브랜드다.	72.6	12	72.9	11	73.3	10	▲1

2024년의 쿨 브랜드

2024년을 살고 있는 사람들은 어떤 브랜드를 쿨한 브랜드로 떠올리고 있을까? '없음'을 제외하고 삼성, 애플, 나이키가 5년 내내 쿨 브랜드 TOP3를 차지하였다. 삼성과 애플은 2024년에 스마트폰 이외에도

'Cool'하다고 생각하시는 브랜드 1순위를 적어주세요.

[n=1,211, 단수응답]

순위	2022	2023	2024
1	"없음"	"없음"	"없음"
2	SAMSUNG	SAMSUNG	SAMSUNG
3			
4			
5	LG	LG	MUSINSA
6	"모름. 기억 안 남"	TESLA	LG
7	adidas	MUSINSA	TESLA
8	kakao MUSINSA	Coca-Cola	Coca-Cola
9	오뚜기	CJ kakao	Google ZARA
10	Google TESLA	오뚜기 adidas	adidas

각각 '갤럭시 링'과 '비전 프로' 같은 새로운 카테고리의 제품을 대중에게 선보였다. 업계 대표 브랜드에 머무르지 않고, 끊임없이 새로운 혁신을 추구하는 모습을 전달함으로써 단순한 레거시 브랜드가 아닌 쿨 브랜드로 사람들에게 인식되고 있는 것이다. 2024년 쿨한 산업 카테고리 1, 2위인 패션과 스포츠를 모두 포괄하는 나이키도 사람들에게 꾸준하게 쿨 브랜드로 선택받고 있다.

2024년 조사 결과에서 가장 눈에 띄는 것은 무신사의 상승세다. 무신사는 2021년 조사에서 9위로 쿨 브랜드 TOP10에 처음 진입한 후, 2022년과 2023년에는 각각 8위와 7위에 머물렀으나, 2024년 조사에서는 5위로 순위를 끌어올렸다. 2024년에는 무신사 자체상표(Private Brand)인 '무신사 스탠다드'의 활약이 특히 눈에 띄었다. 무신사 스탠다드는 무신사에서 2017년 론칭한 SPA 브랜드*로, 무신사에 입점한 개성이 강한 브랜드와 매칭해서 입을 만한 기본 아이템 위주의 상품들을 주로 만들어왔다. 무신사 스탠다드가 2024 파리 올림픽에서 대한민국 국가대표팀의 단복을 제작하게 되었다는 소식은 많은 화제를 불러일으켰다. 삼성물산, 코오롱FnC 등 대기업 계열의 브랜드에서 올림픽 단복을 제작하던 관례를 깬 이례적인 사례였기 때문이다. 무신사 스탠다드가 2024 파리 올림픽 단복을 만든 배경에는 10~30대로 구성된 국가대표 선수들의 눈높이에 맞추고, 젊고 힙한 팀코리아의 모습을 전달하고자 하는 대한체육회의 의지가 담겨 있었다. 단복 공개 당시 온라인 커뮤니티에서 '트렌디하고 세련되었다'는 평이 많았으며, 이번 올림픽에 참가한 206개국 중 국제올림픽위원회(IOC)에서 선정한 '베스트 단복 TOP10'에 선정되기도 했다.

무신사 스탠다드의 쿨함은 오프라인 매장을 통해서도 확산되고 있

SPA 브랜드(Specialty store retailer of Private label Apparel Brand) 한 의류 회사에서 상품의 기획부터 디자인, 생산, 유통, 판매까지 일련의 과정을 모두 담당하여 만든 의류 브랜드를 의미

다. 무신사 스탠다드 제품을 직접 입어보고 구매하고 싶다는 소비자 의견에 따라, 2021년 서울 홍대에 첫 오프라인 매장을 연 이후 현재 전국에 10개가 넘는 매장을 운영하고 있다. 다양한 성별과 연령대의 소비자들이 매장을 방문하고 있으며, SNS나 주변인들의 추천을 받아 방문한 외국인 관광객의 비중도 꽤 높다는 점이 흥미롭다. 실제 2024년 3월 오픈한 서울 명동 매장의 경우 외국인 관광객이 매출의 절반에 가까운 비중을 차지할 정도로 무신사 스탠다드가 외국인 관광 필수 코스로 여겨지고 있다. 무신사는 국내 시장에서의 성공에 만족하지 않고, 해외 시장 진출도 적극적으로 추진하고 있다. 2022년 9월 오픈한 '무신사 글로벌 스토어'를 통해 일본, 싱가포르, 태국, 미국, 캐나다, 호주 등 전 세계 13개국에 K패션 브랜드를 온라인으로 직접 판매하고 있다. 또 일본 시장 진입을 위해 2021년에 '무신사 재팬'을 설립하여 2023년 4월 도쿄, 11월 오사카에서 팝업스토어를 여는 등 일본 내 사업을 꾸준히 확대하고 있다. 대한민국을 넘어 세계로 뻗어나가는 무신사의 쿨한 행보가 앞으로 더욱 기대된다.

무신사 스탠다드에서 제작한 2024 파리 올림픽 대한민국 국가대표팀 단복 (출처: 무신사)

무신사 스탠다드 명동 매장 전경 (출처: 무신사)

이 외에 쿨 브랜드 TOP10에 글로벌 대표 SPA 브랜드인 자라(ZARA)가 새롭게 진입한 반면, 카카오와 오뚜기는 차트에서 밀려났다. 최근 몇 년 동안 각종 논란과 의혹에 휩싸였던 카카오는 SM엔터테인먼트 인수 과정에서 시세조종 혐의로 김범수 의장이 구속되는 사태까지 맞이하며 소비자들로부터 외면받은 것으로 보인다.

연령대별로 좀더 살펴보면, 삼성, 애플, 나이키로 구성된 TOP3 쿨 브랜드는 전 연령대에 걸쳐 거의 동일한 양상으로 인식되고 있으나, 1990년대생은 예외적으로, 삼성보다 애플을 더 쿨하게 인식하고 있는

연령대별 쿨 브랜드

[n=1,211, 단수응답]

순위	1970년대생	1980년대생	1990년대생	2000년대생
1	"없음"	"없음"	"없음"	"없음"
2	삼성	삼성	애플	삼성
3	애플	애플	삼성	애플
4	나이키	나이키	나이키	나이키
5	무신사, LG, 테슬라	LG	무신사	아디다스
6	현대자동차	무신사	LG	무신사
7	뉴발란스	테슬라, 구글	ZARA	네이버, 매일유업
8	코카콜라, 아디다스, 카카오, 오뚜기	코카콜라, ZARA, 오뚜기	테슬라, 카카오, 신세계	구글
9	-	뉴발란스, 유니클로, 파타고니아, 기아, IKEA	-	테슬라, 코카콜라, 샤넬, 스투시, 뉴발란스

*응답한 비율이 1% 이하인 브랜드는 분석 내용에서 제외하였음

모습을 보였다. 무신사, 뉴발란스 같은 브랜드들이 연령 구분 없이 고르게 지지를 얻은 것은, 패션업계에 부는 에이지리스(Ageless) 트렌드가 쿨 브랜드 인식에도 영향을 미친 것으로 보인다. 오뚜기는 1970~80년대생의 지지를 얻었으나, 1990~2000년대생에게 외면받고 있는 것으로 나타나 젊은 소비자들을 대상으로 이미지 개선이 필요한 시점이라고 판단할 수 있다. 현대자동차와 기아의 경우 각각 1970년대생과 1980년대생에게서 많이 언급되었으며, 자동차 구매력과 연결된 산업 카테고리 관여도에 따른 소비자들의 쿨 브랜드 인식 차이를 확인할 수 있다. 특히 기아의 경우, 처음으로 쿨 브랜드 상위권에 드는 결과를 거둬 눈길을 끌었다.

사람들은 왜 이 브랜드들을 쿨 브랜드로 손꼽을까? 주요 브랜드별로 어떤 이미지를 중심으로 쿨 브랜드로 인식되고 있는지 살펴보았다. 쿨 브랜드가 기본적으로 갖추어야 할 브랜드 고유의 색깔, 자신감, 전문성 속성들을 모두 공통적으로 가지고 있었지만, 각 산업 또는 브랜드별로 차이가 존재하는 것을 확인할 수 있다. 삼성, 애플, LG로 대변되는 전자제품 제조 브랜드와 테슬라, 구글 같은 IT기술 기반의 제품이나 서비스를 제공하는 브랜드들은 공통적으로 스마트함과 혁신을 추구하는 모습으로 소비자들에게 쿨한 브랜드로 인식되고 있다. 세부적으로 살펴보면, 삼성이 트렌드에 맞게 변화할 줄 아는 브랜드라는 인식이 상대적으로 높은 반면 애플은 새로운 트렌드를 이끄는 브랜드라는 인식이 높았고, 이는 전년에 이어 동일한 결과로 나타났다. 애플이 애플 워치, 에어팟을 출시한 이후 삼성이 갤럭시 워치, 갤럭시 버즈를 뒤따라 출시했던 과거 이력을 떠올려보면, 두 브랜드를 바라보는 대중의 시선 차이가 이해된다.

브랜드별 쿨 브랜드 속성

[n=1,211, 단수응답, 단위: TOP2%]

순위 (TOP5)	삼성	애플	LG	테슬라	구글
1	전문성을 갖춘 브랜드다.	업계를 대표하는 브랜드다.	업계를 대표하는 브랜드다.	창의적인 생각을 가진 브랜드다.	전문성을 갖춘 브랜드다.
2	업계를 대표하는 브랜드다.	자기만의 색깔이 있는 브랜드다.	전문성을 갖춘 브랜드다.	업계를 대표하는 브랜드다.	스마트함이 느껴지는 브랜드다.
3	스마트함이 느껴지는 브랜드다.	스마트함이 느껴지는 브랜드다.	혁신을 추구하는 브랜드다.	스마트함이 느껴지는 브랜드다.	자신감을 가지고 있는 브랜드다.
4	자기만의 색깔이 있는 브랜드다.	특별한 개성을 가진 브랜드다.	자기만의 색깔이 있는 브랜드다.	자기만의 색깔이 있는 브랜드다.	업계를 대표하는 브랜드다.
5	트렌드에 맞게 변화할 줄 아는 브랜드다.	새로운 트렌드를 이끄는 브랜드다.	여유 있는 태도가 느껴지는 브랜드다.	새로운 트렌드를 이끄는 브랜드다.	특별한 개성을 가진 브랜드다.

나이키, 아디다스, 무신사, 자라 같은 패션업계 브랜드의 경우, 활기, 자유로움, 열정, 미적 감각 관련 속성이 상대적으로 높게 나타났다. 스포츠 패션을 대표하는 브랜드인 나이키와 아디다스를 비교했을 때, 나이키는 업계 대표 브랜드 이미지가 높게 나타난 반면 아디다스는 창의성 측면에서 상대적으로 높게 평가받고 있었다. 구찌, 헬로키티, 레고는 물론 웨일스 보너, 스포티앤리치, 키스 등 다양한 브랜드와의 끊임없는 컬래버레이션이 아디다스에 좀더 창의적인 생각을 가진 브랜드라는 이미지를 부여한 것으로 보인다.

[n=1,211, 단수응답, 단위: TOP2%]

순위 (TOP5)	나이키	아디다스	무신사	ZARA	코카콜라
1	업계를 대표하는 브랜드다.	자기만의 색깔이 있는 브랜드다.	자유로움이 느껴지는 브랜드다.	자기만의 색깔이 있는 브랜드다.	자유로움이 느껴지는 브랜드다.
2	활기가 느껴지는 브랜드다.	자신감을 가지고 있는 브랜드다.	자기만의 색깔이 있는 브랜드다.	미적인 감각이 있는 브랜드다.	자기만의 색깔이 있는 브랜드다.
3	자기만의 색깔이 있는 브랜드다.	자유로움이 느껴지는 브랜드다.	자신감을 가지고 있는 브랜드다.	특별한 개성을 가진 브랜드다.	특별한 개성을 가진 브랜드다.
4	자유로움이 느껴지는 브랜드다.	창의적인 생각을 가진 브랜드다.	열정이 있는 브랜드다.	창의적인 생각을 가진 브랜드다.	업계를 대표하는 브랜드다.
5	자신감을 가지고 있는 브랜드다.	미적인 감각이 있는 브랜드다.	활기가 느껴지는 브랜드다.	세련됨이 느껴지는 브랜드다.	전문성을 갖춘 브랜드다.

다양한 브랜드와 컬래버레이션을 전개하는 아디다스
(출처: Wales Bonner, Sporty & Rich, Kith 인스타그램)

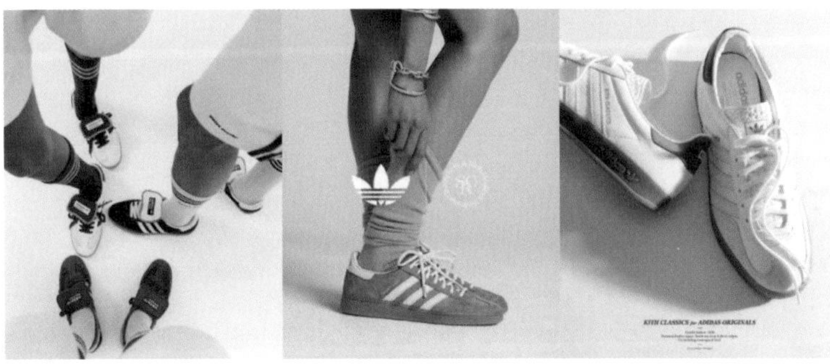

쿨 브랜드 정의

소비자들이 생각하는 쿨한 브랜드는 과연 어떤 브랜드일까? 지난 5년간의 조사 결과를 종합하여 볼 때, 소비자들은 대중의 주목을 받고, 신뢰를 전달하여 구매를 유도하는 매력적인 브랜드를 쿨 브랜드라고 생각한다. 브랜드 친숙도나 선호도보다 좀더 다양한 요소가 섞인 복합적인 지표로 보이지만, 간단하게 쿨 지수는 곧 매력 지수라고 정의할 수 있다. 연령별로도 쿨 브랜드를 거의 동일하게 정의하고 있으나, 1970년대생과 1990년대생은 조금 더 비싸더라도 구입하고 싶은 브랜드, 1980년대생은 나에게 어울리는 브랜드, 2000년대생은 내가 선망하는 브랜드라는 의견이 상대적으로 높아, 연령대별로 태도의 차이가 조금씩 있는 것으로 확인되었다.

다음 표현을 보시고 동의하는 정도를 점수로 표시해주십시오.

"내가 생각하는 Cool한 브랜드 ___는 ○○하다"

[n=1,211, 단수응답, 단위: TOP2%]

	2022		2023		2024		Gap
	%	순위	%	순위	%	순위	(24-23)
매력적인 브랜드다.	71.3	1	74.8	1	72.1	1	–
주목을 받는 브랜드다.	69.7	2	71.8	3	71.3	2	▲1
계속 구입하고 사용하고 싶은 브랜드다.	69.0	3	72.4	2	69.2	3	▼1
신뢰가 가는 브랜드다.	67.4	4	70.9	4	67.5	4	–
다른 브랜드보다 조금 더 비싸더라도 구입하고 싶은 브랜드다.	60.2	5	64.0	5	61.9	5	–
내가 선망하는 브랜드다.	59.5	6	60.0	7	60.2	6	▲1
나에게 어울리는 브랜드다.	57.9	8	61.5	6	60.2	6	–
남들에게 자랑하고 싶은 브랜드다.	59.5	7	58.1	8	58.5	8	–
해당 브랜드의 제품이나 서비스를 가진 사람이 부러운 브랜드다.	54.4	9	56.9	9	56.1	9	–
나를 표현해주는 브랜드다.	51.1	10	54.7	10	55.3	10	–

연령대별 쿨 브랜드 정의

[n=1,211, 단수응답, 단위: TOP2%]

순위(TOP5)	1970년대생	1980년대생	1990년대생	2000년대생
1	매력적인 브랜드다.	매력적인 브랜드다.	주목을 받는 브랜드다.	매력적인 브랜드다.
2	계속 구입하고 사용하고 싶은 브랜드다.	계속 구입하고 사용하고 싶은 브랜드다.	매력적인 브랜드다.	주목을 받는 브랜드다.
3	주목을 받는 브랜드다.	신뢰가 가는 브랜드다	계속 구입하고 사용하고 싶은 브랜드다.	계속 구입하고 사용하고 싶은 브랜드다.
4	신뢰가 가는 브랜드다.	주목을 받는 브랜드다.	신뢰가 가는 브랜드다.	신뢰가 가는 브랜드다.
5	다른 브랜드보다 조금 더 비싸더라도 구입하고 싶은 브랜드다.	나에게 어울리는 브랜드다.	다른 브랜드보다 조금 더 비싸더라도 구입하고 싶은 브랜드다.	내가 선망하는 브랜드다.

앞서 살펴본 바에 따르면 '쿨'의 의미는 매우 다양하고 주관적이지만, 일관되게 바람직하고 긍정적인 의미로 여겨지고 있다. 반짝스타나 이슈메이커가 아닌, 본업은 기본이고 대중들의 인정과 공감을 불러일으키는 태도를 갖춘 사람들이 쿨한 인물로 선정되었다. 또한 자신만의 색깔, 자신감, 전문성을 지닌 동시에 현재 위치에 만족하지 않고 꾸준한 발전을 보이는 브랜드만이 '쿨 브랜드'라는 호칭을 얻을 수 있었다. 이를 종합하여 볼 때 '쿨'은 단순히 분위기를 표현하는 단어를 넘어 사회와 트렌드를 이해하는 데 중요한 잣대로 삼을 수 있다. 그뿐 아니라, 브랜드와 소비자의 관계를 강화하는 데 매우 중요한 브랜드 지표로도 활용할 수 있다. 소비자들은 쿨한 브랜드에 더 끈끈한 유대감과 충성도를 보이는데, 이는 결국 브랜드의 지속가능한 성장과 매출로 연결되기 때문이다.

이노션은 '쿨'의 의미와 가치에 지속적으로 관심을 가지고, 앞으로도 이와 관련된 연구를 계속 진행할 계획이다. 또한 쿨에 대한 소비자의 인식 변화를 관찰하고, 이를 통해 소비자와 브랜드에 대한 인사이트를 제공하여 브랜드의 비즈니스 성장에 기여하기 위해 노력할 것이다.

친절한 트렌드 뒷담화 2025

마케팅 전문가들이 주목한 라이프스타일 인사이트

초판 1쇄 인쇄 2024년 10월 4일
초판 1쇄 발행 2024년 10월 15일

지은이 김나연 김태원 류현준 황선영 구본률 허은정 이지희 전준석 정승철 김열매
신용비 박창기 신채영 김우리 송정훈 이우빈 고지희 송설인 주윤지 정원선

편집 정소리 이고호 이원주 **디자인** 디자인판 **마케팅** 김선진 김다정
브랜딩 함유지 함근아 박민재 김희숙 이송이 박다솔 조다현 정승민 배진성
저작권 박지영 형소진 최은진 오서영
제작 강신은 김동욱 이순호 **제작처** 천광인쇄사

펴낸곳 (주)교유당 **펴낸이** 신정민
출판등록 2019년 5월 24일 제406-2019-000052호

주소 10881 경기도 파주시 회동길 210
전화 031.955.8891(마케팅) 031.955.2692(편집) 031.955.8855(팩스)
전자우편 gyoyudang@munhak.com

인스타그램 @thinkgoods **트위터** @think_paper **페이스북** @thinkgoods

ISBN 979-11-93710-66-1 03320

• 싱긋은 (주)교유당의 교양 브랜드입니다.